古代歷史文化 研究輯刊

三一編

王明蓀 主編

第 15 冊

琉球歷史研究（上）

李 理 著

國家圖書館出版品預行編目資料

琉球歷史研究（上）／李理 著 -- 初版 -- 新北市：花木蘭文
化事業有限公司，2024〔民 113〕
序 10+ 目 4+204 面；19×26 公分
（古代歷史文化研究輯刊 三一編；第 15 冊）
ISBN 978-626-344-667-0（精裝）
1.CST：歷史 2.CST：琉球
618   112022531

ISBN-978-626-344-667-0

9 786263 446670

古代歷史文化研究輯刊
三一編 第十五冊   ISBN：978-626-344-667-0

琉球歷史研究（上）

作　　者 李理
主　　編 王明蓀
總 編 輯 杜潔祥
副總編輯 楊嘉樂
編輯主任 許郁翎
編　　輯 潘玟靜、蔡正宣　美術編輯　陳逸婷
出　　版 花木蘭文化事業有限公司
發 行 人 高小娟
聯絡地址 235 新北市中和區中安街七二號十三樓
　　　　 電話：02-2923-1455／傳真：02-2923-1452
網　　址 http://www.huamulan.tw 信箱 service@huamulans.com
印　　刷 普羅文化出版廣告事業
初　　版 2024 年 3 月
定　　價 三一編 37 冊（精裝）新台幣 110,000 元

琉球歷史研究（上）

李理 著

作者簡介

李理，中國社會科學院中國歷史研究院近代史研究所研究員。2006 年畢業於中國社會科學院研究生院，歷史學博士。現為臺灣史研究室研究員、中國社會科學院研究生院聘任教授，研究方向為臺灣史及臺灣問題、琉球與釣魚島問題、南海問題。2005 年度日本國際交流基金博士項目者，日本中央大學比較法研究所博士項目留學者。曾受臺灣陸委會及夏潮基金會的資助，到臺灣中央研究院、政治大學、玄奘大學、中國文化大學、中央大學等處作訪問學者。出版《日本吞併琉球與出兵侵臺關係探析》《日據臺灣時期警察制度研究》《日本近代對釣魚島的非法調查及竊取》等專著。

提　　要

　　琉球古國地理上位於今天的琉球群島上，從 1372 年開始納入了明王朝封貢體系中。在以後地五百年間，歷代琉球王都嚮明、清皇帝請求冊封，並與中國進行「朝貢」貿易；琉球國一直使用大明及清的年號；琉球國的官方文件、對外的文書、條約以及編纂的琉球正史等等，均用漢文書寫。由於地緣上的接近，從十六世紀末起，琉球便不斷受到日本薩摩藩的侵襲和滲透。1609 年，薩摩島津氏在德川幕府將軍默許下，派兵攻打琉球國。此後，琉球被迫成為了中、日的「兩屬之國」。隨著日本明治維新，琉球成為日本的首個領土目標。1874 年日本藉口「牡丹社事件」出兵臺灣，釐清了琉球與清政府的關係。「保民義舉」的成立使日本偽造吞併琉球的合理理由。1879 年，日本廢琉球設立沖繩縣。腐敗無能的清政府無利維護琉球，竟然同意三分琉球，雖最後沒有在「分島條約」上簽字，但有著五百多年歷史的琉球國復國無望，從此消失在歷史的長河裏。

序　言

　　琉球古國在地理上大體位於今天的琉球群島。該群島分佈在臺灣島東北和日本九州島西南之間的海面上，包括先島諸島、大東諸島、沖繩諸島、奄美諸島、吐噶喇諸島、大隅諸島等六組島嶼。

　　根據學術界的研究，「琉球」之名最早見於《隋書》卷八十一・列傳第四十六《東夷傳》中。琉球的歷史，大致可分為「先史時代」、「古琉球」和「近世琉球」三個時代。〔註1〕先史時代包括十二世紀的舊石器時代和貝冢時代。十二世紀初，被稱為「按司」或「世主」的首領，紛紛築城寨相互對立，史稱山寨割據時代。十四世紀，浦添按司以沖繩島為中心佔據首里（今那霸市）一帶，稱「中山王」；大里按司佔據南部地區，稱「山南王」；今歸仁按司佔領北部地區，稱「山北王」，史稱「三山時代」。

　　中國與琉球明確藩屬關係，起始於「三山時代」。根據《明實錄》的記載，1372 年（洪武五年）中山王察度應明太祖之招諭，派遣其弟泰期進貢大明，正式奉明王朝為宗主國，此後琉球各王都定期向大明朝貢。1380 年，山南王承察度開始嚮明朝貢。1383 年，山北王帕尼芝，也開始赴明朝貢。這樣琉球的三位王都與明朝建立了朝貢關係。琉球三王之所以都願意與明朝建立朝貢關係，主要是希望得到明王朝的認可，以求在三強爭霸中獵取優勢。最後山南王逐漸佔據上風。1404 年，明帝將其冊封為「琉球國中山王」。

　　1406 年（明永樂四年），山南的尚巴志推翻中山王武寧，立自己的父親尚思紹為中山王，並成功地得到明帝的冊封。1416 年（明永樂十四年），滅山北

〔註 1〕何慈毅，《明清時期琉球日本關係史》，江蘇古籍出版社，2002 年版，第 3 頁。

王攀安知，1429 年滅山南王他魯每，終於統一了琉球，開創第一尚氏王朝，定都首里。

從以上內容來看，早在明朝時期，琉球就正式與中國建立了冊封朝貢關係。尚巴志統一琉球後，「琉球國中山王」便成為統治整個琉球群島的統治者的稱號。1469 年（明成化五年），國王尚德死後，權臣金丸被擁立繼位，自稱尚德世子，名尚圓，開創第二尚氏王朝。

第二尚氏王朝前期，琉球王國飛速發展，特別是第三代國王尚真統治時，無論是在政治上，還是在經濟及宗教文化等領域，都達到空前繁榮。此後琉球與明、清兩朝的宗屬關係也一直持續著。根據《明史》記載，琉球嚮明朝朝貢次數遠遠超過亞洲其他藩屬國，經常列於朝貢國序列前三位；其往來的密切程度，從歷時 500 多年中琉交流交往關係的大量的歷史文獻——使琉球錄及相關研究中也可以看出。

由於地緣接近，琉球與日本也很早就保持著密切的聯繫。日本遣唐使必須經過琉球才能到達西安。國內許多專家學者遵從日本的研究，提出在日本史料中最早提及琉球的是官修國史《日本書紀》〔註2〕（797 年成書）；但筆者在日本外交史料館收藏的檔案「入貢年表」中找到的相關記載為「推古天皇二十四年南島掖玖人來朝」〔註3〕，「入貢」時間為「應永二十二年」即 1416 年。這裡記載的第一次「來朝」的意思應當指琉球人第一次到日本，而「入貢」則是八百年之後的事情。這裡將「琉球」稱之為「掖玖」或「夜句」，據筆者推斷，是「夷州」的土音漢字。另外，因古琉球是由三十六個小群島組成的島國，所以將「掖玖」認定為「屋久島」，應當指的是琉球群島中最北的島嶼屋久島，而不是整個琉球。另外，根據何慈毅的研究，十五到十六世紀時，琉球與日本是對等的關係。〔註4〕到了豐臣秀吉時期，豐臣秀吉堅持以「日本國關白」這

〔註2〕徐勇、湯重南主編：《琉球史論》，中華書局 2016 年，第 97 頁。

〔註3〕《1·通信始末／琉球書類通信始末／1 入貢年表》，JCAHR: B03041128000。

〔註4〕何慈毅研究認為，至少琉球國方面對同處明朝冊封體系中的日本國要求保持對等關係，故使用大明年號及大明皇帝所賜封號致書日本。琉球王國在統一之後，國王致日本方面的書信大致採用「疏」的格式，即駢儷文體的漢文。而「疏」本身並沒有「下意上達」的涵義，歷史上在中國一般指親朋好友、群臣之間私相來往的書信，而在日本則主要是指禪僧所作的漢詩文或與外國往來的漢文信件。日本室町幕府也很尊重琉球王國在明朝冊封體系中的地位。儘管室町將軍致琉球國王書以日本假名書寫，並採用了將軍在日本國內處理私人事務所用的綸內書格式，但這並不能成為所謂兩者之間存在著「半是外國半是家

一日本官職的名義，向琉球及海外諸國致書，以此表明其脫離中國明朝冊封體系的立場；並稱琉球國王為「閣下」，以示日本國超然其上的地位。但實際上，琉球與日本的關係並沒有改變，琉球國仍一如既往是平等對待的關係。

1609 年，情況發生了重大的變化，北方的日本薩摩藩侵入琉球。薩摩藩主島津在征服琉球之後，即派出奉行（擔當政務的不共武士官名）14 人及隨從 168 人進駐到琉球，對琉球及其島嶼的土地進行丈量，規定琉球國王的領地為 89086 石，限定其中的 50000 石為國王直轄領地。另外，島津還將琉球國王尚寧及官員百餘人作為俘虜帶回日本，並將琉球國北方的鬼界島、德之島大島、永良部島、輿論島等島嶼據為島津的領地，使琉球的主權受到嚴重侵害，一部分領土被侵吞。

而所謂的「日琉同祖論」也在這一時期由親日的向象賢提出。他在所寫的《中山世鑒》中，將舜天王尊敦意想為源為朝之子。「沖繩學之父」伊波普猷認為，琉球國攝政向象賢是「提出琉球人祖先由日本渡來之說的最初之人。」〔註5〕

根據筆者查閱到的日本檔案，源為朝為舜天王之父的記載是日本史家的有意所為。根據日本天保年間（1830～1844）的史官源直溫的記載，《中山傳信錄》《琉球國志略》都提出「朝公未足」，即源為朝並沒有到達琉球。「直溫曾聞琉球國舜天王之父朝公者我為朝也，然而中山傳信錄琉球國志略共曰公未足，決其果為朝也否，但其國可撰中山世譜載為朝公云。」〔註6〕

這份資料顯示，作為史官的源直源也是「聽說」源為朝為舜天王之父，更知道中國的史籍中否認了這個傳說，也認為其父並不是源為朝，但「但其國」，可將源為朝記載為舜天王之父。這說明《中山世鑒》中將源為朝記載為舜天王之父，根本沒有歷史根據，更不是歷史史實。這個「傳說」或「神話」，在薩摩入侵琉球之後，因「但其國」的目的，而被按司向象賢用「番字」記出。

1609 年薩摩藩入侵琉球，不僅從經濟上控制，更從文化上改造，給琉球人民帶來了巨大的災難，成為琉球歷史上重要的轉折點。從此，琉球實際上陷

臣」的「上下關係」的證據。相反，結束用語的不同，年號的使用及「德有鄰」印章的使用，反映了室町幕府視琉球國為親善交鄰對象國。參見何慈毅，《明清時期琉球日本關係史》，第 42～33 頁。

〔註 5〕伊波普猷：《琉球人の解放》《伊波普猷全集》第一卷、平凡社，1980 年，第 491 頁。

〔註 6〕《2‧中山略品位官職》，B03041128300。

於中日「兩屬」境地，即一方面仍然延續著對宗主國的朝貢關係，是中國中原王朝的藩屬國；另一方面在政治、經濟、社會、文化等領域逐漸被日本薩摩藩控制，成為薩摩藩的附庸。故在歷史學上的琉球的近世，是指從 1609 年日本薩摩藩入侵琉球，到 1879 年日本明治政府宣布琉球廢藩置縣，完成「併吞琉球」，使琉球作為國家體從歷史中消亡這段歷史。

琉球作為一個國家體，在歷史上傳承了五百多年。在這五百多年間，明清政府冊封琉球國王共有 25 次，派出正副冊封使臣，有姓有名的共 45 人。這些冊封使節都是飽讀詩書，才識過人之士。由於航海氣候的限制，他們要在琉球等候合適的風向回國。這樣的冊封使團一般在琉球逗留四、五個月，半年，甚至更久。所以冊封使臣經常利用這些充裕的時間，對琉球社會進行深入的訪問和考察。歸國後，大都有冊封使錄傳世。這些冊封琉球的使錄是使臣們親入實地，對琉球社會的語言文字、生活習俗、風土人情等詳細考述所得。雖然琉球使錄只是一個歷史斷面的記載，難免帶有作者的主觀情感色彩，但畢竟是他們親眼所見，親耳所聞的事實。冊封使臣們關於琉球社會風貌的實地記錄是研究琉球問題的最重要的基本史料之一。目前流傳下來的冊封使錄有陳侃、高澄、郭汝霖、蕭崇業、謝傑、夏子陽、胡靖、張學禮、汪楫、徐葆光、周煌、趙文楷、李鼎元、齊鯤和趙新等，他們的使琉球記錄都是研究中琉關係的重要文獻史料。

中琉兩國的友好交往源遠流長。長期的友好往來在兩國政府的官修史志和文書中都有大量的記載。如明代歷朝官修的編年體史書——《明實錄》，記錄了明太祖朱元璋到明熹宗朱由校共十五代皇帝的大小事件，共十三部 2909 卷，其中有大量的關於明朝與琉球王國交往活動的記載。還有《明史》、《明會典》、《清史稿》等，這些官修史籍，多取材於官方的檔案資料，記載中琉關係的歷史比較系統完整，是研究琉球問題不可缺少的重要史料。琉球方面最為重要的官方文書就是《歷代寶案》了。這部書收錄了自明成祖永樂二十二年（1424）至清穆宗同治六年（1867）共 443 年間的琉球與中國、朝鮮、東南亞諸國及英國、法國來往的原始公文。這些收錄的原始檔案資料不僅可以彌補和訂正我國現存的明清檔案、史籍的記載，更是研究明清時期中琉關係的珍貴文獻。另外還有《中山世譜》、《中山世譜附卷》、《那霸市史》、《球陽》等，這些史料內容豐富，翔實可靠、具有真實性和權威性，能為研究琉球的外交制度、外交往來及琉球社會和政治等提供極為珍貴的歷史資料。

　　在中國古代的各種記錄或考證外國事務的著作中有相當數量是關於琉球的記載。如陳子龍等輯的《皇明經世文編》。此部書中收錄了明人的奏疏、書牘、序、記等，內容包括了明朝政治、經濟、文教、武備等。該文編中的「外交」涉及琉球、日本等國家；武備中的「海防」記述了倭寇等事宜，這是研究明代政治經濟以及對外關係的重要史料。另有徐光啟的《徐光啟集》、王韜的《琉球朝貢考》、《琉球向歸日本辨》、謝肇淛的《五雜俎》、《福州府志》等等。這些著作分別從不同視角、不同側面對琉球王國有一定的認識和記錄，為研究明代外交及琉球、日本問題提供了豐富的歷史依據。

　　抗日戰爭勝利後，日本侵佔的中國及東亞各國的領土要回歸其宗主國，故對臺灣及琉球的研究也廣泛地開展起來，出版了諸如蔡璋《琉球亡國史譚》、吳壯達《琉球與中國》、陳大端《雍乾嘉時代的中琉關係》等著作。1948 年，著名歷史學家傅衣凌先生調查了福州的琉球館，並撰寫了《福州琉球館歷史遺址調查報告》。以上對琉球的研究著作的出版，開啟了中國史學界有關琉球問題研究之先河。

　　20 世紀 60 年代，隨著釣魚島附近發現石油及美日「歸還沖繩」問題談判，引發了臺灣、香港及海外的保釣運動，對琉球及釣魚島的研究開始成為熱門學科。臺灣學者組織編纂了《臺灣文獻從刊》309 種、595 冊，收集了包括冊封使錄在內的諸多琉球史料。1972 年，臺灣大學影印出版了日本學者小葉田淳收集的 1424～1867 年琉球王國外交文書《歷代寶案》（共 15 冊）。《歷代寶案》無疑是琉球王國史及中琉關係史研究最基礎、亦是最珍貴的原始檔案資料之一。

　　二十世紀八十年代以後，隨著中國改革開放、領土意識的加強，琉球研究取得了突破性進展，大量清代中琉關係檔案被整理、出版。2000 年，北京圖書館出版社出版了黃潤華、薛英編纂的《國家圖書館藏琉球資料彙編（全三冊）》，共收集了 16 種中琉交往歷史文獻，多為古籍善本。2003 年、2006 年相繼出版了由殷夢霞、賈貴榮、王冠編撰的《國家圖書館藏琉球資料續編》，由王菡所編《國家圖書館藏琉球資料三編》。此外，中國歷史第一檔案館也繼續出版了兩部清代中琉關係檔案資料彙編。其中包括《中琉歷史關係檔案順治朝‧康熙朝‧雍正朝（上下冊）》、《中琉歷史關係檔案乾隆朝（1～12 冊）》。2012 年，廈門鷺江出版社整理出版了《傳世漢文琉球文獻輯稿》計 30 冊；2015 年又整理出版了翟金明主編的《傳世漢文琉球文獻輯稿（第 2 輯）》計 20 冊；

2013 年，復旦大學出版社出版了高津孝、陳捷主編的《琉球王國漢文文獻集成》，共計 36 冊；2015 年，福建師範大學圖書館整理出版了館藏中琉關係相關資料《琉球文獻史料彙編（上下冊）》；2013 年，臺灣大學與琉球大學合作出版了《琉球關係史料集成（第一卷）（第二卷）》；2015 年編輯出版了由陳龍貴主編的《清代琉球史料彙編——宮中檔硃批奏摺（上下冊）》。

　　隨著大量琉球檔案的公開出版，一大批優秀的著作湧現出來。就琉球歷史、特別是通史部分，最值得推崇的是南開大學日本史研究專家米慶餘的《琉球歷史研究》（天津人民出版社，1998 年），是中國研究琉球難得的著作。該著作由「古代琉球社會發展概論」、「琉球王國體制的確立」、「近世中、日、琉關係」、「日本明治初年對琉關係」、「琉球漂民事件與中日交涉」、「日本政府強行佔有琉球」、「中日交涉琉球歸屬問題」、「琉球分島交涉的中斷」等八個章節組成，以日本入侵琉球後的歷史作為全書的重點，系統地闡述琉球王國興亡的歷史過程，對於琉球王國從三山時代到統一王國體制的確立、中琉封貢關係的建立、日琉關係的開展、日本對琉球的入侵等方面作了精闢的論述。米慶餘教授還對琉日關係中某些錯誤觀點作了考證和批駁，在充分挖掘歷史文獻的基礎上，力求再現出日本是如何吞併琉球的歷史史實。書後還附論三篇：《隋書·琉球傳》辨析；讀陳侃《琉球錄》——古代中琉疆界記實；林子平《三國通覽圖說》珍本及其地圖著色。這些對認識琉球的歷史變遷和紛繁動盪的東亞形勢，大有裨益。《琉球歷史研究》主要的著重點在日本入侵琉球以後，全書以近半的章節來論述此部分內容；但受時代條件的限制，並沒有用日本的原始檔案；另外，對琉球與大明及清的朝貢關係論述也基本沒有涉及。

　　福建師範大學謝必震教授著有《中國與琉球》一書（廈門大學出版社，1996 年）。全書有中國史籍中的琉球、閩人三十六姓移居琉球、中國對琉球的冊封、中國人眼中的琉球社會、琉球史團在中國、中國的琉球墓與琉球的唐人墓、明清中琉貿易、琉球留學生來華、中國文化在琉球、「球案」及其影響等十個章節，利用各類使琉球記錄等第一手材料，以獨特的視角圍繞中琉源遠流長的歷史關係展開，全面考證了琉球的政治制度、經濟生活、民風民俗、文化教育。該書雖幾乎涵蓋了琉球歷史上所有的重大事件，但不是通史類的著作。

　　楊邦勇的《琉球王朝 500 年》（海洋出版社，2018 年）是研究琉球通史的著作，全書包含「早期的琉球社會」、「琉球王朝的崛起」、「琉球國興衰的中國因素」、「移民、教育及琉球國興衰的關係」、「日本對外擴張與封建宗藩制

度的崩潰」、「從『臺灣事件』到『球案』」、「琉球王朝的終結」等七個章節，
圍繞著中國對琉球社會的影響，著重探討其興衰的原因。此書雖為通史類著
作，但僅有 132 頁，並也沒有使用新史料，難以展示出標題所書的琉球 500
年的歷史。

　　由徐勇、湯重南主編的《琉球史論》（中華書局，2016 年）也是近年來出
版的琉球通史類著作，全書由「史前琉球概說」、「琉球王統的傳說時代與三山
時代」、「尚氏王朝朝代的琉球」、「萬國津梁琉球大航海時代」、「琉球與明、清
兩代中國及日本薩摩關係」、「日本吞併琉球王國及其國際交涉」、「日本在琉球
的殖民同化政策」、「近代琉球復國、獨立運動」、「不同時代『脫清人』的抵抗
軌跡」、「二戰中與戰後琉球政治問題交涉」、「舊金山和會上的琉球爭論」、「美
軍治權下的琉球列島」、「日本治權下的沖繩」、「戰後琉球政治地位概論」、「『自
為一國』的琉球歷史與琉球學研究」等十五章節組成，共計 20 萬字，對琉球
的歷史，特別是戰後的琉球地位進行了論述。此部著作多個章節由在校研究生
撰寫，故其歷史部分過於簡單及籠統。

　　筆者在琉球研究上有一定的積累，曾於 2014 年出版《日本「吞併琉球」
與出兵侵臺關係探析》（上下卷、臺灣花木蘭文化出版社），以大量日本原始檔
案，對歷史上日本「吞併琉球」與出兵侵略臺灣的關係及與「琉球」有千絲萬
縷聯繫的「釣魚島」的歷史所屬進行探析。此項研究使筆者積累了大量的資料
與檔案，對五百年琉球歷史的後半部分有所涉及。在此基礎上對琉球的歷史進
行全方位的研究及闡述，一直都是筆者的心願。

　　本項研究將以琉球五百年的歷史為背景，以琉球與明、清兩朝的藩屬朝貢
體系為主線，日本與琉球關係為輔助線，全方位地將琉球歷史呈現出來。在歷
史闡釋的過程中，還就以下主要問題進行了探討：

　　首先，就《隋書》中「琉求」是否為今天的「琉球」，學界一般有兩種觀
點，一派認為此「琉求」即是今天的「琉球」；另外一派認為這個「琉求」是
今天的臺灣。根據筆者的研究，《北史》（僭偽附庸列傳）之「流求國」、《通典》
（邊防）之「琉球」、《通志》（四夷傳、東夷）之「流求」、《太平寰宇記》（四
夷、東夷）之「流求國」、《太平御覽》（四夷部、東夷）之「流求」、《諸藩志》
（志國）之「流求國」、《文獻通考》（四裔考）之「琉球」、《宋史》（外國列傳）
之「流求國」、《島夷志略》之「琉球」等，都沿用《隋書》之「琉求」的內容，
是指今天的琉球。《諸藩志》中「琉球之部」開始出現的「毗舍耶」才是今天

的臺灣，也就是後來的「小琉球」。

其次，以《中山世譜》為主要參考資料，輔以《明史》等，對琉球與明、清長達五百多年的朝貢歷史進行了梳理，認為中琉之間的藩屬關係，是前近代以中國為核心的東亞國際秩序的表現，它反映了兩國的政治關係，也是政治文化的體現，更是中國文化對琉球薰陶及影響的基礎。在接受中國冊封的五百多年歷史中，朝貢制度、中國的移民、來華的琉球留學生、大量的往來貢使及交流人員，都將中國文化傳播到琉球，對琉球社會產生了深遠而重大的影響，其政治制度、思想文化、教育體系、科學技術、農業手工業、生產技術和文學藝術無不深受中國的影響。

第三，根據琉球的三大正史《中山世鑑》《中山世譜》《球陽》的記述，琉球的歷史起源於「天孫氏」。根據筆者的研究，天孫氏的傳說最早由《中山世鑑》記載，而《中山世鑑》則是參考了日本僧人袋中良定所著的《琉球神道記》。琉球與日本的天孫氏傳說皆有出自中國周易之陰陽學說；琉球與日本自古就有佩戴曲王等風俗，及羽衣、鸕鷀、鴛鴦等神話。竊以為不論日本還是琉球，其祖先都是中國山東人。

第四，現在流行於日本的「日琉同祖論」，其最初源自於《中山世鑑》。根據筆者的研究，《中山世鑑》中將源為朝記載為舜天王之父，根本沒有歷史根據，更不是歷史史實。這個「傳說」或「神話」，在薩摩入侵琉球之後，因壓制親中派，而被親日的向象賢用「番字」記出，又因「俱其國」的目的而被流傳下來。

第五，琉球與日本薩摩的關係，是薩摩以侵略而強制形成的。而薩摩藩僅僅是日本的一個地方政權，其與琉球的關係，雖常被後世的研究者說成所謂的「兩屬」，但這與琉球同中國明朝及清朝的朝貢冊封體制完全不是一回事，沒有辦法相提並論。琉球與大明的朝貢關係，是建立在「懷柔遠人」及「不征」的和平思想基礎上的。而薩摩藩將琉球王擄至藩並強行割讓臨近的五個島，則是強盜的侵略行為。

第六，明治維新後的日本政府以琉球難船事件為由出兵中國臺灣，是為切斷琉球與中國的宗藩關係。「保民義舉」的成立，使琉球人成為日本的「人民」，這為日本吞併琉球做好了國際法的準備。日本趁清太平天國之亂之時強迫朝鮮對日開放，又趁新疆危機之時，強行吞併了琉球。

第七，日本薩摩藩在侵略並強迫琉球「上薩州」之後，對外隱瞞了日琉的

真實關係，以至於日本強行吞併琉球設立沖繩縣之時，琉球也不向清政府告知實情，以「阻貢」為由，要求清政府進行干涉。李鴻章的「支展之法」，無力阻止日本吞併整個琉球。清政府無奈接受所謂的「三分琉球」，但最後沒有在「分島條約」上簽字，使得日本吞併琉球的行為，沒有國際法依據，屬於以侵略戰爭手段獲得的土地，戰後琉球人有自決的權力。

　　歷史是由無數交合的事件及各種因素構成。琉球的歷史有五百多年，任何一項研究都不可能將其輝煌史話完全展示出來，本項研究當然也不例外。另外，歷史研究也是一項非常艱苦的工作，需要某種使命或價值的引導與支撐。本項研究即以中國古籍、琉球史籍及大量日本檔案為基礎，從中國研究者的角度來探尋琉球五百年的歷史。由於時間跨度很長，研究主題更傾向於與中國相關聯部分，研究的重點主要集中在日本侵佔吞併琉球部分，故行文中對中國文化對琉球的影響、中琉貿易等方面論述不足，當然也可能存在著許多不盡人意之處，還請各位讀者多多包涵。

目

次

第一章　朝貢體制的思想基礎與構建要義

在古代東亞相對隔絕的地理環境中，以儒家思想為根基的華夏農耕文化是唯一的文明中心。在漫長的歷史發展過程中，其他民族以各種方式逐步地融入到中國文明，使得華夏文明持續地延綿下來，華夷思想就是在這種背景下誕生的。古代華夏族群居於中原，為文明中心，而周邊則較落後。東周末年，諸侯稱霸，孔子作春秋大義，提出尊王攘夷，發揚文化之大義。「華夷思想」也稱「華夷觀」，是在中華文明形成過程中產生的中國傳統的政治文化。「華夷」之說，濫觴於上古時期生活在黃河中下游地區的華夏族。古人在論述「華夷之辨」時強調周邊少數民族同華夏的區別，以及深刻地防蠻夷、衛華夏的思想。這種思想主要表現為文化上的優越感，除正義性的防衛之武裝外征外，整個中國古代很少有無故征伐周邊「四夷」的歷史行為，因為此舉將被視為「不仁」和「無德」。

一、儒家世界觀是構建朝貢體制的思想基礎

華夏，亦作「諸夏」，是漢族先民和中國的古稱。率先進入農業文明的華夏族，在與周邊處於游牧乃至狩獵文明的其他族群交往中，自視文明發達程度高於其他族群而產生了一種優越感，從而萌發了「華夷」分野的觀念，認為自己生息繁衍的地區是世界的中心，自稱為「中國」，而視周邊流播遷徙、居處不定的其他族群為「東夷、西戎、南蠻、北狄」。這是「華夷」分野觀念的反映。古人常以「夏」與「蠻夷」，或「華」與「夷」的對稱，即以文化高低作

為區分尊卑貴賤的標準，從而形成華夏優於夷狄的觀點。

1.「九畿」華夷觀的形成

早在先秦以前，我國古代的民族觀就已產生。春秋戰國時期，諸位儒家代表人物提出的華夷觀，孕育並構建了之後中國兩千多年民族觀的基本內容。夏商之時，華夷之說就已出現，但華夷之別清晰呈現則始於西周。

周王室和它所建立的諸侯封國，稱諸夏。《國語》〔註1〕「鄭語」裏有言：「是非王之支子母弟甥舅也，則皆蠻、荊、戎、狄之人也。非親則頑，不故紙影可入也……夫成天下之大功者，其子孫未嘗不章，虞、夏、商、周是也。」〔註2〕諸夏的基本團體包括夏、商、姬、姜四氏族，也就是姒姓、子姓、嬴姓、姬姓、姜姓氏族中繼承了華夏文明的國家。比如周王室和魯、晉、鄭、衛、韓、魏、燕、虞、虢等姬姓國；齊、申、呂、許等姜姓國；徐、黃、郯、江、趙、秦等嬴姓國、子姓的宋國。

西周統治者強調「分服」，《國語》周語上對此有詳細記述：「先王之制，邦內甸服，邦外侯服，侯衛賓服，蠻夷要服，戎狄荒服。甸服者祭，侯服者祀，賓服者享，要服者貢，荒服者王。日祭、月祀、時享、歲貢、終王，先王之訓也。有不祭則修意，有不祀則修言，有不享則修文，有不貢則修名，有不王則修德，序成而有不至則修刑。於是乎有刑不祭，伐不祀，征不享，讓不貢，告不王。於是乎有刑罰之辟，有攻伐之兵，有征討之備，有威讓之令，有文告之辭。布令陳辭而又不至，則增修於德而無勤民於遠，是以近無不聽，遠無不服。」〔註3〕全國從邦畿到蠻夷戎狄，據其與周王的親疏關係分為「五服」。

「九畿」是周時期的「行政區劃」。根據《周禮·夏官·大司馬》記載，「乃以九畿之籍，施邦國之政職。」鄭玄注：「畿，猶限也。自王城以外五千里為界，有分限者九。」《周禮·地官·小司徒》中也言「其畿疆之封」。漢鄭玄注：「畿，九畿。」賈公彥疏：「除王畿以外，仍有九畿，謂侯、甸、男、采、衛、要，以內六服為中國，其外更言夷、鎮、藩三服為夷狄，王畿四面皆有九畿。」

〔註1〕《國語》是中國最早的一部國別體著作。記錄了周朝王室和魯國、齊國、晉國、鄭國、楚國、吳國及越國等諸侯國的歷史。上起周穆王十二年（前990）西征犬戎（約前947年），下至智伯被滅（前453年），包括各國貴族間朝聘、宴饗、諷上諫、辯說、應對之辭以及部分歷史事件與傳說。

〔註2〕《國語》卷十六鄭語。

〔註3〕《國語》卷一周語上。

從上述記載來看，「九畿」的意思是為各級諸侯之領地及外族所居之地。王畿是以王城為中心建立，王畿之外有所謂九畿。九畿的分布，是以方千里的王畿為中心，其四外的五千里之地，依次劃分為侯畿、甸畿、男畿、采畿、衛畿、蠻畿、夷畿、鎮畿、蕃畿等九層，大小相套，依次迭遠。相鄰之畿的間隔都是五百里。

「九畿」是在整體之中劃分，區分內外。在「九畿」之中，日祭、月祀的甸服、侯服是邦內之屬，時享、歲貢、終王的賓服、要服、荒服是邦外之屬。這種內外之分、內外有別的方式是相對於邦內邦外而言，即與周王的親疏遠近而產生的，並以禮儀方式為表現的。

「九畿」是中央王朝對地方的統治及冊封、巡狩、朝覲、貢納等制度的基礎，體現出中原王朝處理與其他民族關係以「禮」為先的思想，即是先教化後征伐的策略。這種思想對後世產生了很大的影響，成為中國古代社會處理民族關係的原則。

以後的歷史中，「華夷觀」和「正統之爭」是中國大一統民族觀的最大特點。魏晉時期以政治上的分裂為基本特點，民族遷徙、衝突尤為劇烈。相應地，華夷之辨的聲浪日高，諸政權均以華夏正統自居，內諸夏而外夷狄，主張以夏變夷，從而使華夷觀日益彰顯，成為民族觀的主流。

春秋時期，孔子作《春秋》，明確主張大一統，且在大一統之下明「華夷之辨」。強調華夷有別，夷不亂華。當中原政權不穩，邊地四夷內遷之時，「華夷之辨」的呼聲就會高漲，成為漢族政權用來抵禦異族政權的強大思想武器。亂世之中的「華夷之辨」正如春秋時期的「尊王攘夷」，並非大民族主義作祟，亦非歧視異族。從更深層次來看，「華夷之辨」的觀念促成的是一種凝重執著的民族凝聚力和向心力，凝聚成一種強大的精神力量，頑強地抵抗異族的征服。

東周末葉至春秋時期，游牧的戎狄大量內遷，在中原與諸夏交錯雜居，而南方與華夏同源的楚國實力日益壯大，進逼周王及華夏系各諸侯國，出現了「南夷與北狄交，中國不絕如線」的局面。在這種嚴峻的形勢面前，華夏系各諸侯國在處理華夷關係時更加強調「華夷之辨」。

東漢末年戰亂紛起，天下三分的同時，北方、西北方的異族也趁著戰亂內遷。曹操挾天子以令諸侯，掌握了漢朝的大權。曹魏在三國中勢力最強，轄區最廣，據有淮河以北的中國北半部，並曾於西域設長史府。境內的異族有匈奴、

鮮卑、羯、氐、羌、烏桓、盧水胡、丁零等，他們中有不少與漢族交錯雜居。蜀漢地處西南，境內主要有青羌、叟、崙、僚、濮、昆明等族。孫吳據有中國東南部，境內異族大致可分為蠻族和百越後裔兩大集團。雖然天下三分已定，但是壯大自己的實力以圖一統全國，一直是三位統治者的心願。

西晉結束了三國的分裂，實現了短暫的統一。可三國境內原有的異族數量不但沒有減少，反而進一步增加，以致出現了「關中之人百餘萬口，率其少多，戎狄居半」的局面。大量異族的內遷，使「嚴華夷之辨」的心理再度空前強化。對「四夷」民族抱蔑視態度，在這一時期的民族觀裏再次顯現出來。

從「華夷之辨」的內涵不難發現，之所以強調「華夷之辨」，為的是貫徹「華夷大防」。「華夷之辨」強調的是保衛先進的華夏文化以求發展，反對的是屈從於夷狄習俗而倒退苟安，重點是「以夏變夷」，並以此確保以華夏文明教化夷狄文化，中國一統於華夏民族，傳承華夏文明。

夏商周乃至春秋戰國時，諸夏與夷的區別主要是農耕的城邦和游牧的山野牧民之區別。諸夏有禮，而蠻夷無。若說中國的皇帝是天子，中國的皇朝是天朝，其他國家則是朝貢國和藩屬國，其首領只能被稱為王。秦統一之後，華夏文明對周邊地區產生了巨大而深遠的影響，周邊國家接受中華思想，又常自稱「華夏」、「中國」，這被稱為中華思想。

中國與這些周邊國家和地區合稱為中華世界。由於中華世界為儒家社會，儒家文化是社會的主流文化，因此這些地區又稱儒家文化圈，又因使用漢字，而稱為漢字文化圈。就中國典籍上的記載來看，先秦華夷之辨區分的主要標準是以華夏禮儀的有無。漢晉以後華夷之辨區分的主要標準是血緣的遠近。華夷之辨是根據禮儀來區分華夏和蠻夷，這裡的禮儀是指《周禮》、《儀禮》、《禮記》以及《春秋》。其中《春秋》是華夏禮儀的宗旨，三禮是具體的規則。

2.「華夷之辨」被賦予民族主義的色彩

宋朝時期，時常受到北部契丹遼朝和女真金朝的威脅，這一時期的「華夷之辨」，激發了漢族士民在政治和文化上的認同意識。在此之前的「內諸夏而外夷狄」的春秋大義，是主張將夷狄置於「治外」，加強防禦的羈縻制馭。「華夷之辨」並不強調絕對的種族之見，而是指文明與野蠻之別，且為夷狄進入中國留有很大餘地。

1127 年，金人南下，攻陷東京（今河南開封），擄宋徽宗、宋欽宗北去，史稱「靖康之變」，北宋覆亡。是年 6 月 12 日，宋徽宗第九子康王趙構南逃至

南京應天府（今河南商丘）即位，是為宋高宗，改元建炎，史稱南宋。這一時期中原王朝屢受外族的侵略，「華夷之辨」的思想更加激烈和絕對，以至堅決反對讓夷狄接受乃至接觸華夏文明，認為應該讓夷狄安於他們自己的生活方式。因為夷狄一旦接觸到了先進的華夏文明，他們的貪欲野心就會被激發出來，而給華夏帶來禍端。

宋代的士大夫普遍認為，夷狄介於人與禽獸之間，和華夏有著本性上的絕對差異，根本不能接受禮樂文明，想教化之根本就是自致其禍。如蘇軾說：「夷狄不可以中國之治治也。譬若禽獸然，求其大治，必至於大亂。先王知其然，是故以不治治之。」〔註4〕宋祁在《新唐書‧突厥傳》論中批評班固「其來慕義，則接之以禮讓」的主張，其論曰：「禮讓以交君子，非所以接禽獸夷狄也。纖麗外散，則戎羯之心生，則侵盜之本也。聖人飲食聲樂不與之共，來朝坐於門外，舌人體委以食之，不使知馨香嘉味也。漢氏習玩驕虜，使其悅燕趙之色，甘太官之珍，服以文綺羅紈，供之則增求，絕之則招怨，是飽豺狼以良肉，而縱其獵噬也。」〔註5〕劉敞在《宋文鑒》提出：「夫夷狄中國，其天性固異焉。是故謹吾色，毋出於禮，以示不可以淫縱為也；謹吾聲，毋出於雅，以示不可以污濫入也；謹吾貨，毋出於義，以示不可以貪婪有也……彼其還觀中國，則若鳥之觀淵，獸之窺藪，雖有攫挐之心者，知不可往焉而止矣。」〔註6〕大理學家朱熹也言：「至於禽獸，亦是此性，只被他形體所拘，生得蔽隔之甚，無可通處……到得夷狄，便在人與禽獸之間，所以終難改。」〔註7〕在「靖康之恥」的大背景下，「華夷之辨」被賦予了民族主義的色彩。

南宋初年，胡安國作《春秋傳》，將「華夷之辨」與三綱五常並列，上升到了天道和綱常的高度，南宋士人無不受其影響。《春秋傳》又稱《春秋胡氏傳》《春秋胡傳》。此書初作於宋室南渡之際，完成並表進於南渡之後（1138）。作者感於時事，往往借《春秋》以寓意，致有不盡合經旨者。其著書目的在於「尊君父，討亂賊，辟邪說，正人心，用夏變夷，大法略具」（《春秋傳序》）。他破除三傳家法，不拘門戶，兼採眾傳，斷以己意。又沿襲《春秋》傳統，重視《春秋》筆法，寓大義於筆削褒貶之中。此書一出即為當局所重，用為經筵定本，對後世的《春秋》學有深遠的影響。1315 年（元延祐二年）定科

〔註4〕蘇軾：《王者不治夷狄論》，《蘇軾文集》卷2，中華書局1986年，43頁。
〔註5〕宋祁：《新唐書》卷215《突厥上》，中華書局1975年，6025頁。
〔註6〕劉敞：《治戎下》，《宋文鑒》第2冊卷96，浙江古籍出版社2008年，711頁。
〔註7〕朱熹：《朱子語類》卷4，中華書局1994年，58頁。

舉新制,即以胡傳為範本。明初程頤、朱熹,因安國之學私淑程門,遂以此書為科舉取士教科書,並逐漸發展到「棄經不讀,唯以安國之《傳》為主」的地步。

胡安國在《春秋》中提出,中國之有戎狄,猶君子之有小人,內君子外小人為泰,內小人外君子為否。「聖人傾否之書,內中國而外四夷,使之各安其所也。無不覆載者,王德之體;外四夷者,王道之用。」〔註8〕可見,在胡安國的論述中,「華夷之辨」與「天下主義」形成一種「體」與「用」的辯證關係。這就是宋人的華夷之辨與近代國族觀念的大不同之處。對於宋人來說,「華夷之辨」畢竟是「用」,「王者無外」、「無不覆載」才是「體」,嚴「華夷之辨」的目標絕不是造成一個漢族的民族國家,而是要恢復四夷歸附中國的本來應然的天下秩序。隨著儒道復興思想運動,新興科舉士大夫階級倡導嚴格的忠節觀,極大地強化了宋朝士人對君主國家的忠誠。

正是認定南宋為唯一的中國,北宋的易代就不是一般的改朝換代,而是「中國」滅亡。這樣民族主義與「華夷之辨」結合起來,就賦予南宋王朝以正當性合法性,極大強化了漢族士民對南宋國家的政治文化認同。這一變化是中國古代國家觀念的重要發展,是政治上的一場倫理革命。

3. 南宋「道統論」的政治文化功能

然而,南宋之所以能在南北對峙的歷史狀況下自居唯一的中國,其更深刻、更重要的理據卻在於「道統」論。

「道統」,指的是儒家傳道的脈絡和系統。孟子認為孔子的學說是承接堯、舜、禹、湯、周文王等先代聖王的,並且自命繼承了孔子思想的正統。韓愈《原道》中的一段話是大家耳熟能詳的:「夫所謂先王之教者,何也?博愛之謂仁,行而宜之之謂義,由是而之焉之謂道,足乎已無待於外之謂德。其文詩書易春秋,其法禮樂刑政,其民士農工賈,其位君臣父子師友賓主昆弟夫婦,其服麻絲,其居宮室,其食粟米果蔬魚肉,其為道易明,而其為教易行也。」〔註9〕

在這裡,「中國」不是由種族、地域來規定,而是被抽象成「中國之道」,就是以仁義為價值內核、以人倫禮教為人間秩序、以定居農業為基本生活方式的文明傳統。「中國之道」即「先王之教」是中國之所以為中國的根本原理,

---

〔註8〕胡安國:《春秋胡氏傳》卷1「隱公二年春,公會戎於潛」條,浙江古籍出版社2010年,6頁。
〔註9〕韓愈:《原道》,影印《韓昌黎全集》卷11,中國書店1991年,171頁。

是辨別中華和夷狄的根本標準。而韓愈所發明的「道統」，就是對中國之所以為中國的文明原理的自覺和傳承。

在宋初儒道復興運動中，從柳開、王禹偁到孫復、石介都有道統論。他們嚮慕三代之治，追求理想的人間秩序。他們所謂的「道」，是「立制度施教化」的「外王」之道，還不是真正道學意義上的「道」；在他們的道統譜系中，還有荀子、董仲舒、揚雄、王通、韓愈等漢唐諸儒。

至二程，道學真正成立，這意味著「道」從作為人間合理秩序的「道」、政治意義上的「道」，變成了作為人心內在秩序的「道」、進行道德完善精神修養的「道」、道德意義上的「道」；且「理一分殊」，外王之道必須根基於內聖之道，治國平天下之道必須根基於立人之道。

程頤在《明道先生墓表》中提出了真正具有道學意義的「道統」論。宋以後流行的道統論是由朱熹正式提出。朱熹《大學章句序》說：「天運循環，無往不復。宋德隆盛，治教休明，於是河南程氏兩夫子出，而有以接夫孟氏之傳。……然後古者大學教人之法、聖經賢傳之指，粲然復明於世。」〔註10〕

朱熹繼承程頤的道統論，以宋儒直接上承孟子，而把漢唐諸儒摒除於道統之外。道統論的這一重大變化當然主要是因為道學之「道」有了與以往不同的思想內涵，但同時，這種宋儒接續道統。道統在宋的話語中具有非常重要的政治文化功能。朱子的道統說具有特別的政治意涵，因為南宋與北方異族國家的衝突，南方的儒家學者滋生了民族主義的情感，強化了對宋室的忠誠。中國文明之命脈就得以存續，「中國」就不會亡。也就是說，天下之存續、中國之存續，成了每一個中國士人的責任，係於每一個中國士人之志於道學與道。

對於朱熹來說，南宋之所以是唯一的真正的「中國」，一是正統在南宋，南宋是正統王朝大宋的合法繼承人，金朝並未一統天下，他寫《資治通鑑綱目》、《宋名臣言行錄》來講明這一點；更為重要的是，道統在南宋，這才是南宋之為唯一的真正的「中國」更為根本的理由，他著《伊洛淵源錄》、《近思錄》來講明這一點。

當漢族政權的南宋失去中原且恢復中原無望之時，朱子將中國文明濃縮、抽象為兩大精神原則即「道統」和「正統」，中國之所以為中國的原理變成了道統和正統雙線，貫通天下及其歷史的「道」變成了道統與正統雙線，二者理

〔註10〕朱熹：《大學章句序》，《四書章句集注》卷首，《朱子全書》第 6 冊，上海古籍出版社／安徽教育出版社，2002 年。

一而分殊。這是中國文明在精神向度上的深化和形上化，它的意義是非常重大的。從此，「中國」超越了具體的種族、地域、國家，而指的是中國之所以為中國的兩大精神原則，「中國」成為一種具體而抽象的歷史文化認同。

正如從朱子思想中看到的，在大講「華夷之辨」的南宋人心目中，中國不可能成為一個民族國家，奉行民族主義。「中國」仍然是那個使天下成為一大神聖共同體，使歷史成為道之呈現的「中國」。大講華夷之辨的南宋，它作為「中國」、它的立國原理，不可能是「民族主義」，而是一種精神上的「天下主義」。

如果把正統論、道統論同華夷之辨放在一起看，我們就能明白，宋代思想家並沒有產生出現代的「國族意識」，而是構建出了一套以道統、正統雙線整合天下、整合中國文明的思想體系，給出了一套繼承漢朝「大一統」而有所變化的「中國」原理，為新的「大一統」準備了思想條件。元朝的建立和「大一統」的再次實現，與宋朝的正統論與道統論皆有密切的關係。

兩宋時期，中原漢族王朝衰弱，西夏、遼、女真等周邊政權勢力強大。對此「不正常」的華夷秩序之局面，宋臣表達了極其嚴重的憂慮。因為只有「外夷」臣服於中國，才是「合情的」「合理的」，所謂「天有五星，咸北辰之是拱；地有五嶽，唯嵩桂之獨尊。故四夷皆隸乎中國，萬方必繫於中央」〔註11〕。由此可見，中國歷史上，在中原漢族統治者看來，周邊「四夷」少數民族是野蠻的、落後的，「文明」和「野蠻」不能同等，於是，「夷鄙華尊」成為當時的社會主流思想。

明代以前，中原漢族政權對周邊少數民族包括海外諸民族的認識已是十分清晰。孔子修《春秋》，主導思想是「內其國而外諸夏，內諸夏而外夷狄」，其實質就是華夏與「夷狄」內外有別、貴賤分明的「華夷觀」民族主義思想。可見，早在先秦時期，中國人就已把「蠻夷」劃分於有別於自己的、充滿「敵意」的另類。

漢唐時期，中外經濟交流更加頻繁，社會繁榮興旺，文化絢麗多彩，朝廷實行開明的民族與外交政策，塑造了中國歷史上有名的盛世時代。但統治階層中根深蒂固的「華夷觀」思想仍然隨處顯現。西漢征和四年（前89年）三月，漢武帝曾言：「夫先王度中土，立封畿，分九州，列五服，均土貢，制內外，修刑政，或昭文德，遠近之勢異也。是以春秋內諸夏而外夷狄。夷狄之

〔註11〕洪棄生：《寄鶴齋選集駢文》，臺灣銀行經濟研究室編，1972年。

人，貪而好利，被髮左衽，人面獸心。其與中國，殊章服，異習俗，飲食不同，語言不通，是以聖王禽獸畜之。」〔註12〕這正是「內諸夏而外夷」的「華夷觀」思想。

二、明朝「不征諸夷」建立朝貢體系

明朝初年，對外關係的構建延續的是儒家的世界觀，其思想基礎是《周禮》。周禮是在根絕了殷商文明的核心巫覡文化的基礎之上建立的，是周王朝欽定的器物分配制度。歷代王朝都以「會典」、「典章」、「律例」或「車服制」、「輿服制」、「喪服制」等各式條文，規範和統御人們的物質生活。可以說，朝貢體系是以儒家禮儀文化為代表的禮儀制度。

明代以降，統治階級中大部分人仍然強調「夷夏觀」，賤「夷」意識、鄙「夷」意識極為強烈。朱元璋說：「帝王臨御天下，皆中國居內以制夷狄，夷狄居外以奉中國。」〔註13〕明成祖的「華夷觀」中也擺脫不了鄙視周邊少數民族及海外狄」異類，沒有資格與漢人平等的歧視、懷疑態度，反映出其「華夷一家」觀念的兩面性。

在這種「嚴夷夏之防」的狹隘民族主義思想主導下，明朝統治階級一再強調，周邊各族部眾及海外諸國都應該「知天命、審時勢」，臣順明朝統治，並成為明朝治下之子民，這就是「夷夏秩序」，即「以明為主宰」，「夷」從屬於「華的「正統」秩序。

為了闡釋明朝政權的正統性和合法性，明朝皇帝承認蒙古人建立的元朝政權也是合法的封建王朝。朱元璋十分讚賞元代實現的民族大一統局面，「天生元朝，太祖皇帝起於漠北，凡達達、回回，諸方君長盡平定之。太祖之子孫以仁德著稱為世祖皇帝，混一天下，九蠻八夷，海外番國歸於統一，其恩德孰不思慕，號令孰不畏懼，是時四方無虞，民康物阜。」〔註14〕明代帝王對蒙元政權認同或認可的根本目的，是為明朝代元尋找政治理論依據和支持。

1369年（洪武二年），朱元璋派吳用等出使占城、爪哇、日本三國，其中《給爪哇國王書》曰：「中國正統，胡人竊據百有餘年，綱常既隳，冠履倒置，朕是以起兵討之，垂二十年，海內悉定，朕奉天命已主中國。」〔註15〕

〔註12〕荀悅撰：《前漢紀》卷十五《孝武皇帝紀》，吉林出版集團，2007年。
〔註13〕《明太祖實錄》卷二十六，吳元年十月丙寅。
〔註14〕《明太祖實錄》卷一百九十八，洪武二十二年十一月甲子。
〔註15〕《明太祖實錄》卷三十九，洪武二年二月辛未。

1370 年（洪武三年）六月，朱元璋頒布「平定沙漠詔」：「朕削平強暴，混一天下，大統既正，民庶皆安。」〔註16〕顯然在表明，只有「華人治內而夷狄治外」，即中原漢族統治周邊少數民族才合乎「中國正統」，才合乎「春秋之法」，才合乎倫理綱常，也才能實現「中夏既安，四夷多附，絕無強凌弱、眾暴寡……共享和平之福」〔註17〕的祥和社會，也才是正常的「夷夏秩序」。否則，就是「綱常既隳，冠履倒置」，會遭到上天的懲罰。

從「非我族類，其心必異」〔註18〕到華夷劃分，無不反映出中國古代王朝對「四夷」的鄙視、排斥和防範意識，這在中國歷史上產生了深遠影響，成為歷代處理華夷關係的基本原則、民族態度和政策。為了實現他們所倡導的「合理」的、「正常」的華夷秩序，歷朝中原漢族政府宣揚「控馭四夷之術」，運用「以夷制夷」、羈縻政策、「因俗而治」以及和親、貿易、朝貢等政策治理「夷狄」，以期達到「夷狄自相圖，古稱中國利」之目的。

這種「華夷觀」和「中國正統論」為歷代漢族封建王朝推行的民族和外交關係準則，明代的外交政策也是建立在此基礎之上。

明代對外政策的基本原則是在洪武、永樂時期奠定的。其對外政策的基本點，首先是睦鄰友好，建立正常的中外友好關係；其次是厲行海禁，嚴格禁止中外商人出入海經商貿易。

1368 年（洪武元年），朱元璋在南京登基後，出於重建政治秩序和維護社會穩定的目的，對蒙古、色目人及周邊各民族政權的政策進行了調整。「高帝既平定天下，詔諭諸夷。諸夷君長或使或身悉隨使者來朝貢，則高麗、日本、大小琉球、安南、真臘、暹羅、占城、蘇門答臘、西洋、爪哇、彭亨、百花、三佛齊、脖泥凡十五國，臣服最先，而最恭順。高帝作祖訓，列諸不征且示勿勤遠略之意。既則撫綏懷柔，令其三年一朝，國王嗣立世見。」〔註19〕

明太祖朱元璋列出十五個「不征之國」，執行「遣使通好」、「懷柔遠人」的外交政策，尋求與周鄰各國和睦相處。1371 年（洪武四年），明太祖朱元璋詔諭省府臺臣道：「海外蠻夷之國，有為患於中國者，不可不討；不為中國患

〔註16〕《明太祖實錄》卷五十三，洪武三年六月丁丑
〔註17〕張德信、毛佩琦主編：《洪武御製全書‧御製文集》卷二《諭雲南詔》，黃山書社 1995 年版。
〔註18〕左丘明著，劉利等譯注：《左傳》成公四年，中華書局 2007 年版。
〔註19〕何喬遠撰：《名山藏》卷一百四《王享記一‧東南夷一》，北京大學出版社 1993年版。

者，不可輒自興兵。」〔註20〕明確表達了明朝對外政策的基本原則，即不與明朝為敵者，明廷絕不興兵討伐。

朱元璋的睦鄰外交政策源於其「一視同仁」「懷柔遠人」的和平外交思想，他多次強調：朕既為天下主，當實施「華夷無間」的民族政策。

1370年（洪武三年）三月，朱元璋詔諭日本國王良懷：「朕為中國主，此皆天造地設華夷之分。朕若效前王，恃甲兵之眾、謀士之多，遠涉江海以禍遠夷安靖之民，非上帝之所託，亦人事之不然。或乃外夷小邦，故逆天道，不自安分，時來寇擾，此必神人共怒，天理難容，征討之師，控弦以待。果能革心順命，共保承平，不亦美乎。」〔註21〕

1372年（洪武五年）正月，明太祖朱元璋派使臣楊載攜帶詔書出使琉球，其詔書稱：「中國奠安，四夷得所，非有意於臣服之也。」「昔帝王之治天下，凡日月所照，無有遠邇，一視同仁。」〔註22〕

1374年（洪武七年）六月，明太祖朱元璋敕中書省：「朕惟日本僻居海東，稽諸古典，立國亦有年矣。向者國王良懷奉表來貢，朕以為日本正君，所以遣使往答其意……我中國撫外夷，以禮導人心，以善之道也。」〔註23〕

1380年（洪武十三年）十月，爪哇國王八達那巴那務遣其臣阿烈彝烈時奉金葉表入貢，使者留月餘遣還，朱元璋因詔諭其國王曰：「聖人之治天下，四海內外皆為赤子，所以廣一視同仁之心。朕君主華夷，撫御之道，遠邇無間。爾邦僻居海島，頃嘗遣使中國，雖云修貢，實則慕利，朕皆推誠以禮待焉。前者三佛齊國王遣使奉表來請印綬，朕嘉其慕義，遣使賜之，所以懷柔遠人。」〔註24〕

可以看出，朱元璋在詔諭琉球、日本、爪哇國的詔書中，非常明確地表達了大明王朝「一視同仁」的外交方針。永樂時期，明成祖朱棣「遠慕唐宗賓服四夷之盛」，繼承了朱元璋「外撫四夷」「一視同仁」的睦鄰外交政策，而且思想更為鮮明。朱棣說：「人君奉天，愛人為本，朕臨御以來，視民如子，內安諸夏，外撫四夷，一視同仁，咸期生遂。」〔註25〕並進一步講，「人性之善，

〔註20〕張德信、毛佩琦主編：《洪武御製全書·明太祖寶訓》卷六《馭夷狄》，黃山書社1995年版，第595頁。
〔註21〕《明太祖實錄》卷五十，洪武三年三月戊午。
〔註22〕《明太祖實錄》卷七十一，洪武五年正月甲子。
〔註23〕《明太祖實錄》卷九十，洪武七年六月乙未。
〔註24〕《明太祖實錄》卷一百三十四，洪武十三年十月丁丑。
〔註25〕雷禮等輯，《皇明大政紀》卷八之六十三，齊魯書社，1996年，第32頁。

蠻夷與中國無異」，〔註26〕「好善惡惡，人情所同，豈間於華夷」，〔註27〕「天之所覆，地之所載者，皆朕之赤子，豈有彼此」。〔註28〕因此，對於海外之人宜加撫綏，以懷遠人，此乃「聖王之治，協和萬邦，繼承天之道」〔註29〕。於是，明成祖即位之初，一方面強調對海外諸國要待之以誠、一視同仁；另一方面，積極派遣使節詔諭周邊諸國「息兵修好」、和睦相處，通過朝貢往來和冊封賜賞，構建大明王朝與邊鄰各國之間的政治經濟聯繫。

1371 年，明太祖朱元璋明確規定了把朝鮮國、日本國、大琉球、小琉球、安南國、真臘國、暹羅國、占城國、蘇門答剌、西洋國、爪窪國、湓亨國、白花國、三弗齊國、渤泥國等 15 國列為「不征諸夷」，寫入《皇明祖訓》，明確指出：「四方諸夷，皆限山隔海，僻在一隅，得其地不足以供給，得其民不足以使令。若其自不揣量，來擾我邊，則彼為不祥。彼既不為中國患，而我興兵輕犯，亦不祥也。吾恐後世子孫倚中國富強，貪一時戰功，而無故興兵，致傷人命，切記不可。」明確這些蠻夷國家如果不主動挑釁，不許征伐。他並且確定了「厚往薄來」的朝貢原則。由此最後確立的朝貢體系，成為東方世界的通行國際關係體制。在這個體制中，中國中原政權成為一元的中心，各朝貢國承認這一中心地位，構成中央政權的外藩。

三、朝貢體制的特徵

明成祖朱棣時，鄭和七下西洋，出訪國家遍布亞洲和非洲，中外交往盛極一時，大明國威「聲聞四海」。據《明史》記載，明朝時來華朝貢的國家多達150 多個，在明太祖朱元璋明文規定的「不征之國」中，基本上囊括了東亞、東南亞及中亞的大部分國家。通過中華朝貢體系，中國文化逐漸被傳播到了中國的鄰近和周邊國家，如朝鮮、日本和越南，並深深地影響了這些國家的政治體系、社會結構和世界觀念，伴隨著這一進程，東亞地區最終形成了儒家文化圈。一方面，如果那些藩屬國覺得有必要通過中華朝貢體系來鞏固其在本國的政治合法性，它們同樣也具有參與或者維護這一體系的動機和意願。故朝貢體制的第一個特徵就是稱臣入貢。

明太祖朱元璋在 1369 年對周邊國家派遣使者，明確告知明王朝的建立。

〔註26〕《明太宗實錄》卷八十二，永樂十年三月丙申。
〔註27〕《明太宗實錄》卷三十二，永樂二年十一月庚戌。
〔註28〕《明太宗實錄》卷二百六十四，永樂二十一年十月己巳。
〔註29〕《明太宗實錄》卷二十二，永樂元年九月己亥。

明太祖發出的詔書中沒有明確地表明讓周邊王朝諸國與新建立的中國新王朝建立外交關係。「故中國尊安，四方得所，非有異於臣服之也」並不是本意，其真實的意圖是希望周邊國的國君能夠聞知此消息，主動稱臣納貢。安南和高麗兩國都和中國接壤，而且高麗和蒙古皇室有通婚的關係，出於安全上的考慮，所以很快嚮明朝臣服。

1369 年 6 月，安南首先派遣使者陳日煃，攜帶請求賜封國王的詔諭，安南國王的國印、大統曆、絲織物等回去。「乃祖父，昔守境於南陲，傳之子孫，常稱藩於中國。克恭臣職以永世封」。同年 8 月，高麗也配使者來朝貢，接受了「臣職」，成為大明的藩屬國。1370 年，明朝向文萊派遣了使者。〔註30〕

朝貢體制的第二個特點是儀制的制定。1369 年，南京的禮官制定了番王來朝儀、番國遣使進表朝貢儀、蕃國進貢表箋儀、蕃國慶祝儀、聖節正旦冬至望闕慶祝儀等詳細的禮儀制度。這些禮儀制度不僅制定了與諸外國外交關係交往的具體方針，還特別規定了禮儀制定的前提——臣服於中國的皇帝——是確立關係的唯一基礎。這些禮儀的制定當然是為了將接待藩王和使節的程式化，而制定的目的及具體執行，體現的是以皇帝為代表的中華王朝支配天下的一種具象化。

朝貢體系的第三個特點是闕庭和朝見皇帝的禮儀。每當元旦冬至，或者是皇帝生日之時，為了表示慶賀，在皇宮要舉行大的朝會，在地方官府也要舉行慶祝儀式。根據洪武二年制定的禮儀制度，這一天，海外的各個藩王要在各自的王宮中設立闕廷，藩王和諸官員在闕廷向北方向進行拜禮；在給皇帝的進賀表文送出之時，藩王也要在王宮舉行相同的禮儀。

闕廷的造型是方角的，向遙遠的帝都南京進行遙拜之時，都要設立南向的闕廷，國王和官員向北進行禮拜。這是假想藩王和家臣們在紫禁城大朝會上和中國的文武百官同列朝拜天子。它體現了中華王朝天子皇帝的權威已經超越帝國的境界，覆蓋到四夷之邦的理念，中華王朝的藩王們必須通過遵守禮儀來體現。

朝貢體系的第四個特徵是「世一見」。這一制度起源於周禮中的秋闕。九州之外，都稱為藩國，藩王在世的時候必須朝見一次，稱世一見。1369 年，明朝向高麗通報，命令國王世一見。1375 年，命令安南和占城國王世一見。1408 年文萊國王；1417 年蘇祿的東國王、西國王、別洞王分別攜妻子來朝。

〔註30〕岩井茂樹：《朝貢、海禁、互市》，名古屋大學出版會，2020 年 2 月 25 日。

朝貢體系的第五個特點是外國山川的祭祀。這一制度就是將諸藩屬國的山川和國內各地的山川並列，由南京的皇帝親自來祭祀。各藩屬國的臣民的統治權，歸屬於各國的國王。但天地是連續一體的存在，天和地的祭祀的主宰者——天子，不僅要祭奠國內的山川，對藩屬國的山川也沒有區別地進行祭拜。這是通過祭拜儀式，將天子的支配權普及到藩屬國。

朝貢體系第六個特點是冊封制度。承認各國國王地位的冊封制度和朝貢制度是一樣的，王朝皇帝的理念通過禮制來實現。明朝時期皇后、皇太子和諸親王實用的冊封制，與詔諭誥命冊封外國的君長制度沒什麼區別。

在明朝時期，對皇后、皇太子以及諸子的冊封使用金制之冊的做法，但對諸外國之王及世子的冊封則採用詔諭和誥命的方式。是否使用金制之冊，實際上反映了皇帝的親疏理念。

藩王具有親王的地位。實際上，明朝時期的冊封體制與國內的分封親王的體制是相統合的，其地位是列於親王之下位。如果從政治空間來看，藩國是處於其他王國的外側。

明朝建立不久，就開始積極推行象徵著臣從關係的對周邊諸國君長王印和誥命活動，使冊封體制不斷地充實和擴大起來。1404 年，明朝使節赴日進行冊封禮儀，實現了五世紀的五倭王以來的冊封朝貢關係。但是由於國王更替的冊封儀式要重新進行，朝貢制度並沒有持續下去。到足利將軍時代，冊封的足利義持後來斷絕了與明朝的關係。

冊封體制的第七個特點是致祭。在國王變更交替之時，依據慣例，明朝要派遣冊封使到朝鮮或者琉球這些國家，在他們的家廟進行先國王的祭奠活動，這是大明皇帝賜予的最高禮儀的祭奠活動。冊封使節要將冊封的詔敕及其冠服以及「諭祭文」等呈獻出來。在藩屬國的王都對先代國王的廟宇進行諭祭的儀式活動，而冊封的儀式要在此之後的二十或三十天之後，這是一個慣例。

明太祖構建的諸王分封體制，是分封國內戰略要地的諸王（王府）承擔著大明的「藩屏」的作用，而持續的朝貢及冊封體制中的諸藩國對中國來講，也是起著朝廷的藩屏作用，與諸王府具有相同的地位。在諭祭過程中，所使用的牛、羊、豬各一頭的典制，也是與諸親王相同的標準。

小結

中華朝貢體系有著悠久的歷史，朝貢體系的「意識形態結構」包括儒家

思想、天下觀、華夷秩序等多層構造。而其功能包括提供政治合法性、保持
體系內經濟繁榮、維護地區穩定。通過中華朝貢體系，中國文化逐漸被傳播
到了中國的鄰近和周邊國家，如朝鮮、琉球、日本、越南，並深深地影響了這
些國家的政治體系、社會結構、世界觀念，伴隨著這一進程，東亞地區最終
形成了儒家文化圈。明太祖朱元璋明確規定了把朝鮮、琉球等國列為「不征
諸夷」之後，對於改善中外關係起到了積極作用，取得了較大成果。明成祖
到明宣宗時期，朝廷多次派遣鄭和出使南洋群島和印度洋諸國，鄭和七下西
洋，他的船隊先後到達三十餘國，最遠到達非洲東岸的紅海和麥加，比哥倫
布發現美洲和達‧伽馬到達好望角都要早半個多世紀，成為世界航海史上的
一大壯舉。這客觀上促進了明朝與世界各國之間的經濟文化交流，加強了明
朝與海外諸國的友好往來。

第二章　古代的琉球

　　「琉球國，在泉州之東，自福州視之，則在東北。是以，去必孟夏，來必季秋，乘風便也。國無典籍，其沿革不能詳然。隋兵劫之而不服，元使招之而不從。我太祖之有天下也，不加兵而遣使，首效歸附，其忠順之心，無以異於越裳氏矣。」〔註1〕這是明代冊封使陳侃在《使琉球錄》中對琉球國的記錄，清晰地顯示了琉球的地理位置及中琉之間的往來關係。根據琉球最早的國史《中山世鑒》的記載，「琉球」之名是由隋朝大將朱寬所取。琉球的歷史非常古老，根據現有史籍的記載，可分為兩個大的時期：獨立島國時期和中國藩屬時期。獨立島國時期，是指從上古時期到 1372 年（大明洪武五年）。中國藩屬時期，是指從 1372 年至 1879 年琉球被日本侵略吞併之前。從 607 年開始，中國便尋求與琉球接觸交流。1372 年，中山王察度接受明太祖朱元璋詔諭，首次遣使納貢稱臣，與大明建立宗藩關係。至 1879 年被日本強行吞併改名為沖繩以前，琉球一直是中國的附屬國。在長達五百多年的時間裏，琉球歷代國王都受中國皇帝的冊封，奉中國為正朔，並定期遣使朝貢，因而其政治制度、經濟領域、思想文化、教育體系、農業、手工業、生產工藝、服飾、園林和文學藝術無不深受中國的影響，隨處顯現著中國元素及基因。

一、「琉球」之名的由來

1. 琉球的地理位置

　　在中國大陸的東北部隔著東海，有一長串宛如珍珠的島嶼鑲嵌在東海之

〔註 1〕陳侃：《使琉球錄》（二），商務印書館，1937 年，第 53 頁。

上，這就是琉球群島。琉球群島在地質構造上與日本列島和臺灣島一脈相連，都屬亞洲東部大陸架的邊緣地帶。從地理經緯上看，琉球群島北端為北緯 31 度，南至北緯 24 度，東端始於東經 123 度，西邊達於東經 131 度，其南端距臺灣僅一百一十公里，西距釣魚島一百七十公里。琉球群島自東北向西南並東突呈弧形分布，綿延一千餘公里，島嶼面積四千六百平方公里；分為三個大島群，北面是奄美諸島，中部是大琉球島，南部是先島諸島。古代琉球國自稱為「三十六島」，現在查明大小五十五個島嶼。最大的是大琉球島，面積一千零四平方公里，也是琉球的行政中心。

琉球群島在地質構造上以珊瑚礁、石灰岩堤、圓錐熔岩的亞熱帶地形為主。在宮古島發現過大象化石，結合古氣候學說，證明幾萬年前東海大陸架是裸露的，琉球群島是與大陸相連的；大的島嶼是火山噴發形成的，小的多為珊瑚島。琉球群島屬於亞熱帶海洋氣候，年平均溫度 22.3 度，雨量充沛，年降水量 2000 毫米左右，多颱風。

琉球群島的地理位置特殊，北接朝鮮、日本，南接南洋，西接中國，處於東北亞的交通要道，是一個名副其實的貿易中轉站。古琉球藉此地利，跨海去各國做貿易，因此他們自豪地稱琉球是世界的橋樑，還起了一個好聽的名字「萬國津梁」〔註2〕。

作為東亞「萬國津梁」的「琉球」，這個名稱是怎麼來的呢？根據琉球三大古史籍的《中山世鑒》《中山世譜》及《球陽》中記載，「琉球」之名為隋時期的中國人朱寬所起。

2.《隋書》正式稱之為「琉球」

隋朝在歷史上雖然很短，但在政治、經濟、文化和外交等領域都有著重大的變革。政治初創三省六部，鞏固中央集權；正式推行科舉制，選拔優秀人才，

〔註2〕萬國津梁鐘現在保存在沖繩縣博物館。此鐘鑄於明天順二年（公元 1458 年），鐘身長 154.9 釐米，直徑 93.1 釐米，重 721 公斤。鐘上有漢字銘文。其文如下：琉球者，南海勝地也。而鐘三韓之秀，以大明為輔車，以日域為唇齒，在此二中間湧出之蓬萊島也。以舟楫為萬國之津梁，異產至寶。充滿十方剎，地靈人物，遠扇和夏之仁風。故吾大世主庚寅慶生尚泰久，茲承寶位於高天，育蒼生於厚地。為興隆三寶，報酬四恩，新鑄巨鐘，以就本州中山國王殿前掛著之，定憲章於三代之後，戢武於百官之前，下濟三界群生，上祝萬歲寶位。辱命相國住持溪隱安潛叟求銘，銘曰：須彌南畔世界洪定吾王出現濟苦眾生 載流玉象吼月華鯨泛溢四海震梵音生 覺長夜夢輸感天誠堯風永扇舜日益明 戊寅六月十九日辛亥大工藤原國善住相國溪隱叟志之。

弱化世族壟斷仕官的現象，建立政事堂議事制、監察制、考績制，強化了政府機制；興建大運河以及馳道，改善水陸交通線。軍事上繼續推行完善府兵制，經濟上實行均田制並改定賦役，減輕農民生產壓力，又採取大索貌閱和輸籍定樣等清查戶口措施增加財政收入。

隨著大隋經濟實力的增強，煬帝降服了突厥、馴服了契丹，還遠征了林邑。根據《中山世譜》中記載，隋統一後就開始關注琉球，「隋大業元年乙丑，海師何蠻，每秋二時，天清風靜，東望，依稀似有煙霧之氣，亦不知幾千里」〔註3〕。公元607年，「煬帝令羽騎尉朱寬入海訪求異俗」，〔註4〕首次到達琉球。

羽騎尉朱寬率船隊出東海，開啟了一次全新的發現之旅。朱寬從北面的奄美大島開始，一直航行到南面的與那國島。朱寬發現這些島嶼浮在茫茫大海之中，遠遠望去有如虯龍一樣在大海中嬉戲，從北到南「遙觀地界，於波濤間蟠旋蜿蜒，其形若虯浮水中，名曰『流虯』」，〔註5〕由於「言不相通，掠一人而返」。〔註6〕這樣朱寬就成了中琉歷史上有文字記載、發現琉球群島的第一人。後煬帝再命朱寬至琉球，「復至撫之，不從」，「帝復遣武賁郎將陳稜、朝請大夫張鎮州等率兵至國，其軍甚眾。……攜男女千餘人，載軍實而返」。〔註7〕

從《中山世譜》的記載來看，隋時期中國人曾三次到達琉球，也企圖征服琉球，都沒有成功。但琉球卻因此得到「流虯」之名。「其形若虯龍浮在水面」，於是名「流虯」。「流」本意是指水流動，引申義是物質之間的轉移的之意思；「虯」為無角之龍，顯然「流虯」就是「水龍」之意。後來唐朝在編《隋書》時，因「虯」為無角之龍，而皇帝就是龍，得避諱不能用虯字，故《隋書》將「流虯」改為「琉求」。〔註8〕

日本外交文書檔案館所藏檔《中山略品位官職》中也記載：「推古天皇十五年，因為買書事宜，遣小野妹子到隋朝。這年是煬帝大業天年，羽騎尉朱寬等入海探訪異俗，到達琉球，掠得一人返還。第二年，朱寬又到琉球慰撫。」〔註9〕這份日本檔案也證明，日本方面也認為朱寬曾經兩次到達琉球。

〔註3〕《中山世譜》卷一歷代總記歷代總論。
〔註4〕《中山世譜》卷一歷代總記歷代總論。
〔註5〕《中山世譜》卷一歷代總記歷代總論。
〔註6〕《中山世譜》卷一歷代總記歷代總論。
〔註7〕《中山世譜》卷一歷代總記歷代總論。
〔註8〕《隋書》卷八一，中華書局刊本，第1823～1825頁。
〔註9〕《2．中山略品位官職》，JCAHR：B03041128300。

《隋書》之「琉求傳」附在「東夷傳」中，其內容如下：

流求國，居海島之中，當建安郡東，水行五日而至。土多山洞。

其王姓歡斯氏，名渴剌兜，不知其由來有國代數也。彼土人呼之為可老羊，妻曰多拔荼。所居曰波羅檀洞，塹柵三重，環以流水，樹棘為藩。王所居舍，其大一十六間，雕刻禽獸。多鬥鏤樹，似橘而葉密，條纖如髮然下垂。國有四五帥，統諸洞，洞有小王。往往有村，村有鳥了帥，並以善戰者為之，自相樹立，理一村之事。

男女皆以白紵繩纏髮，從項後盤繞至額。其男子用鳥羽為冠，裝以珠貝，飾以赤毛，形制不同。婦人以羅紋白布為帽，其形正方。織鬥鏤皮並雜色紵及雜毛以為衣，制裁不一。綴毛垂螺為飾，雜色相間，下垂小貝，其聲如佩，綴璫施釧，懸珠於頸。織藤為笠，飾以毛羽。有刀、矟、弓、箭、劍、鈹之屬。其處少鐵，刃皆薄小，多以骨角輔助之。編紵為甲，或用熊豹皮。

王乘木獸，令左右輿之而行，導從不過數十人。小王乘機，鏤為獸形。

國人好相攻擊，人皆驍健善走，難死而耐創。諸洞各為部隊，不相救助。兩陣相當，勇者三五人出前跳噪，交言相罵，因相擊射。如其不勝，一軍皆走，遣人致謝，即共和解。收取鬥死者，共聚而食之，仍以髑髏將向王所。王則賜之以冠，使為隊帥。

無賦斂，有事則均稅。用刑亦無常準，皆臨事科決。犯罪皆斷於鳥了帥；不伏，則上請於王，王令臣下共議定之。獄無枷鎖，唯用繩縛。決死刑以鐵錐，大如箸，長尺餘，鑽頂而殺之。輕罪用杖。

俗無文字，望月虧盈以紀時節，候草藥枯以為年歲。人深目長鼻，頗類於胡，亦有小慧。無君臣上下之節、拜伏之禮。父子同床而寢。男子拔去髭鬢，身上有毛之處皆亦除去。婦人以墨黥手，為蟲蛇之文。嫁娶以酒肴珠貝為娉，或男女相悅，便相匹偶。婦人產乳，必食子衣，產後以火自炙，令汗出，五日便平復。以木槽中暴海水為鹽，木汁為酢，釀米麥為酒，其味甚薄。食皆用手。偶得異味，先進尊者。凡有宴會，執酒者必待呼名而後飲。上王酒者，亦呼王名。銜杯共飲，頗同突厥。歌呼蹋蹄，一人唱，從皆和，音頗哀怨。扶女子上膊，搖手而舞。其死者氣將絕，舉至庭，親賓哭泣

相弔。浴其屍，以布帛纏之，裹以葦草，親土而殯，上不起墳。子
為父者，數月不食肉。南境風俗少異，人有死者，邑里共食之。

有熊羆豺狼，尤多豬雞，無牛羊驢馬。

厥田良沃，先以火燒而引水灌之。持一插，以石為刃，長尺餘，
闊數寸，而墾之。土宜稻、梁、𥼚、黍、麻、豆、赤豆、胡豆、黑豆
等，木有楓、栝、樟、松、楩、楠、杉、梓、竹、藤、果、藥，同於
江表，風土氣候與嶺南相類。

俗事山海之神，祭以酒肴，鬥戰殺人，便將所殺人祭其神。或
依茂樹起小屋，或懸髑髏於樹上，以箭射之，或累石繫幡以為神主。
王之所居，壁下多聚髑髏以為佳。人間門戶上必安獸頭骨角。

大業元年，海師何蠻等，每春秋二時，天清風靜，東望依希，似
有煙霧之氣，亦不知幾千里。三年，煬帝令羽騎尉硃寬入海求訪異俗，
何蠻言之，遂與蠻俱往，因到流求國。言不相通，掠一人而返。明年，
帝復令寬慰撫之，流求不從，寬取其布甲而還。時倭國使來朝，見之
曰：「此夷邪久國人所用也。」帝遣武賁郎將陳棱、朝請大夫張鎮州
率兵自義安浮海擊之。至高華嶼，又東行二日至𪖳鼊嶼，又一日便至
流求。初，棱將南方諸國人從軍，有崑崙人頗解其語，遣人慰諭之，
流求不從，拒逆官軍。棱擊走之，進至其都，頻戰皆敗，焚其宮室，
虜其男女數千人，載軍實而還。自爾遂絕。〔註10〕

二、《隋書》「琉求」之名的「臺灣、琉球」爭議

《隋書》的「琉求」是今天的琉球，還是今天的臺灣，學術界早在十九世
紀就開始爭論。爭議是由法國學者聖地尼艾耳維侯爵、荷蘭的學者希勒格和德
國的學者里斯開啟的。在日本統治臺灣的五年間，這種爭論也一直存在。他們
把視《隋書》中的「琉求」為今天琉球的這些論者稱為「琉球論者」，把視《隋
書》中的「琉求」作為臺灣的論者稱為「臺灣論者」。

「臺灣論者」大概都以「臺灣易至琉球難達」作為立論的前提，主要代表
作有鈴村謙的《琉球辨》（大正初）、《臺灣全志例言》（大正十一年）、藤田豐
八的《島夷志略校注》（大正四年、雪堂叢刻）及《琉球人南洋通商最古記錄》

〔註10〕《流求國（「隋書」「東夷列傳」）》《流求與雞籠山》（臺灣文獻叢刊第一六九
　　　　種），大通書局，1984年，第1～3頁。

（大正六年）、市村瓚次郎的《唐以前的福建及臺灣》（大正七年、東洋學報八卷一號）、箭內亙的《東洋讀史地圖》（大正一年）、伊能嘉矩的《日臺聯繫的傳說》（大正七年）及《臺灣文化志》（詔和三年）、和田清的《琉球臺灣的名稱》（大正十四年十二月東洋學報十四卷四號）及《隋書琉球國的再探討》（昭和六和三年歷史地理五五卷三號）、幣原坦的《琉球臺灣混合論爭的批判》（昭和六年南方土俗卷三期）、曾我部靜雄的《所謂隋代琉球的異見》（昭和七年歷史和地理第二十九卷一號）及《再論隋代的琉球》（昭和七年歷史和地理第二十九卷六號）、白鳥庫吉的《隋書琉球國的語言》（昭和十年民俗學研究一卷四號）、甲野勇的《隋書琉球傳的古民族的考察》（昭和十二年民俗學研究三卷四號）、尾崎秀真的《臺灣四千年史研究》及種村保三郎的《臺灣小史》等。

　　這些「臺灣論者」一般都是無條件地跟從法國，荷蘭和德國各學者的理論，他們當中的許多人都有很強的政治色彩。他們憑藉著在社會上的地位，訴諸感情，講述著這種歷史，異口同聲地下了這個「假定」，其原因主要是認為琉球的相關研究應追隨於歐美先進國家的研究。同時，這種論調還認為依照中國航海工具和技術的能力，從福建的建安，也就是今天的福州，到琉球那霸，是不能用五天的時間就能到達的；從福州水行五日，借助風力只能到達臺灣等等。而且，將《隋書》中的「琉求」看作是臺灣，才能把日本與臺灣扯上聯繫，並將琉球運作為自古屬於日本，與中國沒有關係；並進一步把臺灣原住民族看成是琉球民族的一個別種，在「日琉同祖論」的前提下，臺灣的原住民族也與日本有了血源關係。

　　但這一觀點也遭到日本一些學者的反對，他們主張《隋書》中的「琉求」即是現在的「琉球」，如伊波普《孤島苦的琉球史》（大正十五年春陽堂發行）和《隋書琉球的疑問》（昭和二年7月東洋學報76卷2號）、秋山謙藏的《隋書琉球國傳的再探討》（昭和三年歷史地理54卷2號）及《臺灣島的發現》（收於其所著的《東亞交涉史論》）及《琉求即臺灣說成立過程》（昭和青年歷史地理58卷5號）、喜田貞青的《隋書琉求的民族的一考察》（昭和8年歷史地理59卷9號）、真境名安興與島倉龍治合著的《沖繩一千年史》（大正12年初版，沖繩書籍株式會社發行）、島袋源一郎《傳說補遺沖繩歷史》（昭和7年3月，沖繩書籍株式會社發行）、金城增太郎《琉球鄉土史年代表》（琉球首里縣立第一中學校鄉土史料版）、藤田元春《日支交通的研究》（昭和13年4月富山房版）等等。

中國的學術界對此也有爭議。由於歐洲漢學出行之時正值中國人自卑感最深的時期，因此那一時期的中國學者也多遵循於西方學者的觀點，如連雅堂在著臺灣通史之時即簡述了歐洲學者的觀點，吳壯達等人在抗戰時期所著的《琉球與中國》也仍然使用這一觀點。但也有學者反對這種觀點，其中代表的人物就是梁嘉彬。他在《東吳夷周考》（民國 37 年 5 月 17 日，南京中央日報文史週刊第 90 期）、《古琉球確即瀛洲考釋》（民國 36 年 12 月，國立浙江大學思想與時代月刊第 50 期）、《琉球史論正謬》（民國 36 年 12 月南京國防月刊第 4 卷第 4 期）等文章中，明確提出《隋書》中的「琉求」即是今天的琉球。

筆者將《隋書》「琉求國」之記錄與陳第的《東番記》〔註 11〕進行比較，也認為梁嘉彬的觀點是正確的。因《隋書》之琉球國沒有鹿，而《東番記》記載「山最宜鹿，鹿鹿俟俟，千百為群」；琉球也不產鐵，「其處少鐵，刃皆薄小，多以骨角輔助之。」〔註 12〕而《東番記》記載這裡「人精用鏢，鏢竹柄，鐵鏃，長五尺有咫，銛甚，出入攜自隨，試鹿鹿斃，試虎虎斃。……鏢發命中，獲若丘陵，社社無不飽鹿者。取其餘肉，離而臘之，鹿舌、鹿鞭、鹿筋亦臘，鹿皮角委積充棟。」〔註 13〕《隋書》記載琉球有王，而《東番記》則無此記載。

根據筆者的研究，唐編《隋書》之「琉求」，廣泛地被後世所繼用。《北史》（僭偽附庸列傳）之「流求國」、《通典》（邊防）之「琉球」、《通志》（四夷傳、東夷）之「流求」、《太平寰宇記》（四夷、東夷）「流求國」、《太平御覽》（四夷部、東夷）之「流求」、《諸藩志》（志國）之「流求國」、《文獻通考》（四裔考）之「琉球」、《宋史》（外國列傳）之「流求國」、《島夷志略》之「琉球」等典籍都沿用了《隋書》之「琉求」的內容。但從《諸藩志》開始，琉球之部分就開始出現「毗舍耶」：

> 毗舍耶，語言不通、商販不及；袒裸盱睢，殆畜類也。泉有海島曰彭湖，隸晉江縣；與其國密邇，煙火相望。時至寇掠；其來不測，多罹生啖之害：居民苦之。淳熙間，國之酋豪常率數百輩猝至泉之水澳、圍頭等村恣行兇暴，戕人無數；淫其婦女，已盡殺之。

〔註 11〕《東番記》著作於 1603 年，為中國明代儒生陳第所作。
〔註 12〕《流求國（「隋書」「東夷列傳」）》《流求與雞籠山》（臺灣文獻叢刊第一六九種），大通書局，1984 年，第 1〜3 頁。
〔註 13〕沈有容輯：《閩海贈言》卷之《東番記》。

喜鐵器及匙箸，人閉戶則免；但刓其門圈而去。擲以匙箸則俯拾之，可緩數步。官軍擒捕，見鐵騎則競刓其甲，駢首就戮而不知悔。臨敵用標鎗，繫繩十餘丈為操縱；蓋愛其鐵不忍棄也。不駕舟楫，惟以竹筏從事，可折迭如屏風；急則群舁之泅水而遁。〔註14〕

《文獻通考》（四裔考）記載的「毗舍耶」內容如下：

旁有毗舍耶國，語言不通；袒裸盯睢，殆非人類。宋淳熙間，其國之酋豪嘗率數百輩猝至泉之水澳、圍頭等村，多所殺掠。喜鐵器及匙箸，人閉戶則免；但取其門環而去。擲以匙箸，則俯拾之；可緩數步。官軍擒捕，見鐵騎，則競剜其甲；遂駢首就僇。臨敵用鏢，鏢以繩十餘丈為操縱；蓋愛其鐵，不忍棄。不駕舟楫，惟以竹筏從事，可折迭如屏風；急則群舁之，浮水而逃。〔註15〕

這裡所記載的「毗舍耶」才是現在的臺灣島。而《元史》（外國列傳）之「瑠求」部分，記載的為臺灣：

瑠求，在南海之東漳、泉、興、福四州界內。彭湖諸島與瑠求相對，亦素不通。天氣清明時，望之隱約若煙若霧；其遠不知幾千里也。西、南、北岸皆水，至彭湖漸低；近瑠求，則謂之落漈。漈者，水趨下而不回也。凡西岸漁舟到彭湖已下，遇颶風發作，漂流落漈，回者百一。

瑠求，在外夷最小而險者也；漢、唐以來，史所不載。近代諸蕃市舶，不聞至其國。世祖至元二十八年九月，海舡副萬戶楊祥請以六千軍往降之，不聽命，則遂伐之；朝廷從其請。繼有書生吳志斗者，上言生長福建，熟知海道利病；以為「若欲收附，且就彭湖發船往諭；相水勢地利，然後興兵未晚也」。冬十月，乃命楊祥充宣撫使，給金符；吳志斗禮部員外郎、阮鑒兵部員外郎，並給銀符：往使瑠求。詔曰：「收撫江南已十七年，海外諸藩罔不臣屬，惟瑠求邇閩境，未曾歸附，議者請即加兵。朕惟祖宗立法：凡不庭之國，先遣使招諭，來則安堵如故；否則，必致征討。今止其兵，命楊祥、阮鑒往諭汝國。果能慕義來朝，存爾國祀、保爾黎庶。若不效順，自恃險阻；舟師奄

〔註14〕《諸藩志》《流求與雞籠山》（臺灣文獻叢刊第一六九種），大通書局，1984年，第27〜28頁。

〔註15〕《文獻通考》《流求與雞籠山》（臺灣文獻叢刊第一六九種），大通書局，1984年，第33〜34頁。

及,恐貽後悔。爾其慎擇之」!二十九年三月二十九日,自汀路尾澳舟往,至是日巳時,海洋中正東望見有山長而低者,約去五十里;祥稱「是瑠求國」,鑒稱『不知的否』。祥乘小舟至低山下,以其人眾,不親上;令軍官劉閏等二百餘人以小舟十一艘載軍器,領三嶼人陳輝者登岸。岸上人眾不曉三嶼人語,為其毆死者三人,遂還。四月二日,至彭湖,祥責鑒、志斗「已到瑠求」文字;二人不從。明日,不見志斗蹤跡;覓之,無有也。先,志斗嘗斥言『祥生事要功,欲取富貴;其言誕妄難信』。至是,疑祥害之。祥顧稱志斗初言瑠求不可往,今祥已至瑠求而還,志斗懼罪逃去。志斗妻子訴於官;有旨:「發祥、鑒還福建置對」。後遇赦,不竟其事。〔註16〕 從《元史》之「瑠求」部分的記載,這個「瑠求」「漢、唐以來,史所不載」,這與前述各史籍對琉球大量的記載不相符合。其次,記載元世祖至元年間才首次到達此地,這與前述隋時到達也不相符。第三,從大陸航行之水路時間上看也不是琉球。故竊以為《元史》中記載的「瑠求」應為今天的臺灣島。而《新元史》(外國傳)之「琉求」部分,又將《隋書》琉球之內容與《元史》「瑠求」合在一起。

首次明確記載琉球的為《大明一統志》(外夷)之「流球國」:

> 古未詳何國,漢、魏以來不通中華。隋大業中,令羽騎尉朱寬訪求異俗,始至其國;語言不通,掠一人以返。後遣武賁良將陳棱率兵至其都,膚男女五千人還。唐、宋時,未嘗朝貢。元遣使招諭之,竟不從。

> 本朝洪武中,其國分為三:曰中山王、曰山南王、曰山北王;皆遣使朝貢。永樂初,其國王嗣立,皆受朝廷冊封。自後惟中山來朝,至今不絕。其山南、山北二王,蓋為所併云。〔註17〕

陳侃在《使琉球錄》中的「群書質異」部分,也是將《大明一統志》作為首個明確記載琉球的史籍收錄於「使錄」中,同時以《贏蟲錄》《星槎勝覽》《集事淵海》《杜氏「通典」》《使職要務》《大明會典》等涉琉球相關內容,對琉球的自然人文進行了比較,提出大琉球為琉球國,小琉球為臺灣之說。閩中

〔註16〕《元史(外國列傳)》《流求與雞籠山》(臺灣文獻叢刊第一六九種),大通書局,1984 年,第 39～40 頁。

〔註17〕《大明一統志(外夷)》《流求與雞籠山》(臺灣文獻叢刊第一六九種),大通書局,1984 年,第 47 頁。

士夫常曰：「霽日登鼓山，可望琉球」；「蓋所望者，小琉球也。若大琉球，則雖離婁之目，亦豈能明見萬里之遠哉！」

元統一中國後，「世祖改流求曰瑠求，遣兵來征。不果。元貞之初，成宗遣大將率兵來擊。國人合力拒戰不從，元兵擄一百三十餘人而返」〔註18〕按《中山世譜》的記載，元朝曾兩次征討琉球。

明初之時，「太祖改『瑠求』曰『琉球』，遣使招撫」。〔註19〕1372年（明洪武五年），明太祖「遣楊載持詔諭琉球國」：

> 昔帝王之治天下，凡日月所照，無有遠邇，一視同仁。故中國奠安，四夷得所，非有意於臣服之也。自元政不綱，天下兵爭者十有七年。朕起布衣，開基江左，命將四征。不庭。西平漢主陳友諒，束縛吳王張士誠，南平閩越，戡定巴蜀，北清幽燕。奠安華夏，復我中國之舊疆。朕為臣民推戴，即皇帝位，定有天下之，號曰大明，建元洪武。是用遣使外夷，播告朕意。使者所至，蠻夷酋長稱臣入貢。惟爾琉球，在中國東南，遠處海外，未及報知。茲特遣使往諭，爾其知之。故諭。〔註20〕

此時琉球中山王、山南王及山北王三王之間矛盾重重。開明的中山王察度最先接受明朝的招撫，並挑選貢品，寫好臣服表章，特派弟弟泰期跟隨楊載往京面見大明皇帝朱元璋。《中山世譜》中記載：「察度王受其詔，即遣弟泰期，奉表稱臣，貢方物。太祖賜王《大統曆》及金織文綺紗羅各五疋。賜泰期衣幣。有差。由是琉球始通中國，以開人文維新之基。」〔註21〕隨後山南王與山北王也相繼入貢。

根據以上史實分析，隋時期中國人就到達了「琉球」，並給「琉球」取了名字。此後雖文字上有所變化，但發音上並沒有變化。明時期，朱元璋將其名改為「琉球」，這個稱呼使用至今。

三、島國時代的琉球

琉球的歷史很古老，在沒有成為明朝的藩屬國之前，是東北亞太平洋上的古老島國。這一時期又分為三個階段，第一階段為即是傳說時代，由天孫氏名

〔註18〕《中山世譜》卷一歷代總記歷代總論。
〔註19〕《中山世譜》卷一歷代總記歷代總論。
〔註20〕《明太祖實錄》；《殊域周諮》卷四，故宮博物院圖書館，1930年，第1頁。
〔註21〕《中山世譜》卷三察度王。

義上統治，時間為上古時期到 1260 年（南宋景定元年）；第二階段為信使時代，時間為 1260 年至 1321 年（元至治元年），是琉球開始有文字記載的時代；第三個階段為三分時代，從 1322 年至 1372 年（洪武五年）。

（一）傳說時代

琉球的歷史從美麗的神話開始，而這個傳說似乎來自中國「周易」。《中山世譜》記載云：「天地未分之初，混混沌沌，無有陰陽清濁之辨。既而大極生兩儀，兩儀生四象；四象變化，庶類繁顆。由是天地始為天地，人物始為人物。時我琉球，闢在福州正東偏南三里許，而分野與揚州吳越同屬女牛。星紀之次，俱在丑宮。蓋我國開闢之初，海浪泛濫，不足居處。時有一男一女生於大荒際。男名志仁禮久，女名阿摩彌姑。運土石，植草木，用防海浪，而岳森始矣。」〔註22〕

在遙遠的古代，琉球大地是一片荒蕪，四面海浪滔滔，經常暴風肆虐。天神阿摩美久一看，這環境太惡劣了，於是用天帝賞賜的草木土石做成一個又一個島嶼。隨後天帝派自己的一兒一女來到這裡。男的叫志仁禮久，女的叫阿摩彌姑。他們結為夫妻，共同勞動，改造琉球大地。他們運土石，砌海堤，用來預防海浪的侵蝕。他們種花草，植樹木。在漫長的歲月中，這些花草樹木逐漸變成森林。琉球由荒涼變成遍地鳥語花香，海浪也失去了原來的野性，變得溫順了。人類也繁殖壯大起來，這些人以洞穴為家，採摘漿果，獵捕野獸。就這樣不知過去了多少年，直到有一個叫天帝子的人出現。

「岳森既成，人物繁顆。然當時之俗，穴居野處。與物相友，無有價傷之心。歷年既久，人民機智，物始為敵。於時復有一人，首出分郡類、定民居者，叫稱天帝子。天帝子生三男二女。長男為天孫氏，國君始也；二男為按司始；三男為百姓始；長女為君君之始；次女為祝祝之始。而倫道始矣。」〔註23〕

從《中山世譜》的記載來看，天帝子生了三個男孩，兩個女孩。長男叫天孫氏，他長大後成為國王；次男執掌按司，就是地方司官；老三就是屬於平頭百姓。長女君君掌管國家的祭祀；次女祝祝掌管村鎮祭祀。

「於是天孫氏繼治之間，相厥山川，分為三區：一曰中頭，即中山也；一曰國頭，即山北也；一曰島尻，即山南也。教民烹飪，而民利之；教民巢居，而民安之。方是時也，書契未興。望月虧盈，以紀時節；候草榮枯，以定年歲。

〔註22〕《中山世譜》卷一歷代總記。
〔註23〕《中山世譜》卷一歷代總記。

澹泊無為，而俗自化。然當時之民未知稼穡，逐捕禽獸以為食，拾收菓實以為飯。」〔註24〕

天孫氏把這些人分成群落，在洞穴居住，摘野果，打野獸。他還教會人們烹煮食物，使人能夠吃上熟食，不會生病。他看月亮的盈虧，來計算時日；看草木的枯榮，來計算年歲。天孫氏還查看了琉球的山川地貌，把琉球分為三個地方，一個是中頭，就是後來的中山；一個叫國頭，就是後來的山北；另一個叫島尻，就是山南。天孫氏領著人們打獵，收集野果。

「歷年亦久。麥、粟、黍天然生於久高島；稻苗生於知念、玉城。始教民耕種，而農事興矣。繇是規模始興，民俗丕變。昔之皮草蔽體者，今始有巾裳；昔之巢居穴處者，今始有屋廬。亦暴海水為鹽，木汁為酢，釀米麵為酒。」〔註25〕

就這樣又過了許多年，人們在久高島上發現了麥、粟、黍，在知念、玉成兩地發現了稻米。天孫氏領著人們學會了種植這些農作物，從此琉球大地上有了農業。天孫氏感謝上天的恩賜，每年的二月去久高島，四月去知念、玉成親自祭祀上天，報答上天的造物之德、養育之恩。人們又學會了用獸皮、藤草制作衣服，用以蔽體，抵擋風寒；還學會了利用太陽曬海水，淅出食鹽。用稻米釀酒，取木汁做酢。

天孫氏又選了個地方，建起一座城堡，命名「首里」。按人群居住的範圍，畫成許多地方，每塊地方設「按司」來管理，這些按司聽命於天孫氏。「爰相厥地，始建城都於中山，名曰首里；次後畫野分郡，（俗呼郡曰間切）每郡置按司，奉事於首里。而上下安矣。」〔註26〕從此民風大變，人們安居樂業。

天孫氏就這樣傳了二十五紀。由於傳的時間太久了，天孫氏的後裔越來越昏庸，越來越荒淫，到第二十五紀時，大首領的威信徹底失去了，各地方的按司成了一方諸侯，築起了城池，聚起了大軍，相互爭奪地盤。天孫氏已經不能號令琉球了。天孫氏身邊權臣利勇弒君篡位。「正會天孫氏二十五紀之裔德徵政衰。有一權臣利勇者，深受君恩。弱年任近侍官，壯年專掌國政；從己者賞之，逆己者罪之。權威尤盛。國人畏之如虎。一日入內殿，乘隙殺君，自立稱國君。」〔註27〕

〔註24〕《中山世譜》卷一歷代總記。
〔註25〕《中山世譜》卷三。
〔註26〕《中山世譜》卷三。
〔註27〕《中山世譜》卷三。

　　從以上內容來看，琉球古籍記載的始祖即是天孫氏。而日本也認為自己的始祖是天孫氏〔註28〕。

　　從古籍記載來看，琉球和日本認可自己的歷史都是從天孫氏開始，只是琉球的傳說較為簡單和淳樸，日本的傳說則多摻雜著琉球傳說，而進行再加工和延伸。因此可以推測，琉球開發在先，日本開發在後。此推測主要依據是從海流及夏季西南季風之風向觀察而來，亦可能看出人類應該先到達琉球北部列島。另外，琉球與日本的天孫氏傳說皆有出自中國周易之陰陽學說。琉球與日本自古有佩戴曲王等風俗及羽衣、鸕鶿、鷦鷯等神話，而琉球傳說中更有率直承認其民族來自山東半島的說法。

　　日本學者佐喜真興英在《南島（琉球）說話》中就提出：「天孫氏自中國今日山東省來到琉球之時，琉球人至為昧蒙，不知用火，喜啖人肉，天孫小化鑽木取火，以鐵鍋煮熟知念問切、誌喜屋村水芋之莖，使人食之。又自山東省輸入牛、馬、豬等家畜，而禁戒啖食人肉之習。」〔註29〕琉球首里學者崎山長濱也認為琉球民族來自中國的山東半島。筆者十分認同佐喜真興英的觀點，因西晉張華所著的《博物志》卷六云：「泰山一曰天孫，言為天帝孫也。主招人魂魄，東方萬物始成，知人生命之長短。」〔註30〕故竊以為不論日本還是琉球，其祖先都是中國山東人。

（二）舜天王朝及所謂的「日琉同祖」

　　根據琉球的三大正史《中山世鑒》《中山世譜》《球陽》的記述，琉球的歷史皆起源於「天孫氏」這一美麗的傳說，自「天孫氏」之後，琉球國的首領共歷二十五代，均屬「天孫氏」系統，時間延續一萬七千八百零二年。這些傳說記載顯然帶有神話色彩，不足以作為琉球開國及年代之證。

　　根據《中山世譜》的記載，天孫氏把琉球本島分為中頭、島尻、國頭三部分，教人飲食居住、農耕製鹽，建都城於首里，分地方置「按司」掌理行政。該書修撰者還說明，因時代久遠且為無記錄之時代，加之期間幾多動亂，天孫氏二十五代姓名無所知。這一時期，在歷史上被稱為琉球國的「天孫王朝」，也被稱為「傳說時代」。

　　神話傳說不足以作為歷史的憑證，但「天孫王朝」以後琉球國的信史時代，

〔註28〕參見《古事記》《日本書紀》
〔註29〕《琉球及東南諸海島與中國》，第41頁。
〔註30〕張華：《博物志》卷一地篇。

周煌的《琉球國志略》之《國統篇》的記載可以作為依據之一。一般認為，琉球國起於天孫氏系統之後的「舜天時代」。此時已是 12 世紀末，相當於中國南宋淳熙十三年，即 1186 年左右。天孫氏系統的中斷，是因為第二十五代首領被其叛臣利勇鳩殺害所致。利勇鳩曾自立為天孫氏的繼承人，但不久被當時的「浦添按司」舜天所敗而亡。

利勇登上王位後胡作非為，琉球境內盜賊群起，兵亂不止，老百姓苦不堪言，有的地方甚至跨海騷擾他國。《宋史》就有記載，在淳熙年間，琉球數百人從海上來，竄到泉州水沃、圍頭等村，燒殺搶掠，為害一方。

此時年輕有為的溥添按司尊敦振臂一呼，四方響應，率義兵討伐利勇。尊敦領義兵來，圍城問罪。利勇怒曰：「先君無德，予奉天命，立為國君。汝乃孤窮匹夫，豈可敢妄動兵耶！」尊敦大怒曰：「汝自幼沖，深沐國恩，義宜致忠。豈有逆天篡位之理耶！吾今倡義誅賊，以謝天人之怨！」言畢，激勵軍兵，一齊攻城。利勇領兵拒戰，矢石如雨。尊敦奮勇攻破城門，諸軍乘勢，殺入闕庭。利勇無力可施，遂殺妻子，自刎而死。國人大喜，皆推尊敦，以就大位。

尊敦除掉了叛臣利勇，威望更高了，琉球的大小按司，所有老百姓共同推薦，一致擁護尊敦為國王。這樣尊敦在 1187 年即王位，史稱舜天王。「舜天王就位，政法新定，國俗不變。有功必賞，有罪必罰。德被萬民，澤溢四境。」〔註31〕從《中山世譜》的記載來看，舜天王尊敦是位德才兼備的君主。舜天約於 1187 年（南宋淳熙十四年）繼為琉球之主，直到 1237 年，在位共 51 年。舜天的繼位一般也被認為是琉球王統之始。

日本國內有一種傳說，稱舜天的父親是日本的源為朝，源氏因遭「保元之亂」，自伊豆大島逃亡至沖繩島後，得娶浦添按司之妹，而生舜天。這就是現在流行於日本的「日琉同祖論」，其同祖就是從舜天王尊敦開始的。根據《中山世譜》的記載，舜天王是日本流亡者的後裔：「舜天王之父為朝公，生得身長七尺，眼如秋星，武勇出眾，最善於射，乃日本人皇五十六世清和天皇后胤，六條判官為義公第八之子也。宋紹興二十六年丙子，（和朝保元元年）日本神武天皇七十四世烏羽院與太子崇德院失和構怨，各招兵戰。時為朝公住於鎮西，投崇德院，以助其戰，寡不勝眾，大敗被擒。諸將受誅，公見流於伊豆大島。宋幹道元年乙酉，公駕舟以遊，暴風遽起。舟人驚恐。公仰天曰：『運命

〔註31〕《中山世譜》卷三。

在天，余何憂焉！』不數日，飄至一處海岸，因名其地曰運天。即今山北運天江，乃公之所飄至也。公上岸，徧行國中而遊。國人見其武勇，尊之慕之。」「公通於大里按司妹，而生一男。」〔註32〕

《中山世譜》的此種說法，來源於《中山世鑑》。《中山世鑑》記稱：「大日本人王五十六代，清和天皇之孫六孫王八世孫為朝公，為鎮西將軍之日，掛幹鈞強弩於扶桑後逢保元之亂而客於豆州有年。當斯時，舟隨潮流，始至此，因以更流日流求也。國人從之，如草加風。於茲，為朝公通一女，生一男子、名尊敦。……其為人也，才德豪傑……是國人尊之礎添按司也。此時，天孫氏世衰政廢，為逆臣所弒矣。尊敦起義兵討逆臣，代之為中山王……是為崇元廟主舜天王。」〔註33〕

舜天的父親是否為日本人的源為朝，即「日琉同祖論」的說法是否有歷史根據，後面章節將有具體闡釋。

（三）英祖王朝時期（1260年～1349年）

1237年（南宋嘉熙元年）舜天死後，由其子舜馬順熙繼位為王，至1249年（南宋淳祐九年），傳至舜馬順熙之子義本。義本名義上在位11年，但在他主政後的第二年，琉球島內遇大饑荒，接著又流行嚴重的瘟疫。1253年，義本便因國人之請，選用「天孫氏」後人惠祖的嫡孫英祖代為執政。1260年，英祖獲得義本的禪讓，政權便又回到「天孫氏」族人之手，舜天王朝結束。自舜天至義本，前後共三傳，歷時73年。

傳英祖為「天孫氏」後人，惠祖嫡孫。1229年（南宋紹定二年）生，長為伊祖按司。當時的義本王為人天資削弱，仁而少斷。就位之後，飢饉頻加，疫癘大作，人民半失。義本大驚，召群臣曰：「先君之世，國豐民安。今予無德，饑疫並行，是天之所棄也。予要讓位於有德而退。卿等為我舉之。」群臣僉曰：「惠祖世主之嫡子，名英祖，生有瑞徵，聖德大著。國人敬之。」〔註34〕義本大喜，召英祖，攝國事，果然疫止年豐。根據史料的記載，英祖攝政是1235年開始，「攝政七年，人心皆歸之」。

1260年（景定元年）受義本退隱而為王，年三十二。英祖王登位，仁德恤民，刑措不用，徧巡田野，始正經界，均民力，穀祿豐登，百度悉舉，而國

〔註32〕《中山世譜》卷三。
〔註33〕伊波普猷：《琉球史料叢書》第五，第8頁、第16頁。
〔註34〕《中山世譜》義本王。

大治。1264年（南宋景定五年），久米、慶良間、伊比屋等島第一次前來入貢。英祖王在泊村建立公館，以收貯諸島貢物。此後，大島等處皆始來琉球入貢。

元世祖滅宋之後，改天下之號曰大元，世祖還改「流求」之名為「瑠求」。1291年，遂遣副萬戶楊祥等，金符賚詔，率六千軍討伐琉球，但「楊祥行出海洋，遽會一山軍。相戰小挫，未至我國而引還」。

1296年（元朝元貞二年），福建省都鎮撫張浩上言：「瑠求未從，宜發兵襲之。」元成宗再次派遣張浩率水軍進攻琉球，琉球國人合力拒戰，元兵搶130餘人而返。「時宋已亡，元定天下。至元年間，世祖改流求曰瑠求，遣兵來征。不果。元貞之初，成宗遣大將率兵來擊。國人合力拒戰不從，元兵擒一百三十餘人而返。」〔註35〕

英祖的統治是以浦添為基地並向外擴大，在農業生產和對外貿易上佔有優勢，傳其「仁德恤民，刑措不用」。英祖在位40年後，其子大成繼立。

大成為英祖世子。1247年（淳祐七年）生，1300年（大德四年）立，年五十四，在位共九年。死後其子英慈繼位。英慈為大成次子，1268年（咸淳四年）生，1309年（至大二年）立，年四十二，在位共五年。

玉城為英慈第四子，1314年（延祐元年）繼位，年十九。玉城王為人貪酒色，好畋獵，怠於政務，而不行朝覲之禮。由是諸按司不朝，國事衰微，百姓胥怨。琉球群島內分裂為三區：「大里按司自稱山南王，而兼城・真壁、喜屋武、摩文仁、東風平、豐見城、具志頭、玉城、知念、佐敷、東大里等處，皆從山南焉。今歸仁按司自稱山北王，而羽地、名護、國頭、金武及伊江、伊平屋等處，皆從山北焉。中山惟有那霸、泊村、真和志、南風原、西原、浦添、北谷、中城、越來、讀谷山、勝連、具志川耳。三山爭衡，攻戰不息。海島亦絕貢不朝，而中山愈衰。」〔註36〕

中國若干史地著作述及琉球國時，每言其國又名「中山國」，便是由來於此。「中山王」一名，原是因琉球國發生分裂，三首領並立而起；後來琉球國復歸統一，而因此時已與中國發生政治上的從屬關係，「中山王」的名號，繼續被琉球人自己及中國官方所沿用，但這並不是琉球國的別名。

根據《中山世鑑》以及《明實錄》、朝鮮《李朝實錄》的記載，山南王國以大里按司為中心，包括大里、佐敷、知念、玉城、具志頭、東風平、島尻大

〔註35〕《中山世譜》。
〔註36〕《中山世譜》。

里、喜屋武、摩文仁、真壁、兼城、豐見，大致疆域相當於今日沖繩島南端國場川—與那原一線以南的地域。中山王國以首里按司為中心，包括浦添、首里、那霸、北谷、讀谷、越來、中城、勝連、具志川各城，大致疆域為南至國場川—與那原一線，北至仲泊地峽。山北王國以今歸仁按司為中心，包括今歸仁、羽地、名護、國頭、金武、伊江、伊平屋（伊是名）等城，大致疆域為沖繩島仲泊地峽以北的部分，以及附近的伊江島和伊平屋島。

「三山」時代，中山、山南、山北三國的勢力主要集中在琉球本島（沖繩島），並未發展到北方的奄美群島和南方的先島群島。在三王國出現之前，外島按司與琉球本島各按司之間的關係是平等的。

根據《中山世鑒》記載，中山王先祖英祖在位時（相當於中國南宋的景定、咸淳時期），外島「來朝入貢」，建立結盟關係，到第四代王玉城王時期，隨著琉球本島進入三山時代，便已衰落了。三王並立時代，琉球國的內戰不斷發生。玉城王死後，其長子西威繼位，但因立時年僅十歲，而由其母妃主政，內政仍無改善。由於當時浦添按司察度有德，人心悅服，1350 年（元至正十年），國人廢西威，奉察度為王。但此時琉球群島尚未統一。

第三朝自英祖開始，歷大成、英慈、玉城、西威等五人，共 90 年，於 1350 年（元至正十年）結束。

小結

綜上所述，根據各種古籍所記載的內容分析來看，隋時期中國人就到達了「琉球」，並給其取名「流虯」。此後這個名字雖在文字上有所變化，但發音上並沒有變化。明時期，朱元璋將其改為「琉球」，這個稱呼使用至今。琉球的歷史也很古老，在沒有成為明朝的藩屬國之前，是東北亞太平洋上的古老島國。這一時期又分為三個階段，即傳說時代、信使時代及三分時代，在漫長的時間裏，琉球人生長生息在此島嶼中。

第三章　接受大明招撫中華文化
初薰琉球

　　元朝末年倭寇就開始禍亂中國沿海和琉球。1368 年，朱元璋在應天府（南京）稱帝，國號大明，改元洪武。他是中國歷史上唯一一個起於布衣最後成為皇帝的人。毛主席曾點評道：「自古能君無出李世民之右者，其次則朱元璋耳。」明朝初年，太祖朱元璋對華夷的基調是「奉行不直屬」和「厲行海禁」。奉行和平外交，是華夏天朝傳統的「懷柔遠人」之道的延續，也是對蒙元統治者窮兵黷武對外擴張的否定。1368 年明軍攻克大都時，即與高麗分別主動遣使聘問。1369 年，高麗對明稱臣。朱元璋登基後，派使臣持賜日本國王璽書到日本，希望他們來朝並解決擾明倭寇問題。由於琉球特殊的中轉站地理位置，明太祖朱元璋把目光轉向琉球，欲把琉球納入藩屬，改「瑠求」為「琉球」，並派出使者楊載出使招撫。楊載出使琉球，是明代第一次遣使琉球，從此拉開了歷史上明清兩代、長達五百餘年的中琉友好往來的歷史。

一、太祖朱元璋的「不征之國」政策

　　琉球國，在福建泉州之東海島中。根據《中山世譜》的記載，琉球分「三府五州三十五郡：俗叫府州曰方，又叫郡曰間切。中頭中山府：五州首里、三平、等、那霸、泊。十一郡西原、浦添、宜野灣、北谷、讀谷山、越來、美里、中城、勝連、與那城、具志川是也。原有八郡，康熙年間分為十一郡。島尻南山府：十五郡真和志、南風原、東風平、大里、佐敷、知念、玉城、摩文仁、具志頭、喜屋武、真壁、高嶺、兼城、小祿、豐見城是也。原有十四郡，康熙年間分為十五郡。國頭北山府：九郡恩納、金武、久志、名護、羽地、本部、

今歸仁、大宜味、國頭是也。原有五郡，康熙年間分為九郡。」由三十六個島嶼組成：「庇郎喇俗叫平良、姑李麻俗叫來間、烏噶彌俗叫大神、伊奇麻俗叫池間、面那俗叫水納、伊良保俗叫惠良部、達喇麻俗叫多良間。以上七島，總稱之曰宮古島。又曰麻姑山、伊世佳奇俗叫石垣、姑彌俗叫古見、烏巴麻俗叫小濱、阿喇斯姑俗叫新城、達奇度奴俗叫武富、巴梯呂麻俗叫波照間、姑呂世麻俗叫黑島、巴度麻俗叫鳩間、由那姑尼俗叫與那國。以上九島，總稱之曰八重山。又曰大平山、姑達佳俗叫久高、津奇奴俗叫津堅、巴麻俗叫濱比嘉、伊奇俗叫伊計、姑米俗叫久米、東馬齒山俗叫前慶良間、西馬齒山俗叫西慶良間、度那奇俗叫渡名喜、阿姑尼俗叫栗國、椅世麻一曰椅山，俗叫伊江、葉壁俗叫伊平屋、硫磺島俗叫鳥島、度姑俗叫德島、由論俗叫與論、永良部俗同、由呂俗叫與呂、烏奇奴俗叫沖野、佳奇呂麻俗叫垣路間、烏世麻俗叫大島、奇界俗叫鬼界。」〔註1〕

　　由於其特殊的地理位置，中國早在元時期就曾詔諭之。明朝建立後，最先發出建國改元通告的國家是朝鮮、日本及安南。朝鮮、安南很快就接受詔諭入貢於明，日本卻沒有接受。從元朝開始，日本的民間走私行為發展成地方割據勢力支持的海盜，中國的史書也開始出現倭寇的記載。也許是仰仗著戰勝忽必烈軍隊的戰績，日本商人甚至駕駛武裝船隻來到中國，要求元朝政府開放貿易。元朝政府吸取了戰敗的教訓，不願再與日本人開戰，便採取了海禁措施。元末明初之時，日本南北朝時期（正值戰國時代），封建諸侯割據，互相攻伐。在戰爭中失敗了的封建主，就組織武士、商人、浪人到中國沿海地區進行武裝走私和搶掠騷擾。

　　明朝建立不久，卻發生了所謂胡惟庸「通倭叛國」的大案。有說法稱這件大案的節點是胡惟庸暗中勾結倭寇，妄圖推翻明政權自立為王。雖然後世史家對此結論多有質疑，但反映了當時倭寇作為一種威脅明朝的外部勢力，是不容小覷的。日本國仍是「不服王化，冥頑如初」，明朝派使臣趙秩往諭其君，日本天皇竟然對趙秩戲言相向，並且殺害了他。曾經進兵收復海南的大將廖永忠因此向朱元璋上言，建議徹底消滅倭寇，加強海防。於是，朱元璋對日本國下了通牒，日本國雖朝實詐，暗通姦臣胡惟庸〔註2〕，謀為不軌，故絕之。命信

〔註1〕《中山世譜》原序。
〔註2〕胡惟庸（？～1380年），男，漢族，濠州定遠（今屬安徽）人。明朝開國功臣，最後一任中書省丞相。因被疑叛亂，爆發了胡惟庸案，後被朱元璋處死。

國公湯和經略沿海，設備防倭。同時，為了防備沿海奸民與倭寇勾結，朱元璋下令「片板不得下海」，禁止老百姓私自出海。1370 年（洪武三年），明政府「罷太倉黃渡市舶司」，斷絕了私人的對外貿易。

　　歷史上中國傳統的海外貿易主要有兩種形式：一種是由政府經營的朝貢貿易，一種是由民間經營的私人海外貿易。朝貢是指海外國家派遣使團到中國來朝見王朝皇帝，「進貢」方物，中國王朝則予以官方接待，並根據「懷柔荒遠」、「薄來厚往」的原則，回贈進貢國以「賞賜」。「賞賜」物品的總價值大於「進貢」物品總價值的數倍甚至數十倍，「進貢」與「賞賜」之間有著物品交換關係，體現著國家間的經濟關係，更體現著國家間的政治關係，所以朝貢貿易下的貿易流通產生的經濟關係是服務於政治關係的。

　　民間私人海外貿易屬於民間私營工商業經營，由於中國古代王朝國家很早就確立了「重農抑商」的基本國策，所以民間私人海外貿易長時期地受到王朝政府的抑制阻礙、嚴格管理甚至禁止禁絕，得到王朝政府鼓勵扶持的時期十分有限。中國王朝國家時期，民間私人海外貿易缺乏發展的獨立性和良好條件，其盛衰興亡以王朝國家的私人海外貿易政策和管理為前提，是其最為顯著的一個特點。而朝貢貿易多由王朝國家官方經營，有明確的政策、完善的制度、具體的經管部門。政府一手經管操辦，是朝貢貿易最為顯著的特點，帶有明顯的政治屬性。

　　太祖在位期間，大明在政治上強化了中央集權制度，廢除丞相和行中書省，設太尉、司空、司徒（承宣布政使司、提刑按察使司、都指揮使司）「三司」分掌地方權力，嚴懲貪官和不法勳貴；軍事上，實施了衛所制度；經濟上，大搞移民屯田和軍屯，興修水利，減免賦稅，丈量全國土地，清查戶口等；文化上，緊抓教育，大興科舉，建立國子監培養人才；對外關係上，確立「不征之國」。在他的統治下，社會生產逐漸恢復和發展，史稱「洪武之治」。

　　太祖朱元璋的「不征之國」政策，明確規定把朝鮮、日本、琉球等 15 個國家列為「不征諸夷」之列，並在洪武二十八年版的《皇明祖訓》〔註3〕告誡

〔註 3〕洪武二年（1369）四月，朱元璋令陶凱等編《祖訓錄》，親自作序，命大書揭於右順門之西廡，隨時修改。後重加更定，七易其稿，於洪武二十八年九月十九日編定，名《皇明祖訓》，頒布於內外文武諸司。朱元璋再為之作序，備述其創業之艱苦，以及寄予生長深宮之主的厚望。《皇明祖訓》首列朱元璋序，下列祖訓首章、持守、嚴祭祀、謹出入、慎國政、禮儀、法律、內令、內官、職制、兵衛、營繕、供用等目。朱元璋在頒布《皇明祖訓》時敕諭禮部臣說：

後世子孫不得恣意征討：「四方諸夷，皆限山隔海，僻在一隅，得其地不足以供給，得其民不足以使令。若其不自揣量，來撓我邊，則彼為不祥。彼即不為中國患，而我興兵輕犯，亦不祥也。吾恐後世子孫倚中國富強，貪一時戰功，無故興兵，致傷人命，切記不可。但胡戎逼近中國西北，世為邊患，必選將練兵，時謹備之。」〔註4〕

　　朱元璋認為這些地方不僅人口構成上就是「夷國」，且地理偏僻，不能給「中國」帶來實利，若敵軍來犯可以反擊，但不可主動攻打。這種「不征諸夷」實質上是「華夷區隔」的一種方式，也是吸取元征日本的教訓。

　　祖訓即是教導其後人，這些蠻夷國家如果不主動挑釁，不許征伐。他還確定了「厚往薄來」的朝貢原則，由此最後確立了朝貢體系成為東方世界的通行國際關係體制。在這個體制中，中國中原政權成為一元的中心，各朝貢國承認這一中心地位，構成中央政權的外藩。

　　「不征之國」是明朝朝貢體系以及海禁政策下的重要外交政策。朝貢體系的雛形是古代中國（大陸地區）的畿服制度。即中原王朝的君主（或君王）是內服和外服的共主（「天子」），君主在王國的「內服」（中心地區）進行直接的行政管理，對直屬地區之外「外服」（邊緣地區）則由中原王朝冊封這些地方的統治者進行統治，內服和外服相互保衛。由此形成「普天之下，莫非王土」的世界共主的「天下」概念。在歷史發展和文化傳播過程中，中心「內服」統治區域不斷擴展，許多「外服」地區在接受「內服」地區的社會組織和思想文化觀念後，慢慢變成「內服」的一部分，而不斷形成新的「外服」地區。

　　1372年初，明朝再派使節招撫日本，同時也持詔琉球。2月20日（洪武五年正月甲子日），朱元璋遣使詔諭琉球國，從福建出發，沿著前人開拓的海上通道，經釣魚島，赤尾嶼，過琉球海槽，直奔那霸而去。《明太祖實錄》記

「自古國家，建立法制，皆在始受命之君。以後子孫不過遵守成法，以安天下。蓋創業之君，起自側微，備歷世故艱難，周之人情善惡。後世守成之君，生長深宮，未諳世故；山林初出之士，自矜已長。至有奸賊之臣，徇權利，作聰明，上不能察而信任之，變更祖法，以敗亂國家，貽害天下。故日夜精思，立法垂後，永為不刊之典。」即位以來，勞神焦思，定立法制，革胡元弊政，至於開導後世，復為《祖訓》一編，立為家法，俾子孫世世守之。你們以朕訓頒行天下諸司，使知朕立法垂後之意，永為遵守。後世敢有言改更祖法者，即以姦臣論無赦。」

〔註4〕《皇明祖訓》首章。

載：「洪武五年（1372年）正月甲子，遣楊載持詔諭琉球國」〔註5〕。《中山世譜》也記載「遣行人楊載，賷詔至國」〔註6〕。

當時中國的造船業已經很發達。中國和琉球國之間的交通航線，是以福州與琉球那霸為進出港口的。自中國至琉球，要利用夏至後的西南風，由閩江口放洋，其航行路線經臺灣以北，過彭家山、釣魚島、黃尾嶼、赤尾嶼等島嶼之後北上，至琉球的久米島北轉入大琉球島的那霸港；自琉球來華則要利用冬至前後開始的東北風，所取之航道大致相同，略偏於北，仍至閩江口入福州，然後取路到南京。

二、琉球中山王察度接受招諭

明太祖招諭琉球之時，琉球正處於三山時代。國王名為察度，是一位半神之人。根據《中山世譜》的記載，他的父親為浦添間切謝那村奧間大親，母親為「天上神女也」。「奧間大親，不知為何人後裔也。常以農為業，家貧不能娶。一日耕田歸。至森川（泉名）洗手足，見一婦女臨泉沐浴，容色絕倫。大親意想：『吾村野中，未嘗見此婦，恐是從都中來耶？亦何獨身在此沐浴也？』暗暗步進，從樹蔭見之。其衣懸於枝上，亦非常人之衣。大親愈疑。竊取其衣，藏於荒草內，故意走到其處。婦女驚慌著裳，仍欲穿衣，則衣沒有。婦女掩面而哭。大親問曰：『夫人自何來也？』婦女直告之曰：『妾乃天女也。下界沐浴，今已飛衣被盜，不能上天。乞為代尋。』大親心悅，騙之曰：『夫人暫坐我屋。我往代尋。』天女喜，俱至草屋。大親就把其衣，深藏於倉內。日去月來，歷十餘年，生一女一男。」〔註7〕這個男孩即是察度。察度的出生故事似乎與中國的牛郎織女相似。

察度長大，先是好漁獵，不務農事，後娶勝連按司之女並發現大量黃金，並蓋起了房子取名「金宮」。察度居住的地方，是一個南來北往的必經之地，來來往往的人很多，這地方一來二去就成了交通中轉站。察度每天都巡視幾次，發現有飢餓的人，就給他們吃的；穿的少的、衣服破的，就給他們衣服穿。久而久之，察度的美名傳遍了中山。

察度緊接著開發港口，做起了物流商業。尤其是日本的商船，日本商船一

〔註5〕《明太祖實錄》卷七十一「（洪武五年）正月甲子遣楊載持詔諭琉球國」。
〔註6〕《中山世譜》察王度。
〔註7〕《中山世譜》察王度。

靠岸，察度就收取費用，日本商船順便捎點鐵器、鐵塊，察度統統吃進。琉球自古缺鐵，有了鐵，察度就打造農具，發給農民。慢慢的業務擴大了，有錢了，錢一多就需要保鏢，有了保鏢這手裏得有趁手的傢伙事才行。於是就用鐵打些兵器……

察度的聲望日漸升騰，在老百姓的眼裏比父母還親，而察度的實力也在膨脹。於是百姓要求察度當浦添按司。察度最後當上了浦添按司。浦添是當時中山王的王城，察度就相當於順天府尹加九門提督。察度當政後，不負眾望，把浦添治理得井井有條，老百姓安居樂業，察度賢名、威名遠播，其他地方的老百姓也非常嚮往。

恰好西威王早逝，西威王五歲的孩子要繼位，官吏和老百姓紛紛呼籲：「觀先君之政，殘仁賊義，暴虐無道。臣民敢怨而不敢言。今更立幼沖世子，則向何圖治乎？浦添按司，仁人也，誠足為民父母。」〔註8〕最後廢了西本錄王，推舉察度當了中山王。

在中山王察度王統治浦添時期，琉球還有另外的兩個政權即是山南王和山北王。

山北王的起源是「今歸仁」地方的按司，後被怕尼芝收服，所以怕尼芝是山北軍閥的實際創始人。他是英祖王次子湧川按司的孫子，論輩分與玉城王同輩。怕尼芝率先於1322年（元至治二年）稱雄，佔了今歸仁的地盤，隨後向北擴張，把羽地、名護等地劃入囊中，又跨海征服了伊江島、伊平屋島、奄美大島的南部，地盤是三王中最大的。根據《中山世譜》的記載，山北王統治時期有「今歸仁（在位年數不詳）、怕尼芝（在位年數不詳）、瑉（在位五年）攀安知（在位二十一年）」，「起元延佑年間，盡明永樂四年丙戌。凡四主，歷九十餘年。」〔註9〕

山南王是大里按司稱雄南方，劃十一城為山南的勢力範圍。大里王朝的創建者不知其名，據傳是英祖的第五子後裔，世襲大里按司，掌控著大里、佐敷、知念、玉城、具志頭、東風平、島尻大里、喜屋武、摩文仁、真壁、兼城、豐見等地區，疆域大體相當於今日沖繩島南端國場川與那原一線以南的地域。根據《中山世譜》的記載，山南王統治時期有「大里（在位年數不詳）、承察度（在位年數不詳）、汪應祖（在位十一年）、他魯每（在位二十五年）」王位王

〔註8〕《中山世譜》卷三
〔註9〕《中山世譜》卷三

者，「起元延佑年間，盡明宣德四年己酉。凡四主，歷一百餘年。」〔註10〕

　　當時的琉球正處於三足鼎立的局面。中山王察度雖實力較強，但沒有辦法控制山南王承察度及山北王怕尼芝。時逢大明開朝盛事，太祖朱元璋派使者招撫琉球。察度被琉球史籍記載為「天上神女」之子，當然是十分賢明：「察度王踐大位，悉改先朝之虐政，以寬治民，親賢遠佞，仁而威，惠而信。其妃亦有賢德。而國人大服。惟山南、山北，爭衡不從。」〔註11〕如果能借助大明的威名，則是上天賜予的良機。

　　楊載來到之時，琉球上下不知所措，但中山王察度歸順意決，馬上率領手下按司人等迎接大明使者。楊載拿出太祖皇帝的詔書，向琉球中山王察度等人宣讀：

> 奉天承運皇帝詔曰：昔帝王之治天下，凡日月所照，無有遠邇，一視同仁。故中國奠安，四夷得所，非有意於臣服之也。自元政不綱，天下兵爭者十有七年。朕起布衣，開基江左，命將四征不庭，西平漢主陳友諒，束縛吳王張士誠，南平閩越，戡定巴蜀，北清幽燕，奠安華夏，復我中國之舊疆。朕為臣民推戴，即皇帝位，定有天下之號曰「大明」，建元「洪武」，是用遣使外夷，播告朕意。使者所至，蠻夷酋長稱臣入貢。惟爾琉球在中國東南，遠處海外，未及報知。茲特遣使往諭，爾其知之。故諭。〔註12〕

　　從詔書的內容來看，本著「中國奠安，四夷得所」之原則，通告遠處海外的琉球「蠻夷酋長稱臣入貢」，這實質上是明朝對外關係上「不征之國」政策的一環。

　　中山王察度馬上宣布臣服大明，表示從此聽從明朝皇帝的教誨，服從明朝中央政府的管轄。

　　中山王察度就開始挑選貢品，據史料記載，貢品都是琉球本地的土特產，如「馬、刀、金銀酒海、金銀粉匣、瑪瑙、象牙、螺殼、海巴、椶子扇、泥金扇、生紅銅錫、生熟夏布、牛皮、降香、木香、速香、檀香、黃熟香、蘇木、烏木、胡椒、硫磺、磨刀石」〔註13〕等二十多種。這份琉球國王對中國皇帝的見面禮，以「方物」為名記錄在籍中。

〔註10〕《中山世譜》卷三

〔註11〕《中山世譜》察度王。

〔註12〕《中山世譜》察度王。

〔註13〕《琉球國志略》卷三封貢。

　　寫好臣服的表章後，中山王察度特派自己弟弟泰期親自帶著表章及貢品，跟隨楊載前去面見大明皇帝朱元璋。這樣泰期成了琉球王國歷史上首次正式朝貢中國的朝貢使臣，這也開啟了琉球長達五百年朝貢中國的時代，從此琉球古國被納入到中華帝國「朝貢體制」，正式成為中國藩屬國。

　　察度審時度勢歸順中國，使得「中山王」具有皇家賜恩名號，這持續到 1879 年琉球被日本吞併前。《中山世譜》評介他言：「就位蒞政，終開琉球維新之基，（本國通中朝自此始）亦希世之賢君也。」〔註14〕察度借助大明的勢力，在琉球得到更大的支持，南方諸島歸順了中山。

　　大明使者楊載也被永久地記載在中琉歷史中。當時楊載從那霸下船，步行一里多路，找一小屋住下休息，等待琉球人的反應，琉球人為了紀念中琉的修好，在楊載住的地方蓋了一個「天使館」並取名為「聽海」，作為明清來琉官員的專用所。

　　泰期進入大明國都南京後，太祖朱元璋接見了琉球朝貢使臣泰期，看過臣服表章後，認可了察度的中山王這一王位，賞賜了《大統曆》和許多綾羅綢緞，還賜給泰期衣服和錢財，身邊隨行人員皆有賞物。此後中山王與大明的進貢不斷。根據《中山世譜》記載，此後琉球每年都要入貢大明：

　　　　七年甲寅，王遣弟泰期等奉表貢方物，並上太子箋及貢物。太祖賜王曆及幣帛有加，又賜泰期衣帶靴襪。副使葱爬燕芝及通事、從人，皆有賞賜。

　　　　八年乙卯，太祖命附祭琉球山川於福建。

　　　　九年丙辰，太祖遣刑部侍郎李浩至國，市馬及硫黃。王遣弟泰期等，從李浩往貢方物。（時國俗，市易不貴紈綺，惟瓷器、鐵釜是尚，李浩歸而言之。次後市易，多用是物）

　　　　十年丁巳，王遣弟泰期等表賀元旦，貢馬及硫黃。賜賚如例。

　　　　十一年戊午，王遣使奉表貢方物，賜賚如例。

　　　　十二年己未，王遣使奉表貢方物，賜賚如例。

　　　　十五年壬戌，王遣弟泰期及陪臣亞蘭匏等，貢馬及硫黃。太祖賜王幣帛有加，更命尚佩監奉御路謙，送泰期等返國。〔註15〕

　　從上述記載來看，1374 年（洪武七年）的冬天，泰期第二次來朝貢，並

〔註14〕《中山世譜》卷一
〔註15〕《中山世譜》察度王

給太子也上了奏箋。按《大明會典》，屬臣上表章時，也要給太子上奏箋，這也是禮制，表明不但臣服於大明皇帝，還要臣服於太子，世世代代服從大明。太祖朱元璋又賜給泰期衣服，錢財，還有靴子。七年冬天，泰期又來朝貢，並呈上給皇太子的信。皇帝命刑部侍郎李浩賚賜文綺、陶器、鐵器，並且帶著陶器七萬件、鐵器一千件到他們國家換馬。李浩和通事梁子名帶著賞賜的文綺二十匹、鐵鍋十口、陶器一千件前往琉球，以宣皇恩。同時還帶了六萬九千五百件陶製品，九百九十件鐵鍋，文綺百匹紗羅各五十匹到琉球做貿易。李浩待了近兩年，換得馬四十匹，硫磺五千斤。這貿易一開，經濟互通，加快了琉球融入大明的腳步。

　　1375 年（洪武八年）3 月 5 日，朱元璋命令福建，把琉球的山川名字寫在福建的社稷壇上，進行祭祀。這個舉動標誌著大明皇帝的皇權已經覆蓋到琉球，也就是中國開始對琉球行使國家主權，在君天下的理念下，皇權即是國家主權，祭祀就成行使主權的象徵。國之大事，為祀與戎。因為祭天祭地是中國皇帝對所轄領土行使統治權的象徵，凡祭祀名錄中的山川是要接受中國皇帝的跪拜。

　　琉球中山王稱臣納貢的消息，很快就在琉球傳開了。山南王承察度也不能落下，於是在 1378 年（洪武十一年）也派人朝貢大明。

　　1382 年（洪武十五年），明太祖派大臣陸謙隨琉球貢使赴琉球。陸謙來到琉球後，看到琉球大地三足鼎立，戰亂不止，民不聊生，回到南京後報告明太祖。「時我國三王爭雄攻戰不息，路謙歸而奏此事。」〔註16〕太祖知曉琉球百姓不能安享大明的太平盛世。

　　1383 年（洪武十六年），中山王遣使朝貢。「太祖賜中山王察度鍍金銀印一，及幣帛七十二疋。」〔註17〕山南王也派使臣師惹進京朝貢，這是山南王第一次朝貢。太祖「又賜山南王承察度幣帛七十二疋」。〔註18〕

　　太祖還借著中山、山南兩王使臣一塊回去的機會，寫了一道詔書，讓琉球使臣帶回去，要求他們停止爭鬥，和平相處，派大明特使梁瑤前往琉球宣布詔書，「遣中使梁民及路謙賚詔至國，令三王息兵戰」。〔註19〕詔中山王曰：

〔註16〕《中山世譜》察度王
〔註17〕《中山世譜》察度王
〔註18〕《中山世譜》察度王
〔註19〕《中山世譜》察度王。

王居滄溟之中，崇山環海為國，事大之禮，不行亦何患哉。王能體天育民，行事大之禮。自朕即位，十有六年，歲遣人朝貢。朕嘉王至誠，命尚佩監路謙報王誠禮。何期王復遣使來謝。今令內使監丞梁民，同前奉御路謙賚符，賜王鍍金銀印一。近使者歸言，琉球三王互爭，廢農傷民，朕甚憫焉。詩曰：「畏天之威，于時保之。」王其罷戰息民，務修爾德。則國用永安矣。〔註20〕

又詔山南、山北二王曰：

上帝好生，寰宇之內，生民眾矣。天恐生民互相殘害，恃生聰明者主之。邇者琉球國王察度，堅事大之誠，遣使來報。而山南王承察度，亦遣人隨使者入覲。鑒其至誠，深可嘉尚。近使者自海中歸言：「琉球三王互爭，廢棄農業，傷殘人命。」朕聞之，不勝憫憐。今遣使諭二王知之。二王能體朕意，息兵養民，以綿國祚，則天必佑之；不然悔無及矣。〔註21〕

中山王察度、山南王承察度、山北王怕尼芝，各受其詔，罷戰息兵，亦皆遣使謝恩。太祖賜三王衣幣。山北入貢自此而始。從此琉球三王停止兵戈，人民休養生息。琉球百姓非常感謝太祖，真心歸順大明。山北王怕尼芝也奉表稱臣，三家郡王各發朝貢使前往南京叩謝天恩，自此琉球三王全部臣服於大明。

1385年（洪武十八年），為了改善琉球的交通條件，太祖皇帝賜給中山王、山南王每個王一艘大海船。

1388年（洪武二十一年），「王遣甚模結致等貢馬，表賀天壽聖節」，太祖趁機把俘獲的元朝皇子地保奴發配到琉球，「太祖以所獲元主次子地休奴發流於我國」〔註22〕。

1390年（洪武二十三年），「王遣通事屋芝結等表賀元旦，貢方物。世子武寧亦貢馬五匹、硫黃二千斤、胡椒二百斤、蘇木三百斤。」〔註23〕正是在這一年，宮古島、八重山島歸於中山王。「中山遣使入京，其使臣被風飄至彼島。時乃二島之人，見琉球行事大之禮，各率管屬之島，稱臣納貢。由是中山始強。」〔註24〕

〔註20〕《中山世譜》察度王。
〔註21〕《中山世譜》察度王。
〔註22〕《中山世譜》察度王。
〔註23〕《中山世譜》察度王。
〔註24〕《中山世譜》察度王。

1391 年（洪武二十四年），「王及世子武寧，遣亞蘭匏、寬谷致等奉表，貢馬及方物。時山南王叔汪英紫氏，亦遣使表賀天壽聖節。」〔註25〕

1392 年（洪武二十五年），中山王察度派小兒子日孜每、王府官員闊八馬，寨官的兒子仁悅慈三人到首都南京國子監讀書。山南王承察度也遣從子三五郎尾，及寨官子實他盧尾、賀段志等三人入監讀書。也就是說琉球有六人入學國子監。「太祖各賜衣巾、靴襪、衾褥及鈔，禮待甚厚」，〔註26〕同時派出「通事程復、葉希尹二人，以寨官兼通事，往來進貢，服勞居多，乞賜職加冠，使本國臣民有所仰止，以變番俗。」〔註27〕

同年太祖朱元璋遷閩人十八姓到琉球，「更賜閩人三十六姓，始節音樂，制禮法，改變番俗，而致文教同風之盛。太祖稱為禮義之邦」。〔註28〕後來的永樂皇帝又遷去閩人十八姓，合計是閩人三十六姓到琉球。這是琉球歷史上重大的政治事件，有力地促進了琉球的經濟發展和與中國的融合。

1393 年（洪武二十六年），中山王察度再遣麻州等貢方物。又遣壽禮結致等貢馬，偕寨官子段志莓入監讀書。「太祖命賜如例，亦儍從，各給布衣。嗣是歲，必照例賜焉。」〔註29〕

1394 年（洪武二十七年），中山王察度「遣亞蘭匏等，奏乞王位冠帶，並貢方物。太祖賜宴於會同館，賚賜如例。時王又具疏言：亞蘭匏掌國重事，乞升授品秩，給賜冠帶；又乞以通事葉希尹等二人充千戶。太祖皆從其請，並命禮部圖冠帶之制示之。俾亞蘭匏，稱王相，而秩同中國王府長史」。〔註30〕（琉球國專掌國政者稱王相，自茲而始。）

太祖賜給中山王一套冠服，還冊封亞蘭匏為中山王府的王相，職同於中國的王府長史，此後，琉球國開始正式模仿明朝的官制進行了一系列的改革。永樂元年（1403 年），明成祖賜給山北王冠帶、衣服。永樂二年四月，賜給山南王冠服。琉球三個王和其他大臣一樣，有了自己的官服。這一賜冠、賜服、賜印的禮節，標誌著中華禮制基本完成。

1395 年（洪武二十八年），中山王再遣王相亞蘭匏等奉表貢方物。賚賜如

〔註25〕《中山世譜》察度王。
〔註26〕《中山世譜》察度王。
〔註27〕《中山世譜》察度王。
〔註28〕《中山世譜》察度王。
〔註29〕《中山世譜》察度王。
〔註30〕《中山世譜》察度王。

例。山南王叔汪英紫氏、山北王瑉，亦各遣使入貢。太祖皆賜鈔。

從以上分析來看，中山王察度接受大明的招撫後，每年都遣使到南京朝貢。中山國也因此興盛，周邊的宮古島、八重山島都歸於中山王。《中山世譜》都讚歎「由是中山始強」。中山王察度也開始驕奢起來。「王稍驕奢，建造數丈高樓，以備遊觀。」後因被毒蛇咬傷，於 1395 年 11 月 17 日去世，在位四十六年，壽七十五。

中山王世子武寧接掌大權後，政權並不穩，加上他本人好酒色，鎮不住局面，只好借著父親名頭發號施令，所以把中山王察度去世的消息瞞了下來。

小結

綜上所述，明太祖朱元璋時期，明確「不征」之政策，將朝鮮、日本、琉球等十五個國家列為「不征諸夷」之列。1372 年初，明朝再遣使去招撫日本之時，順路也詔撫琉球。此時的琉球正處於三山時代。察度王審時度勢眼光長遠，馬上接受了大明的招撫，宣布臣服大明，獲得「中山王」的皇家賜恩名號。太祖朱元璋不但親自接見了琉球貢使，還賞賜了《大統曆》和許多綾羅綢緞、衣物及錢財。此後中山王每年向大明的進貢不斷。朱元璋還命令福建官員，把琉球的山川名字寫在福建的社稷壇上，進行祭祀。朱元璋還下詔三王和諧相處，隨著山南王承察度及山北王怕尼芝的受詔，琉球三王停止兵戈，人民休養生息。琉球百姓非常感謝太祖，真心歸順大明。為了改善琉球的交通條件，太祖賜給中山王、山南王每個王一艘大海船，並接收琉球人到南京國子監讀書。太祖還賜遷閩人十八姓到琉球。這是琉球歷史上重大的政治事件，有力地促進了琉球的經濟發展和與中國的融合，更是使琉球的造船航海能力得到前所未有的發展，很快就成為東亞的「萬國津梁」。

第四章　巴志統一琉球獲賜「尚」姓

　　1395 年 11 月 17 日察度去世後，中山王世子武寧接掌大權，政權並不穩，加上他本人好酒色，鎮不住局面，只好借著父親名頭發號施令，將中山王察度去世的消息隱瞞了下來。此時的明朝也迎來了國王更替的變遷。1398 年朱元璋駕崩，因為太子朱標早逝，皇太孫朱允炆即位，年號建文，即明惠宗。明惠宗為鞏固皇權，與親信大臣齊泰、黃子澄等密謀削藩。周王、代王、齊王、湘王等先後或被廢為庶人，或被逼自殺；同時以邊防為名調離燕王朱棣的精兵，欲剷除朱棣。朱棣在姚廣孝的建議下，以「清君側，靖內難」的名義起兵，最後率軍南下，攻佔南京，史稱「靖難之役」。後明惠宗在宮城大火中下落不明，朱棣〔註1〕即位，改元永樂。

一、巴志助父擊敗武寧王獲中山王號

1. 成祖朱棣封中山、山南二王

　　根據琉球史籍《中山世譜》的記載，從 1398 年明太祖朱元璋駕崩後至 1401

〔註 1〕大明成祖朱棣（1360 年 5 月 2 日～1424 年 8 月 12 日）是明朝第三位皇帝，
　　　　1402 年～1424 年在位，年號永樂，故後人稱其為永樂帝、永樂大帝、永樂皇
　　　　帝等。1360 年 5 月 2 日，朱棣生於應天府（今南京）。早起被封為燕王，洪武
　　　　三十一年十二月，為了提防朱棣造反，建文帝朱允炆派工部侍郎張昺為北平布
　　　　政使，都指揮使謝貴、張信為北平都指揮使。隨後又命都督宋忠屯兵駐開平，
　　　　並調走北平原屬燕王管轄的軍隊。後發動靖難之役，起兵攻打建文帝。1402 年
　　　　在南京登基，改元永樂。朱棣在位期間改革機構，設貴州承宣布政使司，鞏固
　　　　了南北邊防，維護了中國版圖的完整。多次派鄭和下西洋，加強了中外友好往
　　　　來。同時還命人編修《永樂大典》，疏濬大運河。1421 年遷都北京，對強化明
　　　　朝統治起到了非常積極的作用。在位期間將由靖難之後的瘡痍局面發展至經
　　　　濟繁榮、國力強盛的盛世，史稱「永樂盛世」。

年，中琉之間斷絕了往來，「明建文元年己卯，至於建文四年壬午，中朝兵阻，不能往來」。〔註2〕根據《明實錄》記載，1402年（洪武三十五年）九月，建文帝「遣使以即位詔諭安南、暹羅、爪哇、琉球、日本、西洋蘇門答剌、占城諸國」〔註3〕。

成祖朱棣得到天下後，於1402年六月十七日即皇帝位，下令將建文四年改為洪武三十五年，並於七月初一日決定翌年1403年為永樂元年。也就是在這一年的八月，遣官前往朝鮮、安南占城、暹羅、琉球、爪哇等國，賜諸番國王絨綿、織金、文綺紗羅等物。其中，「行人邊信、劉元使琉球，翰林待詔王延齡、行人崔彬使朝鮮」〔註4〕。《中山世譜》也記載了此事：「明永樂元年癸未，成祖登極，改元永樂。遣行人邊信、劉元，以登極詔諭王，並賜絨錦、綺幣。」〔註5〕

武寧趁機派遣三五郎亹等人以世子之名赴南京，「始以察度訃告，並奉表慶賀，及貢方物。」成祖賜鈔幣、襲衣，宴於會同館。此年，世子武寧還遣長史王茂等再赴南京奉上表貢方物。

明成祖「命禮部遣使祭之，賻以市帛」。〔註6〕1403年，成祖遣行人時中賫詔至國，祭賻以布帛，並封武寧為中山王。詔曰：

> 聖王之治，協和萬邦。繼承之道，率由常典。故琉球國中山王
> 察度，受命皇考太祖高皇帝，作屏東藩，克修臣節。暨朕即位，率
> 先歸誠。今既歿，爾武寧乃其世子。特封爾為琉球國中山王，以承
> 厥世。惟儉以修身，敬以養德，忠以事上，仁以撫下；克循茲道，
> 作鎮海邦，永延世祚。欽哉。〔註7〕

這一年，有自琉球返回暹羅的船隻，遭風漂抵福建省。布政司籍記所有，請命成祖。成祖諭禮部尚書李至剛曰：「暹羅與琉球通好，自是番邦美事，豈可乘其危而利之？鄉有善人，猶能濟困。況朝廷統御天下哉！」〔註8〕如果船壞，為之修理；如果人乏食，就給之粟，或歸國，或往琉球，俟風便，導之去。

〔註2〕《中山世譜》卷三武寧王。
〔註3〕《明太宗實錄》卷十二上，洪武三十五年九月丁亥。
〔註4〕《明太宗實錄》卷二十二，永樂元年八月癸丑。
〔註5〕《中山世譜》卷三武寧王。
〔註6〕《明太宗實錄》卷二十八，永樂二年二月壬辰。
〔註7〕《中山世譜》卷三武寧王。
〔註8〕《中山世譜》卷三武寧王。

從這段記載來看，中國還為琉球與它國的貿易往來提供便利及幫助。根據《中山世譜》記載，琉球自唐宋以來，與朝鮮、日本、暹羅、爪哇等國互相通好，往來貿易。但世遠籍湮，往來年月，難以悉記。琉球當時在那霸還建有駐館「親見世」，設置官吏，以掌其事；還建公倉於那霸江中，以藏貿物，名其倉曰「御物城」。

1405 年，中山王又遣三五郎亹等奉表貢方物，謝襲封恩。成祖賜衣幣，宴於會同館。同年，又遣養埠結制等，表賀萬壽聖節，進方物。

1406 年，中山王又遣使貢方物，表賀元旦，並遣寨官子石達魯等六人入監就學。又進貢閹者數人。成祖曰：「彼亦人子，無罪而刑之，朕何忍焉？」命禮部還之。禮部奏曰：「若還之，恐阻遠人歸化之心。請但賜勅，止其再進。」成祖曰：「諭之以空言，不若示之以實事。今不遣還，彼欲媚朕，必有繼踵而來者。天地以生物為德，帝王乃可絕人類乎？」堅決的拒絕琉球的閹者。〔註 9〕

在中山王向大明派遣朝貢使之時，山北王攀安知、山南王汪應祖，亦各遣使入貢。1403 年永樂元年之時，山南王承察度也去世了。由於承察度膝下無子，臨終時遺命從弟汪應祖攝國事。汪應祖原為豐見城按司，是承察度叔叔汪英紫的次子。「永樂元年，承察度薨，（在位年數不詳）無嗣。遺命汪應祖攝國事」〔註10〕，汪應祖遣陔谷結致等貢方物，以承察度訃告，兼乞襲爵。並奏乞如山北王例賜冠服。成祖謂禮部尚書蹇義曰：「國必有統，眾必有屬。既能事大，又能撫眾，且舊王所屬意也。宜從所言，以安遠人。」〔註11〕遂遣使齎詔至，封汪應祖為山南王，賜如所請「封汪應祖為琉球國山南王」〔註12〕。汪應祖遣使謝恩，其使臣擅詣處州，市磁器。禮部尚書李至剛言其不法。成祖曰：「遠人知求利而已。朝廷於遠人，當懷之，不足罪之。」〔註13〕

時山北王攀安知遣善住姑那貢方物，並乞賜冠帶衣服，以變國俗。成祖許之。

從以上記載來看，從 1404 年（永樂二年）到 1407 年（永樂五年）的三年中，琉球中山國、山南國國王先後離世，但中琉之間的交流交往並沒有斷絕。

〔註 9 〕《中山世譜》卷三武寧王。
〔註10〕《中山世譜》卷三武寧王。
〔註11〕《中山世譜》卷三武寧王。
〔註12〕《明太宗實錄》卷三十，永樂二年四月壬午。
〔註13〕《中山世譜》卷三武寧王。

每當有國王離世，各王都會派使臣來明廷呈告喪訊。永樂帝也會立即命禮部官員隨琉球使者前往諭祭，並賚以布帛，冊封王室後裔繼位，保持明琉關係正常交往。

2. 巴志助父擊敗武寧王

中山王武寧昏庸無道，琉球古籍《中山世譜》評價他言：「武寧荒淫無度，用非其人，諫者罪之，諛者悅之。壞覆先君之典刑，國人敢怨而不敢言。」[註14] 佐敷按司巴志起兵造反，推翻武寧，擁戴其父思紹為中山王：「時佐敷按司巴志，繼父治民，進賢士，退不肖，有功者必賞，有罪者必罰。威名大振，遠近歸服。是年巴志歲二十二，見武寧驕奢無度，虐民廢政，卒起義兵來問其罪。武寧慌忙催軍拒御。奈諸按司閉戶高枕，曾莫之救。勢孤力弱，難以扞禦，悔之無及。」[註15]

根據《遺老傳》記載：「思紹之父名叫鮫川大主，乃葉壁人，移居於作敷間切新里村場天之地。遂娶大城按司之女，生一男一女：其男思紹也，女叫場天祝。思紹長成，移居於苗代村，當時之人稱苗代大親。苗代大親通於佐敷村美里子之女，而生佐敷小按司。小按司即巴志也。」[註16]

思紹為人憨厚、淳樸、勤快、樂於助人，老百姓就特別喜歡他，於是擁戴他當了佐敷的按司。「思紹為人，資質純厚；百姓推戴，為佐敷按司。」[註17] 由於當時琉球三王各自為政，琉球大地兵連禍結，百姓苦不堪言。思紹就把希望寄託在兒子巴志身上。「時會琉球分如鼎足，兵爭不息。見其嫡子巴志英明神武，雄才蓋世；誠有治世安民之能。遂令巴志立為佐敷按司，而自退養老。」[註18]

根據《中山世譜》記載，「巴志生得身體極小，長不滿五尺，故俗皆呼佐敷小按司」，但為人膽大志高，雄才蓋世。「其幼年嘗遊於與那原，令鐵匠造劍。匠人急造農器，造劍甚遲。巴志屢往問求，匠人佯為造劍之狀，巴志還則止。漸漸鍛鍊，三年而後成。巴志得此劍，一日駕舟遊。忽然大鱷翻浪躍來，舟幾覆沉。巴志按劍而立，鱷魚畏退，不敢侵。時有異國商船裝載鐵塊，在與那原貿易，皆見其劍而要之。終以滿船所載之鐵買之。巴志得鐵許多，散給百姓，

〔註14〕《中山世譜》卷三武寧王。
〔註15〕《中山世譜》卷三武寧王。
〔註16〕《中山世譜》卷四尚思紹王。
〔註17〕《中山世譜》卷四尚思紹王。
〔註18〕《中山世譜》卷四尚思紹王。

令造農器。百姓感服。」〔註19〕

　　1392 年（洪武二十五年），巴志二十一歲。他父親思紹把巴志叫到眼前，語重心長地說：「昔玉城王失德廢政，國分為三，勢如鼎足。自爾而後，殆及百年，兵戰不息，生民塗炭。吾見諸按司，雖各據兵柄，皆守護之犬。不足與有為也。當今之世，惟汝一人可以有為，汝能代吾為佐敷按司，拯民於水火之中，吾願足矣。」〔註20〕思紹將佐敷按司的位置傳給了兒子巴志。

　　巴志當權後，招兵買馬，抓緊訓練，並很快就收復了大里等地，威名大振。時乃中山武寧王，壞覆先君之典刑，臣民遁隱。諸按司相謂曰：「巴志得大里，而地與首里甚近。今王失德，禍不遠矣。」〔註21〕各散隱不朝。

　　巴志認為琉球自有王以來，中山王是琉球的正統，其他二王是假王。巴志謂諸臣曰：「琉球自開闢以來，一王治世。山南、山北，皆假王也。今中山王失德廢政，何時得平二山，而致一統之治乎？」諸臣皆曰：「武寧王失德，國勢日衰。山南、山北強暴益甚。由此觀之，武寧王非救民之主，乃傷國之蟊蟲也。請先伐中山，以建基業；然後平二山，以安社稷。是萬民之幸，天理之順也。」〔註22〕

　　巴志向中山王武寧的首里城發起了衝鋒。結果各路按司都不來救，紛紛看熱鬧。武寧這時才後悔自己的所作所為，出城謝罪。巴志取了首里城後，各路按司表示祝賀，並擁戴巴志當中山王，巴志堅決不當，讓自己的父親思紹坐了王位，自己當中山王輔臣。「巴志便領大兵來問其罪。武寧慌忙催軍拒御。時諸按司閉戶高枕，曾莫之救。武寧悔之無及，出城伏罪。諸按司推巴志為君。巴志固辭，奉父思紹為君。自能翼輔父王，興政理治。臣民及諸按司皆服。」〔註23〕

3. 思紹王時期中琉的交流

　　思紹獲得中山王之後，巴志想了個瞞天過海的辦法，於 1407 年（永樂五年）上書稱「尚思紹自稱世子，遣三五良亹貢馬及方物」〔註24〕。大明對琉球的家族並不瞭解，在這樣的情況下，琉球又單獨派使節向成祖朱棣報告中山王

〔註19〕《中山世譜》卷四尚巴志王。
〔註20〕《中山世譜》卷四尚巴志王。
〔註21〕《中山世譜》卷四尚巴志王。
〔註22〕《中山世譜》卷四尚巴志王。
〔註23〕《中山世譜》卷四尚巴志王。
〔註24〕《中山世譜》卷四尚思紹王。

武寧已薨之事。

永樂皇帝朱棣命禮部祭奠已故中山王武寧，並傳旨思紹繼承中山王王位。這次沒有派冊封使臣，只是讓中山王的使臣把冊封詔書帶回。「別遣使，以武寧訃告。成祖命禮部賜祭賻，詔思紹嗣王爵，並給皮弁冠服（此時成祖不遣使，止賜詔封之）。」〔註25〕

這一時期，琉球三王都與大明保持著頻繁的朝貢交流活動：

1408 年，中山王思紹遣阿勃吾斯等奉表貢方物，謝襲封恩。時山南王汪應祖亦遣使貢馬，成祖各賜鈔幣。

1409 年，中山王思紹遣使貢方物，表賀萬壽聖節。山南王汪應祖亦遣使貢馬。成祖各賜衣幣。

1410 年，中山王思紹遣三五良亹等入貢，官生模都古等三人入國子監受學。時通事林佑本中國人，思紹啟請賜冠帶，成祖從之。時山南王汪應祖亦遣使，表賀萬壽聖節。各賜如例。

1411 年，中山王思紹遣三五良亹等表賀元旦，偕王相之子懷得、寨官之子祖魯古入監受學。給賜如例。又遣坤宜堪彌等貢馬及方物，具疏言：「長史王茂輔翼有年，請升王茂為國相，兼長史事。」又疏言：「長史程復，饒州人，輔臣祖察度四十餘年，勤誠不懈。今年八十有一，請命致仕，還其鄉。」成祖悉許之。〔註26〕

1412 年，中山王思紹遣使表賀元旦。山南王汪應祖亦遣使入貢，並表賀萬壽聖節。

1413 年，中山王兩次遣使，奉表貢馬，偕寨官子鄔同、志久、周魯每等三人入監受學。時山南王汪應祖遣使貢馬。成祖各賜鈔及永樂錢。

1414 年，中山王遣使表賀元旦。又遣三五良亹等貢馬及方物。賜鈔幣如例。時皇太子賜琉球官生益智每等二人羅布衣各一襲，及襴衫、靴襪、衾褥、帷帳。從人皆有賜。成祖賜鄔同、志久等三人衣鈔。

1415 年，中山王及山北王攀安知俱各遣使貢方物；世子巴志亦遣宜是結制，貢馬及方物。成祖各賜文綺三十表裏。

1415 年，成祖遣行人陳季芳等，齎詔至國，封山南王世子他魯每為山南王。

〔註25〕《中山世譜》卷四尚思紹王。
〔註26〕《中山世譜》卷四尚思紹王。

1416 年，中山王遣三五良亹等貢馬及方物，兼謝使臣「不謹之罪」〔註27〕。思紹還遣使奉表貢馬。山南王他魯每亦遣使入貢，謝襲封恩。

1417 年，中山王及世子尚巴志並山南王他魯每，俱各遣使入貢。賜賚甚厚。

1418 年，中山王兩次遣使貢方物。成祖賜使者冠帶、鈔幣有差。

1419 年，中山王三次遣使，貢馬及方物。

從以上分析來看，琉球中山國在武寧王到思紹王的轉變過程中，巴志起了決定性的作用；這一時期，山北王也被巴志所滅。但不管琉球內部政情如何變化，其三王對明朝的朝貢交流活動一直持續著，特別是中山王甚至出現一年三次遣出貢使的情況。

二、巴志滅山北、山南統一琉球

1. 巴志滅山北王國

1416 年，山北王攀安知為中山所滅。有王者今歸仁（在位年數不詳）、怕尼芝（在位年數不詳）、珉（在位五年）、攀安知（在位二十一年）四位王者，「起元延佑年間，盡明永樂四年丙戌。凡四主，歷九十餘年」。〔註28〕

山北王與山南王都興兵於玉城時期，由於其淫虐無道，世衰政廢，兵荒馬亂，大里按司稱山南王，今歸仁按司稱山北王，山北王據羽地、名護、國頭、金武及伊江、伊平屋等處，與山南王各據兵權，與中山王相抗衡。洪武初年，中山王接受大明招撫，嚮明王朝朝貢以後，山南王及山北王也都向大明進貢。當時琉球三王爭衡不止，事聞於朝，太祖遣使賜勅，三王以罷兵戰。

中山思紹統治時期，山北王攀安知實力強大。根據《中山世譜》記載，「攀安知自恃武勇，淫虐無道。其臣名平原，本部人，勇力極強。其餘軍士，皆勇剛驍健之人。亦其城池甚係險阻，尤難攻擊。由是驕傲日盛，常有吞中山之意。

〔註27〕「不謹之罪」是指當年隨琉球使朝貢而來的直佳魯等人，從南京返回至福建之後，不知什麼原因發生「擅奪海舶殺死官兵毆傷中官奪其衣物」的暴行，明政府因此下令逮殺直佳魯，其他從犯的阿勃馬結制等六十七人則宥其死罪，仍遣歸琉球，由其王自行究治。《中山世譜》的記載為：「先是，王所遣直佳魯犯法坐誅。成祖勅諭王曰：「此王所遣直佳魯等來京，朕優待之。及還，至福建，乃肆狂悖，擅奪海舶；殺死官軍，毆傷中官，奪其衣物。直佳魯首罪，當寘大辟，已命法司如律。其阿勃馬結制等六十七人，與之同惡，罪亦當死。眷王忠誠，特遣歸，俾王自治。自今遣使，宜戒約之，毋犯朝憲。」」
〔註28〕《中山世譜》卷四尚思紹王。

自受封於朝以來，矜肆益甚。與平原議攻中山，每日整頓兵馬。」〔註29〕就是
說當時的攀安知自恃武勇，依靠重臣平原，及城池險阻，整頓兵馬，有吞中山
之意。

北王羽地按司先勸攀安知，不要輕舉妄動，但攀安知剛愎自用，盲信自己
武力能夠征服中山。這個時期的中山王尚思紹，撫民以德，施政以仁，故羽地
按司率兵來降，告急曰：「山北王作亂，請先動兵。若遲誤，悔之無及。」很
快國頭地方的按司、名護地方的按司也率兵來投奔中山。

思紹王命世子巴志急整軍馬，往征山北。巴志奉旨，便將浦添按司、越來
按司、讀谷山按司、名護按司、羽地按司、國頭按司六路軍馬，分隊先往。隨
後官軍大發，前至寒汀那港，擁兵渡江。攀安知原是武勇之人，兼有平原等協
力督軍，防備甚密。巴志催兵攻城，城上放箭如雨，不可進攻。浦添按司大叫
曰：「忠臣委身於國家，視死如歸。豈可拱手而送日乎！」〔註30〕言畢，奮勇
先進。諸軍亦爭先攻擊。奈北軍恃固，兼得驍健之兵相助守城。攻戰數日，城
不陷。巴志曰：「攀安知淫虐無道，雖有千軍，實非心服。其臣平原，有勇無
謀，亦是貪欲之人。以計破之，何難之有！」〔註31〕遂召羽地按司等問其地
勢。羽地按司曰：「此城三面皆險阻，難急攻破。而坤方尤係險阻。料是此處
必怠於防備。」〔註32〕巴志大喜，令一人辨給者，從坤方處乘夜入城，裏把幣
帛，贈平原，並以利害說之，以為內應。

次日，平原告攀安知曰：「久不出戰，敵軍必以我為怯。請王與臣更番出
戰，敵必敗矣。」〔註33〕攀安知從之，命平原守城，自率軍先出。巴志見北軍
出城來，急傳令：「從坤方險阻處，分軍攻入。」卻催軍兵，從平坦處迎敵。
攀安知武藝絕倫，奮勇衝殺，官軍敗走。攀安知趕追間，忽見城中火起衝天。
攀安知大驚，急慌返兵入城。平原提刀來迎，大叱曰：汝既無道，我降於中山。
攀安知大怒，戰不數合，斫為兩段。始知平原心變作叛，悔之無及。只見官軍
爭先攻入，如天摧地塌，無力可禦。時城中有一靈石，攀安知常拜為神石。此
日智盡力窮，叱其石曰：「予今死，汝豈獨生！」揮劍劈石，自刎而亡。由是
山北復歸中山。

〔註29〕《中山世譜》卷四附北山王。
〔註30〕《中山世譜》卷四附北山王。
〔註31〕《中山世譜》卷四附北山王。
〔註32〕《中山世譜》卷四附北山王。
〔註33〕《中山世譜》卷四附北山王。

巴志收復山北以後，遣第二子尚忠監守山北。「夫山北城，離首里遠，（城在今歸仁）地係險阻，人亦驍健。恐其山北復恃嶮岨而生變也，故令尚忠監守，以拒變亂。因稱之曰今歸仁王子。」〔註34〕

北山被中山收復後，中山在琉球的勢力更加強大。1421 年（永樂十九年）思紹病逝，巴志繼承王位。

1422 年，巴志向大明遣使表賀元旦，又遣使貢方物，但沒有向大明報告思紹訃告。1423 年，巴志再次向大明遣使奉表貢方物，也沒有報告訃告。直到 1424 年春天，才遣使將父王思紹去世逝的消息報告於大明王朝。成祖命禮部遣行人周彝齎勑至國，賜祭賻以布帛。

1424 年八月，朱棣的兒子朱高熾仁宗登極，改元洪熙。琉球的「世子」巴志不知大明改元之事，仍遣使表賀成祖萬壽聖節，並貢馬及方物。這一年琉球還建起「天妃廟」〔註35〕。

明仁宗朱高熾便於 1425 年 2 月 18 日（洪熙元年二月辛丑），派內官柴山到琉球，任命巴志為中山王，並賜冠帶、襲衣。柴山到了琉球宣讀了大明皇帝的勑書：

> 昔我皇考太宗文皇帝，躬膺天命，統御萬方；恩施均一，遠近歸仁。爾父琉球國中山王思紹，聰明賢達，茂篤忠誠；敬天事大，益久弗懈。我皇考良用襃嘉。今朕續承大統，念爾父沒已久，爾其嫡子，宜俾承續。特遣內官柴山齎勑命，爾嗣琉球國中山王。爾尚立孝立忠，恪守藩服；修德務善，以福國人。斯爵祿之榮，延於無窮；尚其祗承，無怠無忽。故茲勑諭。〔註36〕

明仁宗朱高熾是個短命的皇帝，登基僅一年，就於 1425 年（洪熙元年）五月去世，葬於十三陵之獻陵，傳位長子朱瞻基，即明宣宗。

〔註34〕《中山世譜》卷四尚巴志王。
〔註35〕天妃封號，肇自宋、元。而天妃亦稱「海神」天妃，福建莆田湄洲嶼林氏女也；父名願——宋初，都巡檢。妃生而神靈。自此屢著神異，常乘片蓆渡海；人咸稱為「通賢靈女」。一日，方織，忽據機瞑坐，顏色變異；趺起問之，寤而泣曰：「父無恙，兄歿矣」！有頃，信至，父與兄渡海舟覆，若有挾之者，父得不溺；兄以權，遂墮海死。雍熙四年，升化於湄洲嶼。時顯靈應，或示夢、示神燈，海舟護庇無數；土人相率祀之。世世封之：永樂中，封「護國庇民妙靈昭應弘仁普濟天妃」，至今仍其封號。神靈昭著，於今轉赫。凡渡海者，必載「主」舟中。
〔註36〕《中山世譜》卷四尚巴志王。

琉球方面先遣阿蒲察度等人趕上赴亦貢馬及方物。阿蒲察度回到琉球後，琉球方面才知道仁宗已經駕崩，宣宗登極，改元宣德。仁宗駕崩後，中山王巴志派舅舅模都古、長史鄭義才前往長陵進香祭拜，並附奏曰：「臣祖父，昔蒙朝廷大恩，封王爵，賜皮弁冠服。洪熙元年，臣奉詔襲爵。蒙仁宗皇帝已賜冠帶，而皮弁冠服未蒙頒賜。請恩賜之。」〔註37〕

宣宗謂禮部尚書胡濙曰：「遠人歸誠，固是美事。特賜冠服，亦表異恩。古人言：『招攜以禮，懷遠以德。』朕與卿等尤當念之。」〔註38〕卒命禮部稽定制，制以賜之。

當時琉球朝貢的船也壞了，鄭義才又具呈言：「海舟經年，被海風壞。臣等附內官柴山舟得達。乞賜一舟歸國，且便朝貢。」〔註39〕明宣宗命工部再造海船給琉球。

2. 巴志滅山南王

1416年山北國被巴志滅後，還有山南國的存在。根據琉球《中山世鑒》以及中國《明實錄》和朝鮮《李朝實錄》的記載，山南王國以大里按司為中心，包括大里、佐敷、知念、玉城、具志頭、東風平、島尻大里、喜屋武、摩文仁、真壁、兼城、豐見，大致疆域相當於今日沖繩島南端國場川—與那原一線以南的地域。山南王國有大里（在位年數不詳）、承察度（在位年數不詳）、汪應祖（在位十一年）、他魯每（在位二十五年）四位君主，「起元延佑年間，盡明宣德四年己酉。凡四主，歷一百餘年。」〔註40〕

前述山南王與山北王都興兵於玉城時期。1383年（洪武十六年），第二任國王承察度派心腹大臣師惹來到南京上表稱臣納貢。1385年（洪武十八年），受明朝「南山王」的封號，獲賜鍍金銀印一枚。

1392年（洪武二十五年），承察度遣從子三五郎尾和寨官的兒子實他盧尾、賀段志去南京國子監上學。

承察度雖為山南王，但他的叔叔汪英紫實際上是山南王國最強大的地方勢力，所以承察度本人要受制於叔叔汪英紫。而汪英紫更傾向於兒子豐見城按司汪應祖。承察度臣服大明後，從明朝帶回來了大量的財物，汪英紫和兒子汪

〔註37〕《中山世譜》卷四尚巴志王。
〔註38〕《中山世譜》卷四尚巴志王。
〔註39〕《中山世譜》卷四尚巴志王。
〔註40〕《中山世譜》卷四附山南王。

應祖就逼著承察度在洪武二十年（1387 年）派汪英紫的人到南京上貢，直接得到明朝皇帝的賞賜。從此汪氏父子常常遣使去南京朝貢，和大明皇帝走得越來越近，實力越來越強。

在承察度於 1403 年（永樂元年年）去世後，汪應祖由於經常朝貢大明，和明成祖混得很熟，趕緊派使臣到南京彙報，說因為先王承察度沒有後代，暫由其堂弟汪應祖打理山南國，恭請大明皇帝批准汪應祖為山南國王。明成祖批准汪應祖繼承山南國王位，在 1404 年（永樂二年）遣使冊封汪應祖為山南王。

汪應祖的長兄達勃期，見到自己的弟弟成為國王，享受榮華富貴，心中十分不滿。於是在 1413 發動叛亂，殺汪應祖，自立為王。各地按司隨即起兵誅滅了達勃期，立汪應祖的長子他魯每為王。

他魯每派使臣到南京請封。1415 年（永樂十三年），明成祖朱棣批准並遣行人司的陳季芳到島尻大里城，賜封他魯每為山南國第三代國王，並賜他魯每的夫人為誥命夫人，另有國王冠服和一萬五千錠大明寶鈔。

永樂二十二年（1424 年）朱棣駕崩，第二年仁宗朱高熾也駕崩了。朱瞻基繼皇帝位，是為明宣宗。巴志心眼活，知道消息後立即命令王舅模都古（永樂八年監生）、長史鄭義才（久米村的漢人）、使者石達魯（永樂四年監生）三人組成虔誠的使團，跟隨太監柴山一起進京，獻上貢物，宣誓效忠大明新皇帝宣宗。並進香拜祭長陵（仁宗朱高熾陵墓）。

山南王他魯每直到 1427 年（宣德二年）才急忙派人為朱高熾的長陵上香，恭賀新皇。「時山南王他魯每亦兩遣使入貢。俱賜宴及鈔幣。且命山南王使者，齎勒及鈔絹，歸賜其王。」〔註41〕

根據《中山世譜》的記載，他魯每受封於朝，驕心稍動。其後奢侈日加，常拒忠諫，宴遊是好，不務政事。臣民怨之，諸按司不朝。他魯每發兵問罪，諸按司畏懼，多投中山。他魯每怒曰：「賊奴與巴志同謀倡亂，不悉誅滅，吾怒不息。」遂傳軍令，聚整兵馬。山南騷動，事聞於中山。巴志曰：「時至矣」。遂自率四方按司，親往征之。山南百姓，喜躍拜迎。他魯每益怒，率軍出戰，大敗而走。將入門，時城上放箭，閉門拒御。他魯每前後受敵，無力可施，被虜伏誅。由是琉球復歸一統。〔註42〕

而《遺老傳》記載為：「中山王巴志有金彩圍屏，妝飾甚美。他魯每要之

〔註41〕《中山世譜》卷四附山南王。
〔註42〕《中山世譜》卷四尚巴志王。

不止。巴志曰：『吾聞大里有泉，名呼喜汀志川泉。以此換之，如何？』他魯每嘉換之。原來是泉湧得極大，大里等處百姓皆引此泉為耕。巴志得泉，惟從己者與之；不從者，不許用之。由是百姓暗從中山者不可勝數。時他魯每不務政事，遊戲無度。臣民及諸按司皆怨之，卒為巴志所滅云。」〔註43〕

就這樣，起自元朝延佑年間的山南國歷經四代一百餘年，在 1429 年（大明宣德四年）終止，琉球的三王時代結束。

三、巴志獲賜「尚」姓

1430 年（明宣德五年），巴志遣使臣進貢明朝中央政府，並上表奏言：「我琉球國分為三者，百有餘年，戰無止時，臣民塗炭。臣巴志不堪悲歎，為此發兵，北誅攀安知，南討他魯每。今歸大平，萬民安生。服願陛下聖鑒。」〔註44〕

「臣」字本義指奴僕，在古代又是官員面對君的自稱。巴志的「臣巴志不堪悲歎」，足以表明巴志自己認可是大明皇帝的臣子，琉球是大明的藩屬。明宣宗賜詔，特嘉獎其功，派內官柴山到琉球宣讀詔書：「奉天承運皇帝詔曰：爾琉球國分為鼎足，人民塗炭，百有餘年。比爾義兵，復致太平，是朕素意。自今以後，慎終如始，永綏海邦，子孫保之。欽哉。故諭。」〔註45〕

這一年，巴志又派遣內官柴山、副使阮某齎勅至大明。明宣宗「賜王尚姓，並金織、紵絲、紗羅、絨錦」。〔註46〕

大明皇帝宣宗賜給琉球國中山王巴志「尚」姓，是琉球歷史上重大的事件。從此琉球國中山王代代相傳「尚」姓，直到今天，沖繩依然有「尚」姓。

在中國歷史上，賜姓是姓氏的主要來源之一，早在氏族社會的神話傳說時代就已經出現了。自秦漢以來，賜姓現象越來越普遍，唐五代規模之大、範圍之廣，是比較罕見的。這一歷史時期的賜姓制度，無論是內容還是形式都發生了很大的變化。賜姓即皇帝賜給臣民姓氏，是古代統治者用來維持和加強統治的手段之一。唐五代時期，皇帝對異姓臣民賜以皇族姓氏，或者賜予他姓，用以襃獎功勞，勉勵勤能，籠絡人心，具有重要的政治內涵。但其與先秦賜姓制度中封建性質不同，只是屬於精神獎勵的範疇。唐代在直接繼承北朝賜姓傳統的同時，又有所發展。不僅賜姓範圍廣，規模大，而且形式更加複雜，與前代

〔註43〕《中山世譜》卷四尚巴志王。
〔註44〕《中山世譜》卷四尚巴志王。
〔註45〕《中山世譜》卷四尚巴志王。
〔註46〕《中山世譜》卷四尚巴志王。

相比，具有明顯的時代特徵。五代時期延續了唐代的這一制度，其規模有過之而無不及。

　　賜姓根據歷史上的方式、目的和範圍，分為以下幾種：

　　一、賜國姓。如鄭成功賜姓朱（國姓爺）。唐初政權為穩定鞏固和收攬人心，也賜國姓以安撫降將，如瓦崗舊將李世勣、幽州「總管」羅藝、石州「賊帥」劉孝真、江淮杜伏威、河北高開道、竇建德部大將胡大恩、榆林郭子和等人皆被賜姓李氏。另外，為籠絡羈縻外蕃，如真臘副王婆彌遠來朝貢，被賜姓名為李賓漢等例，便是明證；褒獎有功者，如李懷光（渤海靺鞨人，本姓茹）、李元忠（原名曹令忠）、李元諒（原名駱元光）、李茂勳（出自回鶻阿布思之族）、李全略（原名王日簡）、李國臣（河西人，本姓安）、李光顏（本鐵勒部酋長）、李國昌（沙陀酋長，原名朱邪赤心）、李思恭（党項族人，原名拓跋思恭）等，皆是在征伐、平叛等重要的軍事戰爭中立過大功的軍將，以戰功卓著而被賜姓，以示恩寵。

　　二、賜他姓。後梁時期，成汭因犯後梁祖諱，梁太祖賜其姓周氏，這是因避諱而賜他姓。後唐明宗曾賜「蕃將惕隱姓名為狄懷惠，則骨姓名為列知恩，舍利則剌姓名為原知感，骨姓名為服懷造，奚王副使竭失訖宜姓名為乙懷宥」，[註47] 則是取感恩、懷順等實際意義。

　　三、賜惡姓。在唐代主要出現在武則天時代。武則天奪得皇后之位後，遂將高宗的原皇后王氏和寵妃蕭良娣分別改姓為蟒和梟，蟒意為大毒蛇，梟意為梟首。垂拱年間，李唐宗室琅琊王李沖、越王李貞等起兵反對武氏專權，後被鎮壓。武則天便將這些李姓諸王及其子孫、公主通通被更姓虺氏，虺意為毒蛇。

　　中華民族姓氏有百千，明宣宗為何賜琉球王以「尚」姓？尚在古代又同「掌」。古代主管官叫尚，如尚書、尚衣等。尚是掌管帝王之物的意思。戰國時已有尚衣、尚冠、尚書等官職。始皇帝統一六國後，設官職尚衣、尚食、尚冠、尚席、尚沐、尚書，是為「六尚」。後來只有尚書一職的名稱延續下來，即「吏戶禮兵刑工」六部的長官。皇帝身邊的重要大臣有「吏部尚書」、「兵部尚書」等。吏部尚書就是替皇帝管理吏部選拔官員的人，兵部尚書就是替皇帝管理國防部的人。琉球國中山王賜姓「尚」，意思顯然是：琉球群島已經是大明江山，中山王巴志就是替大明皇帝管理琉球群島的人，要世世代代傳下去。

　　自此這一朝、一貢、一表、一封、一祭、一印、一冠、一服、一臣、一跪、

─────────────────

[註47]《舊五代史》卷 42。

一姓，盡皆完成，標誌著從明朝起，琉球國就是中國的藩屬國。

赴琉球的使節柴山為了紀念此行，出資在琉球建寺名曰大安禪寺，並自立碑記。柴山碑記云：

> 宣德五年，正使柴山奉命遠造東夷。東夷之地，離閩南數萬餘里。舟行累日，山岸無分。茫茫之際，蛟龍湧萬丈之波，巨鱗漲馮夷之水；風濤上下，卷雪翻藍，險釁不可勝紀。天風一作煙霧，忽蒙潮瀾；澎湃波濤之聲，振於宇宙。三軍心駭，呼佛號天。頃之，忽有神光，大如星斗，高掛危檣之上。耿煥昭明，如有所慰。然後眾心皆喜，相率而言曰：『此乃龍天之庇，神佛之光矣，何以至是哉？是咸賴我公崇佛好善，忠孝仁德之所致也。』迨夫波濤一息，河漢昭明，則見南北之峰，遠相迎衛。迅風順渡，不崇朝而抵岸焉。既而奉公之暇，上擇岡陵，下相崖谷。願得龍盤虎據之地，以為安奉佛光之所，庶幾以答扶危之惠。於是掬水聞香，得其地於海岸之南。山環水深，路轉林密；四顧清芬，頗類雙林之景。遂闢山為地，引水為池。捄之（阝突）（阝突），築之登登。成百堵之室，闢四達之衢。中建九蓮座，金容於上，供南方丙丁火德於前。累石引泉，鑿井於後。命有道之僧董臨其事。內列花卉，外廣椿松。遠吞山光，平挹灘瀨。使巢居穴處者，皆得以睹其光焉。此酬功報德者之所為也。且東夷與佛國為鄰，其聖蹟海靈鍾秀者，有素矣。此寺宇之建，相傳萬世無窮，良有以。夫建寺者誰？天朝欽命正使柴公也。〔註48〕

尚巴志獲得賜姓這個極高榮譽後，於1431年（宣德六年）選了一批軍馬和金銀器皿趕赴北京謝恩。謝恩使臣回來後，尚巴志為了獲得更多的賜物，也為了表達自己的忠心，在 1432（宣德七年）派了四批使臣帶著貢品去北京，貢使漫泰來結制還向大明要了一艘大海船：「來舟損壞，乞賜一舟歸。」〔註49〕

琉球尚巴志殷勤來貢，宣宗也回禮於琉球：「八年癸丑，宣宗遣內官柴山齎勅至國，賜王衣服文綺以勞之。」〔註50〕

柴山這次來琉球自己掏錢建了一座大廟，叫千佛靈閣，還洋洋灑灑還寫了個《千佛靈閣碑記》，碑文如下：

〔註48〕《中山世譜》卷四尚巴志王。
〔註49〕《中山世譜》卷四尚巴志王。
〔註50〕《中山世譜》卷四尚巴志王。

　　粤自大明開基，混一六合。東漸於海，西被於流沙，聲教訖於四海。凡在遠方之國，莫不捧琛執帛而來貢焉。時東夷，遁居東海之東，阻中華數萬餘里。水有蛟龍之虞，風濤之悍；陸有丘陸之險，崖谷之危。無縣郭之立，無丞尉之官；汗樽抔飲，盡其俗也。雖然，亦屢貢所產於朝。永樂之間，亦常納其貢焉。洪熙紀年之初，遣正使柴山，暨給使中、行人等官，奉勅褒封王爵，頒賜冠冕。仍遣祭前王，使其知尊君親上之道，篤仁義禮樂之本。天朝之恩，無以加矣。當今聖人，繼登龍馭，率由舊章。宣德二年，復遣正使山獨掌其事，蒞臨以詢之。則見其王欽已於上，王相布政於下。其俗皆循禮法，熙熙如也。宣德三年，本國遣使，歸貢於朝。迨夫五年，正使山復承勅來，茲重宣聖化。淮海往還，滄波萬頃；舟檝之虞，風濤之患；朝夕艱辛，惟天是賴。恩無以表良心。遂三軍墾地營基建立佛寺，名之曰大安。一以資思育之勤，一以化諸夷之善。寺卒既成，六年卒事覆命。迨宣德八年，歲在癸丑，天朝甚嘉忠孝，特勅福建方伯大臣重造寶船，頒賜衣服、文物以勞之，日夜棲跡海洋之間。三軍有安全之歡，四際息風濤之患。或夜見神光，或朝臨瑞氣。此天地龍神護佑之功，何其至歟？於是重修弘仁普濟之宮，引泉鑿井，於宮之南，鼎造大安千佛靈閣。凡在諸夷，莫不向化。寶閣既成，佛光嚴整。八月秋分，又有白龍高掛，以應其祥。此嘉祥之兆，良有自也。遂立碑記，以紀其事，使萬世之下聞而知者，咸仰天朝德化之盛，而同趾美於前人。因書為記。建閣者：故柴山雲。〔註51〕

　　大明的赴琉球使柴山先前修建了大安禪寺，這次又修建「普濟宮」，在其之南建造了千佛靈閣。現在沒有研究考據琉球佛教的傳播從什麼時間開始，大安禪寺是否為琉球的第一所寺廟，因《中山世鑒》成書之時，此寺就已經無法考評，故竊以為大安禪寺應當是琉球的第一所寺廟。不管大安禪寺是否為琉球的第一所寺廟，大明使者柴山所資助的這兩所佛寺對琉球佛學的普及和琉球文化的發展都作出了貢獻。另外，從這兩個佛寺的碑文來看，明朝時期，中國將琉球稱為「東夷」。根據1603年陳第所書的《東番記》〔註52〕之名，可知歷

〔註51〕《中山世譜》卷四尚巴志王。
〔註52〕《東番記》，最早記載臺灣原住民風俗的一篇調查報告。現存最早的臺灣遊記。明末陳第撰。陳第字季立，號一齋，福建連江縣人。1602年（萬曆30年），

史上的「東夷」是指琉球古國,而「東番」是指臺灣。

1434 年,尚巴志又遣使貢馬及方物。中道遇風,先後至閩。又遣長史梁求保等,謝賜衣服、海舟。宣宗賜使者幣有差。仍命齎勅及幣,歸賜王。

琉球貢使團每次都有幾百人,從福州上岸後的所有費用,全由大明政府開銷。另外還有人走私些違禁品。所以在 1435 年(宣德十年),禮部尚書胡濙上奏皇帝,要求對琉球貢使團的人數加以控制。「此奉旨,節一切冗費,以安軍民。今四裔使臣,動以百數,沿途疲於供給。宜勅諸路總兵官,並都、布、按三司,繼今審其來者量,遣正副使、從人十二人赴京,餘悉留彼處,給待為例。」〔註 53〕這一年琉球王遣長史梁求保、通事李敬等謝恩貢方物,只有二十人赴京,其他在福建等候。琉球國貢使以二十人入京,自此而始。

1436 年(正統元年),明英宗朱祁鎮登基。尚巴志聞之,馬上派伍是堅前去祝賀明皇登基。明英宗賞賜銀、《大統曆》和敕書。敕書云:

> 我國家,統有天下,薄海內外,罔不臣服。列聖相承,無間遠近,一視同仁。爾為國東藩,世修職貢,益永益虔。王遣使來朝,貢馬及方物,禮意勤至。朕嗣承祖宗大寶,期與四海群生,同樂雍熙。矧王篤於事大,良可嘉尚。使者還,特賜王及妃白金綵幣,以答遠意。王其欽崇天道,仁恤有民,永保藩邦,以副朕望。欽哉。故諭。〔註 54〕

尚巴志接到敕書後,又派了兩批使臣去南京謝恩。第二批使者竟然私運「螺殼九十,海巴五萬八千」,福建方面將之截獲。琉球使者向英宗籲請,英宗謂禮部曰:「海巴、螺殼,遠人資以貨殖。取之奚用?」最後悉數還給琉球來貢者。可見當時琉球來貢圖利為實,不法也為實。

1437 年(正統二年),尚巴志派義魯結制、梁振帶著貢品去北京,向英宗索要冠服及大統曆。說:「本國各官冠服,皆國初所賜,年久朽敝。乞更賜之。」又言:「本國遵奉正朔,而海道險阻。受曆之使,或半載,或一載,方返不便。」英宗命禮部議。禮部奏曰:「冠販,本國可依原製造用。《大統曆》,令福建布政司給與之。」英宗從之。禮部又奏:「琉球國貢馬矮小,宜令選高大者充貢。」

福建浯嶼把總沈有容襲擊以「東番」為根據地的倭人,陳第隨軍至東番,事平後滯留約 20 日,以訪談與觀察之見聞撰寫《東番記》,全文一千四百餘字。1603 年春,陳第將該文贈予沈有容,因此收錄於《閩海贈言》一書。

〔註 53〕《中山世譜》卷四尚巴志王。

〔註 54〕《中山世譜》卷四尚巴志王。

英宗曰：「遠人慕義入貢，不必計物優劣。」〔註55〕就這樣，明英宗把此事壓了下來。

尚巴志精心治理，加上閩人三十六姓帶來的造船技術和航海技術，這一時期琉球積極發展海上貿易，又和爪哇國建立了貿易聯繫，這樣北面朝鮮、日本，南面東南亞、南亞乃至非洲、歐洲的貨物都從琉球中轉。從此琉球有了「萬國津梁」的美譽。

到了正統四年，尚巴志的生命走到了盡頭，於四月二十日（1439 年 6 月1 日）薨。開創琉球大一統的大人物走了，壽六十八歲，在位十八年。

四、第一代尚氏王朝時代的琉球

尚思紹（1354～1421 年），琉球王國第一尚氏王朝初代國王，1406 年至1421 年在位。神號為君志真物。其本名為思紹，尚姓為後來所賜。尚思紹成年之後，遷居苗代村，人稱「苗代大親」。因他「為人資質純厚」，被百姓推戴為山南國佐敷按司。尚思紹在位期間，為人賢明。1407 年，尚思紹自稱中山王世子，遣使入貢，永樂帝頒詔書，冊封尚思紹為新任中山王。至此，尚氏王朝得到了明朝的承認，得以發展獲利豐厚的對明貿易。除了政治上的藩屬關係，尚思紹還重視從明朝輸入文化，派官生首次進入國子監留學，之後官生人數、規模不斷擴充。1416 年，尚思紹遣世子尚巴志攻滅山北國。此時，中山國也與東南亞的暹羅保持著良好的外交關係。1420 年，尚思紹遣使者佳期巴那、通事梁復等人到暹羅國，以行通交之禮。後來尚思紹見嫡子尚巴志有治世安民之能，於是讓位給巴志，自己則退居養老。巴志（1372～1439 年）有「蓋世」之才，少年時即有才名，取代其父思紹出任佐敷按司。1422 年其父死，巴志正式繼位為中山王，並設國相、三司官，派遣次子監守山北。1425 年，巴志被明朝正式冊封為中山王。1429 年，與山南王他魯每斷絕盟約，發兵討伐，滅山南王他魯每後，形成「三山」歸為一統的琉球國，以首里城為王城。1430 年（明宣宗宣德五年），明朝正式承認巴志統一琉球，封其為中山王，並賜「尚」姓，史稱「第一尚氏王朝」。根據琉球與明王朝的藩屬關係，琉球每一代國王都需要接受來自明王朝的冊封。琉球統一後，國內局勢比較穩定，人民生活相對安定，這樣的條件也有助於琉球社會經濟的發展。尚巴志統治期間（1422～1439 年），琉球已然初步奠定了王國政治的基礎，王城也成了統治者權威的象

〔註55〕《中山世譜》卷四尚巴志王。

徵。據《中山世鑒》記載，琉球形成統一王國的過程中，國力不斷壯大，為擴大海外貿易奠定了良好的基礎，海外貿易逐漸興盛。琉球長期嚮明朝積極修貢，態度虔誠恭敬，獲得了明朝的好感與信任，中琉朝貢貿易往來頻繁。僅永樂一朝二十二年，琉球國以各種名義來華就達 57 次之多，有時一年三貢，甚至一歲四至。除與中國進行朝貢貿易外，前文中提到的有尚思紹時期與暹羅的外交，其後還開始有與爪哇等國的交易，這些記載都說明此時的琉球已同東南亞地區有貿易往來。1439 年，尚巴志病逝，終年 67 歲。尚巴志長期不在其位而實謀其政，成就了琉球的一統之治，是尚氏王朝中的有為明君之一。

1. 尚忠王

尚忠（1391～1444 年）是尚巴志的次子。在尚巴志滅今歸仁城的攀安知，合併山北王的領土後，尚忠被任命為初代山北監守，稱今歸仁王子。1439 年尚巴志死後，尚忠即位。

1440 年，琉球王尚忠遣使向大明貢了馬及方物。但使者並沒有將巴志去世的消息報告給大明，故明朝仍舊宴賚如例。

1441 年，琉球王尚忠又遣長史梁求保、使者楊布明泰、通事梁佑等奉表入貢。同年還遣使達福期等人到南京來表賀萬壽聖節，但依然還是沒有報告巴志去世的消息。這一年，琉球還派遣通事沈志良、使者阿普斯吉等駕船載瓷器等物往爪哇國，購買胡椒、蘇木等，大力發展與東南亞的貿易。

1442 年，琉球王尚忠派遣長史梁求保等奉表入貢，並以世子之名將巴志王訃聞於朝，兼請襲封爵。英宗命給事中余汴、行人劉遜為冊封正副使。

1443 年癸亥，世子尚忠兩遣使貢馬，並表賀元旦。這一年，英宗遣正使余汴、副使劉遜齎勅至國，諭祭故王巴志，封尚忠為中山王。仍賜王及妃皮弁、冠服、金織、襲衣、幣布等物。詔曰：

> 昔我祖宗，恭天明命，君主天下；無間遠邇，一視同仁；海外諸國，咸建君長，以統其眾。朕承大寶，祇奉成憲，用圖永寧。故琉球國中山王尚巴志，爰自先朝，恭事朝廷；勤修職貢，始終如一。茲既云亡，其世子尚忠，敦厚恭慎，克類前人；上能事大，下能保民。今遣正使給事中余汴、副使行人劉遜齎勅，封為琉球國中山王，以主國事。爾大小頭目人等，其欽承朕命，盡心輔翼，惇行善道；俾國人咸樂太平，副朕仁覆蒼生之意。〔註56〕

〔註56〕《中山世譜》卷五尚忠王。

勅曰：

> 爾遣長史梁求保，奏爾父王尚巴志亡歿。良深悼念。特遣使，命爾為琉球國中山王，以主國事。爾宜篤紹爾父之志，益堅事上之誠，敬守臣節；恭修職貢，善撫國人；和睦鄰境，庶幾永享大平之福。〔註57〕

1444 九年甲子，琉球王尚忠又遣使謝恩及入貢者凡四。使臣梁回奏乞大明給予海船，以便歲時朝貢。英宗給之。

尚忠王英明仁厚，深有作為，但命短，在位僅5年，於1444年去世。

2. 尚思達王

尚思達（1408～1449年）為尚忠之子，1445年（正統十年）繼位。

尚思達繼位後，馬上於當年遣使入貢，但並沒有向大明報告尚忠王已經去世的消息。大明也宴賚如例。這一年，琉球的一艘商舶漂至廣東香山港，巡戍欲盡戮冒功，海道副使章格不可，乃為辨奏，悉還其貲。

1446年，尚思達又遣使入貢，但還是沒有報告尚忠王去世的消息，大明仍舊宴賚如例。

1447年，尚思達派遣長史梁球奉表入貢，並以父王尚忠訃告，兼請襲爵。英宗命給事中陳傳、行人萬祥為冊封正副使。這一年，琉球還第二次派遣通事蔡讓等到南京貢馬及方物。宴賚如例。

1448年，大明冊封使給事中陳傳、行人萬祥齎勅到琉球國，諭祭故王尚忠，封世子尚思達為中山王。勅曰：

> 爾比遣長史梁球等，奏爾父王尚忠亡歿。良深悼念。特封爾為琉球國中山王，繼承爾父，主理國事。爾宜篤紹先志，敬守臣節，恪修職貢；簡任賢良，善撫國人；和睦鄰境，以保國土。仍以皮弁、冠服、常服及金織、紵絲、羅緞等物賜王及妃。復詔諭其國臣庶，盡心輔翼，各循理分，毋或僭踰。俾凡國人，同樂雍熙，副朕一視同仁之意。故諭。〔註58〕

這一年，琉球王派遣貢方物的使節的隨從，與四川長河西番人相毆會同館門外，並將之打成重傷至死。當地的官員上報此事，英宗命毆至死者抵命。

自明朝洪武以來，琉球國對中國的朝貢絡繹不絕，甚至每年達到三次之

〔註57〕《中山世譜》卷五尚忠王。

〔註58〕《中山世譜》卷五尚思達王。

多。巴志統一琉球賜姓之後,朝貢更加頻繁,來華的琉球人員有時多達數幾十名甚至二百多人。他們來到中國境內之後,接受福建地方官員的接待,每日供給口糧,飲食無缺。自正統以後,中國特許其攜帶貢品之外的土產在福建境內出售。但是隨貢使人員來華的人良莠不一,至福建之後,有持續勢生驕,或因語言及生活習慣不同,行動與越軌之事時有發生。地方當局以其逾軌甚多,有時不免繩之以法。上述事件即為一例。

這一年,尚思達王還派遣梁同等人赴南京貢馬及方物;同年,又遣王舅馬權度等奉表貢方物,謝襲封恩。王叔尚金福附進方物。(時福建尤溪沙縣方有寇警。翌年三月,始至京。)宴賚如例。英宗賜馬權度衣幣、冠帶,仍命馬權度齎勅並綵幣,歸賜王、王妃及王叔。時馬權度具呈言,以所賜絹匹往蘇州府,易紗羅、紵絲,歸國服用。禮部以聞,英宗從之。馬權度齎勅並綵幣而歸。勅曰:

> 朕奉天命,祗承祖宗大位,主宰生靈。夙夜惓惓,懼欲天下之人咸得其所。惟王遠居海外,能敬順天道,恭事朝廷,恪修職貢。遣王舅馬權度等奉表,並王叔尚金福,俱以馬匹、金銀器皿等方物來貢,益見誠意。朕甚嘉悅。今權度等回,特賜王、王妃並王叔綵幣。王其體朕至懷。故諭。〔註59〕

1449 年,尚思達王派遣亞間美等中國奉表貢方物。宴賚如例。這一年的十月,尚思達去世,其在位共 5 年,後由其叔父尚金福繼位為王。

3. 尚金福王

尚金福(1398～1453 年)是尚巴志的第六子,尚忠之弟,生於明洪武三十一年。尚思達死後,遺命由叔父尚金福襲位。尚金福即位的當年正值明朝的皇權交替,明英宗因土木堡之變為瓦剌所俘,明廷為免主少國疑,在于謙等大臣的支持下,立英宗之弟郕王朱祁鈺為皇帝,是為景泰帝。

1450 年(景泰元年),尚金福王仍遣使百佳尼等來中國貢方物。明代宗朱祁鈺命百佳尼齎勅並文綺、綵幣,歸賜王及妃。時通事程鴻具呈言:「來船已壞,不能返國。願以所賜幣帛造船。」〔註60〕禮部奏,允其請。移文福建三司,聽其自造,不得擾民。此年,尚金福王又派遣梁回等貢馬及方物,仍然沒有嚮明朝報告尚思達王去世的消息。宴賚如例。

〔註59〕《中山世譜》卷五尚思達王。
〔註60〕《中山世譜》卷五尚金福王。

1451 年，尚金福王派遣亞間美等人來南京貢方物，依舊沒有將尚思達王去世的消息報告給大明。明代宗朱祁鈺命齎勅並文綺、綵幣，歸賜尚思達王及妃。勅曰：

> 國家一視同仁，無間遠邇。況於謹修職貢之國，尤所當厚。爾琉球，於中國，為東藩，世修職貢，逾久益勤。今王遣使亞間美等奉表及進方物，禮意勤至。朕承列聖嗣，登大寶，期與四海同樂雍熙。王能篤於事大，良足嘉尚。使還，特賜王及妃綵幣，以答誠意。
>
> 王其欽崇天道，仁恤生民，永固藩屏，以副朕懷。故諭。〔註61〕

此年，尚金福又遣使察都等入貢。同年，第三次派遣通事李敬等入貢，並想在此時上呈尚思達訃告。

琉球使此次的主要目的不是為了入貢，而是要求「自備工料」在福建造海船。禮部議奏：「今福建地方被賊亂，人民艱窘。宜令其候本國進貢通事李敬等回日，附載歸國。」〔註62〕景帝從之。

1452 年，尚金福表稱王叔，遣使入貢。是年明代宗朱祁鈺遣左給事中陳謨為冊封使，董守宏為副使，持敕赴琉球國冊封，並賜予禮物。翌年尚金福遣謝恩使入明朝謝恩。其在位期間，以明朝人懷機為攝政，並在那霸港與沖繩本島的安里川側之間建築了長為 1000 米的堤道。1453 年，尚金福逝世，在位僅 4 年，終年 56 歲。

尚金福死後，獨子尚志魯襲位，尚金福之弟尚布里不服，發兵進攻首里城。戰亂中歷代中山王所藏冊封詔書、印信、賜品大多散失，尚志魯亦死於戰亂。諸臣遂推尚巴志之子越來王子尚泰久為王。

4. 尚泰久王

尚泰久（1415～1460 年），是尚巴志之幼子，尚金福之弟，尚巴志在位期間，受封於越來，故被稱為「越來王子」。1453 年（景泰四年）中山王尚金福去世，其子尚志魯與其弟尚布里圍繞王位的爭奪爆發戰亂，雙方在首里城激戰。戰爭中首里城被焚毀，尚志魯戰死，史稱「志魯布里之亂」。戰後，尚泰久被群臣擁戴為王，於 1454 年即位。

尚泰久即位後，即以王弟身份遣使入明朝，奏報國中變亂，請求重新賜予國王之印（原印在首里城戰亂中遺失）並冊封。景帝命禮部給之。由是，尚泰

〔註61〕《中山世譜》卷五尚金福王。
〔註62〕《中山世譜》卷五尚金福王。

久自稱「琉球國掌國事王弟尚泰久」,而遣使奉表入貢。景帝命使者齎勅及綵幣,歸賜王弟尚泰久。

1455 年,尚泰久兩度遣使奉表入貢。時王姪尚伯禮等具呈,乞於蘇州收買綵幣及釘麻等物,修葺海船。禮部恐其擾民,不從。景帝曰:「琉球素遵王化,與他國不同。」特許之。且命給事中李秉彝、(一曰嚴誠,未知孰是)行人劉儉為冊封正副使。

1456 年,尚泰久又遣使奉表入貢。景帝遣正使李秉彝、副使劉儉齎勅至國,諭祭故王尚金福,封王弟尚泰久為中山王,並賜王及妃冠服、綵幣等物。詔曰:

> 帝王主宰天下,恒一視而同仁。藩屏表率國中,或同氣以相嗣。
> 朕躬膺天命,撫馭諸侯。琉球國王尚金福既薨,其弟尚泰久性質英
> 厚,國眾歸心。茲特遣使齎勅,封為琉球國中山王。凡彼國中遠近
> 臣庶,宜悉心輔翼,罔或乖違。長堅忠順之心,永享太平之福。故
> 茲詔示,咸使聞知。〔註63〕

勅曰:

> 爾自先世,恪守藩維。傳及爾兄,益隆繼述。敬天事上,久而
> 愈虔。屬茲薨逝,軫於朕懷。爾乃王弟,宜紹國封。特遣使齎詔,
> 封爾為琉球國中山王,並賜爾及妃冠服、綵幣等物。爾尚砥礪臣節,
> 懷撫國人。欽哉。〔註64〕

尚泰久王於 1454 年至 1460 年在位。神號那之志與茂伊,又稱大世主。此年,王遣使奉表貢方物,謝襲封恩;又別遣使入貢。英宗復位,改元天順。(正統十四年,英宗退位。是年依舊復位,故改元。)

1456 年,日本僧人承琥至琉球傳教,深受尚泰久王寵信。建廣嚴寺、普門寺、天龍寺,命承琥為住持。此後,各地寺院紛紛建立,國內崇佛重僧之風日盛。琉球國崇尚佛法之風即由此起,故有後人將尚泰久比作篤佞佛法之梁武帝。這一時期,海外貿易興隆。1458 年,鑄造了著名的「萬國津梁鐘」,懸掛於首里城正殿。

1458 年,尚泰久鎮壓了護佐丸阿麻和利之亂。護佐丸盛春,唐名毛國鼎,中城按司。跟隨尚巴志統一三山,有智將之稱;又以善於築城著稱。為了牽制

〔註63〕《中山世譜》卷五尚泰久王。
〔註64〕《中山世譜》卷五尚泰久王。

跋扈的勝連按司阿麻和利，中山王以護佐丸築中城城鎮守。護佐丸掌握著對海外貿易，鎮守堅城，操練兵馬。其女又是尚泰久之妃，一時權傾朝野。為此，阿麻和利十分嫉恨，向尚泰久誣告護佐丸聚集兵馬，圖謀反亂。尚泰久信以為真，急發大軍進圍中城，迫使護佐丸自殺。護佐丸亡後，阿麻和利開始密謀奪取中山王位。但被其妻、王女百度踏楊所獲知，急趨首里城告密。阿麻和利聞知計劃外泄，立即起兵圍攻首里城，被城兵和各地馳援兵馬所擊，敗走勝連城。尚泰久命大城攻勝連城，阿麻和利固守城池負隅頑抗，大城再發兵數路急攻，阿麻和利敗死。護佐丸阿麻和利之亂，實際上是權臣間的爭鬥，雖然以競爭雙方的兩敗俱傷而告終，但卻反映了地方按司實力發展到了可以反抗首里城中央的地步。

1460 年（天順四年），尚泰久病逝，終年 46 歲，其子尚德於 1461 年繼位。

5. 尚德王

尚德（1441～1469 年），是尚泰久第三子，亦是第一尚氏王朝的最後一位國王。

1461 年，尚德繼位以後，遣使汪察等人向大明奉表貢馬及方物，但沒有將尚泰久王去世的消息報告給大明。

1462 年，先派遣程鵬等奉表貢方物，但也未以訃聞於中朝。此年，尚德以「世子」之名又遣使入貢，並以尚泰久王訃告。由是英宗命史科右給事中潘榮、行人司行人蔡哲為冊封正副使赴琉球冊封新君。

1463 年，大明正使潘榮、副使蔡哲持詔到達琉球，諭祭故王尚泰久，封世子尚德為中山王。仍賜王及妃皮弁、冠服、綵幣等物。詔曰：

> 朕紹帝王之統，纘祖宗之緒，主宰天下，一視同仁；撫馭華夷，靡間遐邇。惟爾琉球國，僻居海島，密邇閩中，慕義來庭。受封傳業，蓋有年矣。故國王尚泰久，克篤勤誠，敬天事大，甫餘六載。倏爾告終，先業攸存，可無承繼。其世子尚德，性資仁厚，國眾歸心。茲特遣正使史科右給事中潘榮、副使行人司行人蔡哲齎詔，往封為琉球國中山王，仍賜以皮弁、冠服等件。凡國中官僚士庶，宜同心輔翼，作我外藩。嗚呼！循理謹度，永堅率俾之忠親族，睦鄰。丕冒咸寧之化。故茲詔示，悉使聞知。〔註65〕

是年，尚德王遣王舅王察都、長史梁賓等來南京奉表貢方物並謝襲封恩。

〔註65〕《中山世譜》卷五尚德王。

同年，又遣崇嘉山等入貢。

1465 年，明憲宗登極，改元成化。尚德王遣王弟尚武、長史蔡璟等來南京貢方物，表賀登極。宴賚如例。當時有琉球使臣在福建，開始學造琉球自己的曆法。琉球國自己造因法自此年而始。〔註66〕

1466 年，王遣正議大夫程鵬、長史梁賓等奉表貢馬及方物。宴賚如例。此年，尚德王親自率軍征討奇界。

根據《中山世譜》記載，尚德是個暴虐昏君。「尚德王為人，聰明勇猛，才力過人；知足拒諫，言足飾非；放辟邪侈，略無忌憚。群臣畏懼而不敢言。但御鎖側官金丸，極言屢諫。」〔註67〕在尚德王時代，敢於向尚德直言其過失的就只有金丸一人。

金丸是尚泰久時代的重臣，出身於平民，但頗有勇謀，自尚思達時代就出仕尚氏，深受尚泰久信賴，大小政務，無不與之磋商然後實行。尚泰久病逝後，金丸一如既往地輔助尚氏，數次指出尚德的失政。然尚德置若罔聞，最後君臣兩人分道揚鑣，金丸在大約公元 1469 年隱居到自己的領地上。

1466 年，尚德親征奇界島（喜界島），率兵 2000 人，動用了五十多條軍船遠征，與當地軍民在岸邊對峙，島兵築寨拒守，兩軍相持數日。後尚德分兵佯作從島後面進攻，前後合擊擊潰島兵，戰事歷時將近一個月。尚德凱旋途經安里村，在此修築寺廟神德寺，以紀念戰功業績。

是年，王命輔臣創建大寶殿於天界寺〔註68〕。先是，景泰年間，尚泰久王新建天界寺。由是尚王續父王之志，加建大寶殿，以祈雍熙之治。又鑄巨鐘，掛於天界寺，至今尚存。

1467 年，尚德王遣長史蔡璟等來南京奉表貢方物。是年，尚德還遣使往朝鮮，呈進鸚鵡、孔雀等物。使者回曰：「朝鮮王李琛，仍以方冊藏經，亦託使者帶回進王。」〔註69〕尚德大喜，以為護國之寶。

1468 年，尚德王遣正議大夫程鵬等奉表入貢。是年，尚德王又遣長史蔡

〔註66〕但年久世遠，不免有誤。故康熙六年丁未，楊春枝奉命入閩，復學曆法。
〔註67〕《中山世譜》卷五尚德王。
〔註68〕天界寺與若圓覺寺、天王寺首里的三大寺。根據《琉球事略》（桂山義樹都）的記載，天界寺位於中山王城首里。根據記載，首里周回三、四里；有馬道，無雉堞。由萬松嶺東上數里許，衢道修廣，有坊，牓曰「中山道」。南有安國寺，對街為世子第。中路砌石為大墩，內植鳳蕉一叢。更進，又一坊，牓曰「守禮之邦」（用萬曆中制詞語）。道左，有天界寺；寺西南，為王塋。
〔註69〕《中山世譜》卷五尚德王。

璟等奉表入貢。尚德王還命輔臣鑄巨鐘，懸于相國寺，此寺今已不存。

尚德王在位期間，琉球國還相繼征服了馬齒山（慶良間島）、古米（久米島）等島的按司勢力。期間尚德還曾向滿喇加（馬六甲）派遣使者，開始了與滿喇加的貿易，擴大了琉球的海外市場。從北至日本和朝鮮，南至滿喇加和暹羅（泰國），琉球成為了與中國交易的主要中轉地，開創了琉球大航海貿易的時代。

遠征之後的 1469 年（成化五年），琉球發生內亂，尚德病逝，第一尚氏王朝滅亡，當時尚德年僅 29 歲。尚德有一獨子，三司官欲立之繼承王統，但被群臣所殺，轉而擁立金丸為王，第一尚氏王朝到尚德一代壽終正寢。

小結

綜觀第一尚氏諸王，尚思紹父子艱難創業，後世諸王，雖然沒有乃祖之遺風，但除了尚德朝外，大都未曾施暴於民。在尚德統治時期，琉球國力變得強大，對周邊進行了擴張，相繼征服了慶良間島及久米島；還向馬六甲派遣使者，開始了與馬六甲的海上貿易。此時期，琉球以與大明的朝貢貿易為基礎，擴大了海外市場，北至日本，西至朝鮮及大明，南到馬六甲和泰國，琉球成為東亞貿易的中轉地，開創了作為「萬國津梁」的大航海貿易新時代。

第五章　第二尚氏王朝前期

　　進入十五世紀，隨著東亞和東南亞各國經濟的發展，海上貿易開始活躍起來，琉球憑藉地理位置的優勢，成為中、日、朝三國及南洋各國海上貿易樞紐。明朝對琉球的朝貢貿易有許多的優惠政策，這是琉球海外貿易發展的前提與基礎。由於沒有次數的限制，琉球多是一年一貢甚至一年兩貢。大明不但賜給琉球三十六姓人幫助琉球造船，還賜給琉球海船幫助其發展海上貿易，故而至尚德統治時期，琉球的經濟得到很大的發展。但尚德崇尚武功，向外征戰，對內橫徵暴斂，群臣怨懷心裏。在其死後，眾臣因其昏庸無道，遂殺死世子，讓德高望重的金丸繼位，改名尚圓，並以世子身份嚮明朝報喪。明朝繼派冊封使赴琉球，封世子為琉球王，史稱「第二尚氏王朝」。

一、尚圓王

1. 尚圓王

　　尚圓（1415～1476年）是琉球國第二尚氏王朝的開創者，1470年至1476年（成化六年至成化十二年）在位，即位前原名金丸。

　　金丸出生於琉球國的伊是名島，《中山世譜》稱他「生而有賢德，輔父為耕」。1434年（宣德九年），金丸年二十歲。父母俱喪，時弟宣威五歲。金丸憂苦，以農為業。每遇天旱，民田皆涸，金丸之田，獨有水漫漫。人皆疑，為盜水，常與金丸不睦，或將害之。金丸無言可辨。

　　1438年（正統三年），歲二十四。竟棄田園，自攜妻弟，涉海至於國頭。既居數年，亦如此。金丸盡心待之，終不見容。

　　1441年（正統六年）辛酉，歲二十七。又攜妻弟，始至首里，託身於王叔

尚泰久。（時泰久為越來王子）尚泰久見其舉動大異常人，薦之於王，（尚思達王之世）始為家來赤頭。他為官勤勤懇懇，深受同僚尊敬。

1454 年（景泰五年），尚泰久任命他為內間領主，據《中山世譜》記載，「僅歷一年，百姓大服，名聞於世」〔註1〕。

1459 年（天順三年），45 歲的金丸升任御物城御鎖側官，深得尚泰久寵信。「敬以事君，信以使人，賞罰當理，言行足法。那霸四邑，受其教化。及海外諸島，莫不感服。王素信之，凡有政事，必召金丸相議。」〔註2〕

1460 年，尚泰久去世，世子尚德即位。尚德昏庸無道、剛愎自用，廢朝綱壞法典。金丸屢次犯顏進諫，尚德王皆不聽，甚至出言辱罵，令這位自先王以來德高望重的老臣倍感難堪。54 歲那年，失意的金丸黯然隱居在內間的領地，蟄伏以待時機。

1469 年，尚德死去。當時法司欲立世子，仍遵典例。集群臣於闕庭，說知此事。群臣皆畏法司權勢，默而不言。忽有一人老臣，鶴髮如雪，挺身出班，高聲言曰：「國家乃萬姓之國家，非一人之國家也。吾觀先王尚德之所為，暴虐無道，不念祖宗之功德，不顧臣民之艱苦，廢朝綱，壞典法，妄殺良民，擅誅賢臣。國人胥怨，天變累加，自招滅亡。此天之所救萬民也。幸今御鎖側官金丸，寬仁大度。更兼恩德布於四境，足為民父母。此亦天之所生我君也。宜乘此時，廢世子，立金丸，以順天人之望，何不可之有？」〔註3〕於是群臣奮而殺死世子，遣人前往內間迎立金丸。

既而群臣捧鳳輦、龍衣，前至內間迎接。金丸大驚曰：「以臣奪君忠耶？以下叛上義耶？爾等宜歸首里，而擇貴族賢德之人為君。」〔註4〕言畢，淚流如雨，固辭不起。又避隱於海岸。群臣追從，極言力請。金丸不得已，仰天大歎。竟脫野服，著龍衣，至首里，踐大位，而中山開萬世王統之基。後名其岸曰「脫衣岩」。

1470 年金丸即位，改名尚圓，並於 1471 年以世子身份嚮明朝報喪。明朝即派冊封使赴琉球封之為王，史稱「第二尚氏王朝」。

尚圓王踐行大位以後，除前虐政，改定善法；以寬治民，以仁施政。於是

〔註1〕《中山世譜》卷六尚圓王。
〔註2〕《中山世譜》卷六尚圓王。
〔註3〕《中山世譜》卷六尚圓王。
〔註4〕《中山世譜》卷六尚圓王。

先朝遁隱之士，歡欣願仕；君子進，小人退；風俗雍變，百姓樂業。且遵巴志王之制，遣大臣監守山北，以致升平之盛。

是年，尚圓王派遣正議大夫程鵬等奉表赴南京貢方物。但此次琉球使節私帶貨物，在福建上岸後被查收，福建按察司奏言：「琉球貢使程鵬至福州，與委官指揮劉玉私通貨賄，俱應究治。」〔註5〕憲宗宥之，宴賚如例。但琉球未將尚德王去世的消息報告給大明朝。

1471 年，尚圓派遣長史蔡璟、使者吳司馬、益周間、宋璧、（三員）通事梁應等，奉表貢方物；並以尚德王訃告於朝，兼請襲爵。明憲宗朱見深命戶科都給事中丘弘、行人司行人韓文為冊封正副使。由於丘弘行至山東時病卒，改命兵科給事中官榮。

此次琉球進貢使又出現問題。蔡璟穿織金蟒羅的錦衣，這種制式的衣物，只有皇家才可使用，故被刑部鞫之，蔡璟等固稱是國王受賜於先朝者。憲宗命禮部稽舊籍有無，禮部曰無，遂沒入內庫，仍勅諭國王知之。

1472 年，尚圓又派遣長史梁應等貢馬及方物。憲宗宴賚如例。時福建三司官奏稱：「琉球國人，先因進貢，潛居內地，遂成家業，年久不還。應盡遣之。」〔註6〕憲宗命禮部議。禮部奏曰：「其人若承戶部勘合，許入籍者，依舊令居。其餘如請。」〔註7〕憲宗從之。

由於憲宗所派冊封正使丘弘行至山東時病逝，又改成官榮，故次年才到達琉球，諭祭故王尚德，封尚圓為琉球國中山王，仍賜王及妃冠服、綵幣等物。勅曰：

> 惟爾克世，撫有海邦，臣事皇明，克篤忠敬。乃父尚德，紹襲王封，曾未數年，遽焉薨逝。爾為家嗣，式克象賢，宜承爵命，統其國人。茲特遣正使給事中官榮、副使行人韓文齎詔，封爾為琉球國中山王；並賜爾及妃冠服、綵幣等物。爾宜永堅臣節，益順天心；常懷事大之誠，用廣承先之志。欽哉！故諭。〔註8〕

是年秋天，尚圓王遣王舅武實、正議大夫程鵬、長史李榮、使者明泰、通事蔡璋等，奉表貢方物，謝襲封恩。此次琉球人又在福建殺人劫財。

〔註5〕《中山世譜》卷六尚圓王。
〔註6〕《中山世譜》卷六尚圓王。
〔註7〕《中山世譜》卷六尚圓王。
〔註8〕《中山世譜》卷六尚圓王。

琉球的使者在福建接連發生殺人搶劫之事，且在琉球貢使及隨從到達福建之後，福建官員要進行接待和食物的供應，期間不斷地出現越軌行為，因此福建方面不斷有上奏彈劾，引起了明朝政府對琉球國朝貢制度的檢討。禮部為此上奏：「琉球每年入貢，故生奸弊。乞命二年一貢。」〔註9〕憲宗令程鵬等齎勅，諭王追究惡徒，依法懲治；並定例二年一貢：

> 王使朝貢，依例賞賜遣還。近福建鎮守官奏，通事蔡璋等還次福州，殺人劫財，非法殊甚！今因使臣還，特降敕，諭至，宜問璋等故縱其下之罪，追究惡徒，依法懲治。自後定例二年一貢，只許百人，多過加五人。附正貢外，不得私附貨物，並途次騷擾，有累國王忠順之意，其省之！〔註10〕

此後，琉球二年一貢，還不得附帶貨物，這兩項對於琉球國方面至為不利。琉球不惜冒險頻繁來華，其主要的誘因在於獲得中國王室豐厚的賞賜，並藉此機會以與中國貿易謀取利益，所以貢使來華之時，除載有貢品之外，還攜帶大量其他貨物。朝貢船到達福建之後，又有較長逗留時間，可以從容地賣出其貨物，將其需要的貨物買入帶回。帶回的貨物再賣給民間，或轉售於日本等鄰國。故琉球與中國密切往來，為琉球國王生財之道，那霸的商業繁榮也以此為基礎。憲宗的「兩年一貢」的限制，無疑帶給琉球國以重大的打擊。

1473年，尚圓王遣長史蔡璟、使者沈滿志、闇那益、沙美倪始等來南京謝罪並貢方物。宴賚如例。

1474年，尚圓王遣正議大夫程鵬、長史李榮、使者泰羅等貢方物，附奏：「乞如常例，歲一朝貢。」沒有得到明朝的許可。

尚圓即王位後，去除先王的苛政，恢復尚巴志時代的德政，同時繼續利用與大明的朝貢貿易來獲得資本。但由於此間的琉球來使隨人接連出現問題，中琉之間的關係實際上比朝鮮與安南的疏遠。1475年時會憲宗立皇太子，琉球遣梁應正好來京謝恩貢方物。梁應因乞如朝鮮、安南例，賜勅齎回。禮部奏：「琉球、日本、占城，皆海外國，例不頒詔。」憲宗曰：「琉球遵化已久，特命降勅，並以錦幣。」令梁應等齎回，賜王及妃。

尚圓在位期間還建立了天王寺、龍福寺和崇元寺，並與明朝確定了二年一貢的朝貢制度。崇元寺是琉球國王廟的一部分。根據《中山世譜》的記載，尚

〔註9〕《中山世譜》卷六尚圓王。
〔註10〕轉引自《琉球與中國》，中正書局，1948年，第81～82頁。

圓王在位時，於泊村東南之間創建中山國王廟，而廟側建寺，名崇元。其制與家廟大異：會冊封之時，則諭祭之禮，有行於此廟，實非私廟之所較也。故是廟也，自舜天而下，惟即位者，必奉安此廟。而春秋二仲，以中華之禮祭之，著為定規。

1476 年，在位 7 年的尚圓逝世，享年 62 歲，其弟尚宣威繼位。

二、尚真王時期

1. 尚宣威

尚宣威（1430～1477 年），尚圓的胞弟，1477 年在位（僅六個月）。據《中山世譜》記載，尚宣威 5 歲時父母雙亡，由其兄尚圓（金丸）養育；9 歲時隨兄至首里。1453 年（明景泰四年）升家來赤頭。1463 年（天順七年）升黃冠。1470 年（成化六年），因其兄尚圓成為國王，尚宣威以王弟的身份得到越來間切的領地，稱越來王子。尚圓去世後，由於當時世子尚真年幼，群臣遂奉王弟尚宣威登位。1477 年，尚宣威託以神命，禪位於尚真，自己則退隱於越來，同年 8 月病逝。

2. 尚真王

尚真（1465～1527 年），第二尚氏王朝第一代國王尚圓之子，1477 年至1526 年（成化十三年至嘉靖五年）在位。尚圓死後，眾大臣因為尚真幼弱，就擁立尚圓之弟尚宣威為王，尚真坐其側。1477 年，年僅 12 歲的尚真接受叔父尚宣威的禪位登上王位。

是年秋天，王世子尚真，遣長史梁應、使者吳是佳、通事梁德等赴京，第二年到達南京。琉球使節向大明報告了尚圓王去世的消息，並請襲封，同時附奏乞按舊例，一年一貢。大明禮部議不可。

1479 年，世子尚真遣長史李榮等，奉表貢方物，並迎接大明朝給予琉球的海船。憲宗賜宴及衣幣如常例，仍遣正使兵科給事中董旻、副使行人司右司副張祥賚勅至國，諭祭故王尚圓，封尚真為中山王及「忠順可嘉」四字匾額；並賜王及妃皮弁、冠服、金鑲犀帶、綵幣等物。勅曰：

> 惟爾先世繼承王封，事我皇明忠敬彌篤。乃父尚圓，自襲王爵，
> 効職良勤。胡不永年，遽焉薨逝。爾為家副，國人歸心；夙克象賢，
> 宜膺爵命。茲持遣兵科給事中董旻、行人司右司副張祥齎詔，封爾
> 為琉球國中山王，並賜爾及妃冠服綵幣等物。爾宜儉以修身，懋勤

保境安民之道；敬以養德，篤堅順夫事大之心，作鎮海邦。欽哉。

故諭。〔註11〕

詔曰：

> 惟我皇明，膺天成命；君主華夷，德化誕敷，無間遠邇。爾琉
> 球國世居海濱，密邇聲教；慕義稱藩，蓋有年矣。故國王尚圓，敬
> 天事大，保境安民；職貢歲修，禮意無忒。方隆屏翰之托，豈意計
> 音來聞遠臣云薨，良用悽愴。封建常典，在所舉行。其世子尚真，
> 稟性純篤，素得國人之心；奉表請封，實謹藩臣之禮。茲持遣正使
> 兵科給事中董旻、副使行人司右司副張祥齎詔，往封為琉球國中山
> 王，仍賜以皮弁冠服等物。凡國中官僚耆舊，尚宜同心翼贊，協力
> 匡扶；禮度無踰，先猷懋纘。庶撫一方於寧謐，共享多福於久長。
>
> 故茲詔示，爾宜知悉。〔註12〕

是年秋天，尚真王遣王舅馬怡世、正議大夫程鵬、長史蔡曦等奉表獻方物，謝襲封恩；並附奏要求一年一貢，曰：「臣伏讀祖訓條章，許臣國不時朝貢。故自臣祖父以來，皆一年一貢。邇年，舊巡撫福建大臣，以臣國使有違法窺利者，令臣二年一貢，此誠臣之罪也。然臣祖宗所以殷勤効貢者，實欲依中華眷顧之恩，杜他國窺伺之患。乞如舊制，令臣一年一貢，以保海邦。」〔註13〕憲宗不許。

1480年，王舅馬怡世回國之日，憲宗仍賜王勅以諭之。勅曰：「曩因爾國使臣入貢，往往假饋送為名，污我中國臣工，其實以為己利；又不能箝束儌從，以致殺人縱火、強劫民財；又私造違禁衣服，俱有顯跡。故定為二年一貢之例。朝廷富有萬方，豈為爾小國而裁省冗費哉！此例既定，難再紛更，特茲省諭王其審之。故諭。」〔註14〕

1481年，尚真王又派遣正議大夫梁應、長史蔡曦、使者泰那等奉表貢馬及方物；並乞以陪臣子蔡賓等五人於南京國子監讀書。憲宗曰：「海南遠人，嚮慕文教，朕甚嘉之。令有司如舊制，歲給衣服廩饌，母令失所，俾通知中國禮儀，永遵王化。」禮部奏曰：「琉球國進貢舊制：到京，少則四五十人，多

〔註11〕 《中山世譜》卷六尚真王。
〔註12〕 《中山世譜》卷六尚真王。
〔註13〕 《中山世譜》卷六尚真王。
〔註14〕 《中山世譜》卷六尚真王。

則六七十人，俱給賞有差。爾因各國進貢，率多奸弊，每國止許五七人，不過十五人到京，余俱留邊以俟命。今該國使臣，止容正議大夫梁應等十五人赴京，照例給賞，其餘六七十人俱留邊。宜勅布政司發官帑，以次均給，庶不至甚失柔遠之意。」憲宗從之。

時梁應等又上疏，以不時進貢為請。禮部又奏：「琉球其意，實假進貢以規市販之利。宜勿聽。」憲宗令梁應等領勅歸諭王。勅曰：

　　朝廷定爾國二年一貢，已具前勅。臣之事君，遵君之勅可也。

　　屢違勅奏擾可乎？所以固拒者，非為惜費。蓋二年一貢，正合中制。

　　朕恤小之意，實在此。王其欽遵，毋事紛更。故諭。〔註15〕

1483 年，尚真王遣正議大夫程鵬、長史蔡璋等貢馬及方物，並請求大明允許其在福建修船，「永樂年間所賜海船破壞已盡，止存其三。乞自備物料，於福建補造。」〔註16〕禮部議許造其一。

1485 年秋天，尚真王派遣長史蔡曦等貢馬及方物。時官生蔡賓等在監肄業已五年，王諮禮部，請放回省親。憲宗曰：「昔陽城在太學，諸生三年不歸者，斥之。矧賓等遠人，豈可長留不遣乎？」竟命放歸，以遂定省之私。

1486 年秋天，尚真王又遣王舅馬審禮、長史鄭玖等，貢方物謝恩。時會憲宗既崩，孝宗登極已四月矣。孝宗賜馬審禮等，冠帶衣幣有差。仍命領詔並錦幣賜王及妃。

明弘治元年戊申，孝宗登極，改元弘治。

1489 年秋天，尚真王派遣馬仁、通事蔡實等進大行皇帝香；另外，派遣王舅麻勃都、正議大夫梁德等至京貢方物，表賀孝宗朱祐樘登極。麻勃都其呈言：「本國來貢人員，近止許十五人赴京。物多人少，恐致疏失。」又言：「本國貢船抵岸。所在有司，止給口糧百五十名，其餘多未得給。」孝宗命來京許增五人，增口糧二十名，著為例。時有松氏比屋勢頭者，始學煙花藥法。琉球的煙花戲自此而始。

1491 年、1493 年、1495 年、1497 年、1499 年，尚真王都遣使來南京貢方物。

1501 年秋，尚真王遣正義大夫程璉、長史梁能等貢方物；奏請於福建補造海船，以便往回。孝宗許之，賜賚如例。1503 年，尚真王遣吳詩等往滿喇加

〔註15〕《中山世譜》卷六尚真王。
〔註16〕《中山世譜》卷六尚真王。

國，收買貢物，遇風漂至廣東，舟覆上岸。孝宗命送吳詩等至福建，給糧贍養，候本國貢使歸之。

1504年甲子秋，王遣正議大夫程璉、鄭玖、長史梁能、蔡賓等，具奏言：「前使遇風未回，致失二年一貢之期。仍以補貢納之。」〔註17〕時會孝宗崩，武宗登極。命行人左輔，頒詔至國。

1505年（明正德元年），武宗登極，改元正德。是年秋，尚真王派遣王舅亞嘉尼施、長史蔡賓等貢馬及方物，並表賀登極。1506年到達南京。琉球使趁機向大明奏乞每歲一貢。武宗朱厚照認為：「琉球久守節義，特許定一年一貢。」〔註18〕

此後，每年琉球都派使來貢：

二年丁卯秋，王遣正議大夫程璉、長史蔡栢等貢方物謝恩。

三年戊辰秋，王遣正議大夫梁能、長史蔡遷等貢方物。宴賚如例。

四年己巳秋，王遣正議大夫程璉、長史陳義等貢方物，並請以官生蔡進等五人入監讀書。武宗許送南監，仍給衣廩等物如例。

五年庚午秋，王遣正議大夫梁能、長史蔡遷、使者佳馬度等貢方物。宴賚如例。

六年辛未秋，王遣正議大夫梁寬、長史陳義、使者鴉麻度等貢方物。宴賚如例。

七年壬申秋，王遣長史蔡遷等貢方物。宴賚如例。

八年癸酉秋，王遣正議大夫梁能等貢方物。宴賚如例。

九年甲戌秋，王遣長史陳義等貢方物。宴賚如例。

十年乙亥秋，王遣正議大夫梁龍、使者麻佳尼等貢方物。宴賚如例。

十一丙子秋，王遣正議大夫陳義、使者馬參魯等貢方物。宴賚如例。

十二年丁丑秋，王遣長史蔡遷、使者馬加尼等貢方物。宴賚如例。

十三年戊寅秋，王遣使者麻美子、馬五喇、通事高義等貢方物。

〔註17〕《中山世譜》卷六尚真王。
〔註18〕《中山世譜》卷六尚真王。

宴賚如例。

　　十四年己卯秋，王遣使者馬勃度、通事鄭昊等貢方物。宴賚如例。

　　十五年庚辰秋，王遣長史金良等貢方物。宴賚如例。

　　十六年辛巳秋，王遣使者椰馬度都、通事蔡樟等貢方物。宴賚如例。〔註19〕

　　1522 年明嘉靖元年壬午，明世宗朱厚熜登極，改元嘉靖。琉球王遣王舅達魯加尼等進武宗香；並貢方物，表賀登極。世宗賜王及妃錦幣等物。仍命禮部，遵先朝舊制，二年一貢，每船百五十人為限。

　　1523 年癸未秋，王遣正議大夫鄭繩、長史金良等貢方物謝恩。往抵洋中，遇風分散。金良先至，具呈言：「正議大夫鄭繩，領謝恩方物渡海，風漂未至，而表文在此，請得先進。」〔註20〕世宗許之。鄭繩漂回，舟敗，人皆上岸。

　　1524 年，王仍遣鄭繩補進方物。福建守臣以聞，世宗命就彼中宴賚如例，遣還方物。時王遣官生蔡廷美、鄭富、梁梓、蔡浩至閩，請就國子監讀書。福建守臣以聞。留二年，而後就監。世宗令禮部照例給廩米薪炭，及冬夏衣服。

　　1525 年秋天，王遣長史金良等貢方物。宴賚如例。

　　1526 年十二月十一日薨。在位五十年，壽六十二。葬於玉陵。

　　《中山世譜》載尚真「王仁厚英明，進賢用能。百度悉舉，大致升平」。在琉球王位時期勤於政務，極大地推動了琉球的經濟社會發展。

　　首先，始改舊制加強中山王的集權。尚真將各地按司安置在首里城居住，使得他們遠離各自的領地，弱化其在地方的統治基礎，便於中央控制。在尚真之前的數代國王之時，三山一統之前遺留下來的各地按司就已經與首里城王權有摩擦。而歷經「護佐丸之亂」、「尚圓政變」之後，尚真更看到按司制度造成的各地領主擁兵自重、威脅王室的弊端。於是，尚真在位積極推行「削藩」政策，同時為了免除按司離開後造成地方的行政混亂，由首里城派遣代官一員，管理各地。而對山北，則繼續以宗室駐守，與首里城成犄角之勢。此外，尚真又厲行尚巴志時代曾經推行的「銷兵政策」，沒收各地居民之弓箭、刀具等武器，將之收歸國有，以作護國之用。但這一政策也使琉球尚武之風退化，整個國家戰鬥力下降，及至日本薩摩入侵之時難以應戰，最後慘敗。

〔註19〕《中山世譜》卷六尚真王。

〔註20〕《中山世譜》卷六尚真王。

其次，以服飾表示身份高低，並定大小朝儀之禮。琉球官員的官職品級、衣冠品位，略仿中國，分為正從九等。「百僚分職，群臣授官，簪以金銀，冠以黃赤」，從中央到地方形成了上下身份等級制度，根據中國明代之制，確定琉球的朝儀順序。「三跪九叩禮畢，始登殿受百官賀」，禮如明制。

第三，劃定了「琉球三十六島」的疆域，訂立稅制。尚真王在位期間，不斷進行對外擴張。1500 年發兵出征八重山，1506 年又相繼征服了久米島按司勢力和具志川按司勢力，在 1522 年鎮壓「鬼虎之亂」，征服與那國島。此後琉球國的統治勢力擴張至宮古島、八重山群島，基本確定了琉球南部的版圖，其勢力從本島擴張到離島，基本完成了琉球的統一，建立起全盛之版圖。

第四，利用神權鞏固政權。尚真將神權也納入尚氏王朝的統治範圍——以尚真之妹音智殿茂金為女巫聞得太君，如此就可以根據自己的意願，借神靈之口傳達，以控制神靈信仰十分堅定的諸臣。

第五，廢除了殘酷野蠻的人殉制度。

通過一系列的強化中央集權的措施，首里城的王權達到了空前的鞏固，中山王牢牢掌握了各項權力，琉球王國體制自此正式確立。由此可見，尚真對琉球政治的貢獻很大，這也為此後數十年琉球的文化發展提供了安定的環境。

尚真統治的十五年被認為是琉球歷史上最強盛的時期，確立了琉球的官員品秩、朝儀制度、神官制度、賦稅制度、行政劃分，擴建了首里城，廢除了殉葬習俗等等，加強了中央集權，此後琉球進入穩定發展的時期。他還積極發展海外貿易。此時期，琉球與李氏朝鮮的往來開始頻繁，琉球從朝鮮進口佛教典籍、青銅、虎皮等物，出口胡椒、硫磺，與明朝貿易遵照上代二年一貢之制（正德間一度恢復一年一貢，嘉靖初罷），對日本、東南亞則一如既往地充當中轉者，轉運東南亞的香料、象牙等物。伴隨著貿易往來繁盛，大量文化也開始輸入琉球，瓷器、樂器等技術不斷傳入，琉球的商船來往中國、日本以及東南亞各地，成為各國聯繫的樞紐，所以琉球人自豪地自稱為萬國之津梁。

三、尚清王、尚元王

1. 尚清王

尚清（1497～1555 年）是尚真的第五子，1527 年至 1555 年在位。1526 年 12 月 11 日，其父王尚真去世後，於翌年即位。

　　1527 年秋，尚清以「世子」之名派遣正議大夫鄭繩等奉表進貢，並請襲封。但鄭繩等在海上遇強風溺死。

　　1529 年秋，尚清又派遣長史蔡瀚、使者馬吾喇等奉表入貢，再申前請。禮部以襲封重典，命福建鎮巡官查訪申報。蔡瀚又請許官生蔡廷美等四人歸國婚娶。

　　1531 年辛卯秋，遣正議大夫金良、長史蔡瀚等奉表貢方物；並賷國中人民結狀，復請襲封。世宗命吏科左給事中陳侃〔註21〕、行人司行人高澄為冊封正副使。

　　1533 年秋，尚清又遣正議大夫梁椿、使者馬吾喇等奉表貢方物。

　　1534 年夏，世宗派出所遣正副使陳侃、高澄賷詔至國，諭祭故王尚真，封世子尚清為中山王。詔曰：

> 　　朕恭膺天命，為天下君。凡推行乎庶政，必斟酌夫古禮。其於錫爵之典，未嘗以海內外，而有間焉。爾琉球國，遠在海濱，久被聲教。故國王尚真，夙紹顯封，已踰四紀。茲聞薨逝，屬國請封。世子尚清，德惟克類，眾心所歸，宜承國統。朕篤念懷柔之義，用嘉敬順之誠。特遣使賷詔，封爾為琉球國中山王，仍賜以皮弁、冠服等物。王宜慎乃初服，益篤忠勤，有光前烈。國中耆俊臣僚，其同寅翼贊，協力匡扶。尚殫事上之心，恪盡臣藩之節；保守海邦，永底寧謐。〔註22〕

勅曰：

> 　　惟爾世守海邦，繼膺王爵，敬順天道，世事皇明。爾父尚真，自襲封以來，恭勤匪懈。比者薨逝，良用悼傷。爾以家嗣，國人歸心，理宜承襲。茲特遣使，封爾為琉球國中山王，並賜爾及妃冠服、綵幣等物。爾宜祇承君命，克紹先業；修職承化，保境安民，以稱朕柔遠之意。〔註23〕

〔註21〕陳侃，字應和，浙江省鄞縣人，弘治二年（1489）生，嘉靖五年（1526）進士登第，授行人司行人，十一年（1532）升吏科左給事中出使琉球。「因待風坐三月而後行，無所事事，因得訪其山川、風俗、人物、起居之詳，杜撰數言，遂成一錄」，此錄即為傳世的《使琉球錄》。雖然陳侃出使前明朝對琉球已有十次冊封，但均無使錄流傳，故陳侃的《使琉球錄》為首部中國琉球史錄。

〔註22〕《中山世譜》卷七尚清王。

〔註23〕《中山世譜》卷七尚清王。

　　1535 年春天，尚清王遣王舅毛實、長史蔡瀚等貢方物，謝襲封恩。宴賚如例。世宗仍賜王錦幣等物。先是，王以金四十兩饋贈給冊封使陳侃等，陳侃等人固辭不受。後毛實到達南京後，以金奏進，世宗命陳侃等受之。

　　1537 年秋，尚清王遣正議大夫陳賦、長史蔡廷美等貢方物；並進箋、方物，慶賀皇太子。宴賚如例。

　　1538 年秋，尚清王遣長史梁梓等貢馬及方物。時梁梓等奏請：「補造海舟四隻，以便續貢。」禮部以聞，世宗許之。宴賚如例。梁梓等於福州造舟如式。

　　1541 年開春，尚清王遣王舅殷達魯、正議大夫蔡瀚等貢方物，並慶賀。宴賚如例。

　　1542 年，福州人陳貴等通番過海，到達琉球國。陳貴等人與潮陽海船爭利，互相殺傷。長史蔡廷美盡沒其貨物。陳貴等以夜奔，為守臣所捕，並多掩殺。琉球王命令杖打陳貴等七人，遣蔡廷美等至福州，並將之誣為寇賊。巡按御史徐宗魯會同三司官譯審列奏。世宗允部覆治，以通番律。仍命福建守臣啟諭國王：「無輕與中國商民互市。後若不法，即絕其朝貢。」〔註24〕自此而後，中國商船不再駛往琉球，琉球只有與其他諸夷海國交通貿易。

　　1543 年春，尚清王遣正議大夫陳賦等貢馬及方物。宴賚如例。並以禮幣報王。時王奏請，官生梁炫等就學南監，已踰七年，賜歸娶。世宗詔給資糧、驛騎，並遣人護送。

　　1545 年春，尚清王遣長史梁顯等貢方物；並遣都通事蔡朝慶等送還朝鮮漂流人口。宴賚如例。

　　1547 年春，尚清王遣正議大夫陳賦、長史蔡廷會等貢方物。宴賚如例。

　　1549 年春，尚清王遣正議大夫梁顯等貢方物。宴賚如例。

　　1550 年，尚清王遣官生蔡朝用等五人至京，請入監讀書。世宗許之。詔給如例。

　　1551 年秋，尚清王遣正議大夫蔡廷會、長史梁炫等貢方物。宴賚如例。

　　1553 年春，尚清王遣長史梁炫、使者達魯嘉尼等貢方物。宴賚如例。

　　1555 年春，王遣正議大夫梁碩、使者馬忠章等貢方物，具疏言：貢舟至港，其勢必壞，不可涉海。請令碩等買海上民船駕歸。世宗詔福建守臣覆狀聽買，不得過大。梁碩等又請放官生蔡朝用等歸國省親。世宗亦許之，遣人送歸。

――――――――――――――――

〔註24〕《中山世譜》卷七尚清王。

　　1555 本年六月二十五日尚清王去世，在位二十九年，壽五十九，葬於玉陵。《中山世譜》評價他為：「王英明豁達，御下有嚴，為事必果，務精於治。」

　　尚清王在位期間，於 1537 年發兵征大島。奄美大島酋長向尚清報告，誣稱與灣大親欲發動叛亂。尚清發兵前往鎮壓，與灣大親自縊身亡，尚清擄其子糠中城而歸。

　　1544 年，尚清王命加固五城，提門為「繼世」。1547 年，王命法司新建大美殿。1553 年，又在那霸港附近修建屋良座森城，以加強對倭寇的防備。

　　1555 年，59 歲的尚清去世。臨終前遺命三司官毛龍吟、和為美、葛可昌三人輔佐尚元。但尚清死後，和為美、葛可昌突然變心，欲擁立尚鑒心為新王。最後，在毛龍吟的幫助下，尚清王生前指定的繼承人尚元在鬥爭中勝利，並在翌年繼位。

2. 尚元王

　　尚元（1528～1572 年）是尚清的第二子，1556 年至 1572 年在位。1555 年，在位 29 年的尚清逝世，尚元繼為王，並於次年即位。

　　1557 年春天，尚元稱世子，派遣正議大夫蔡廷會、長史蔡朝器、使者尹德美等入貢，兼請襲封；並以本國海疆守臣馬必度所獲中國被掠金坤等六名送還。時廷會等具言：「窮島遠人，須乘南風汛，始得歸國。進貢累重，乞如三十四年例，每歲自買歸舟，不候題請。」〔註25〕世宗嘉其忠順，許之；仍賜敕獎諭，賞銀五十兩、綵幣四表裏。馬必度及蔡廷會等，俱有厚賜。

　　1558 年，世宗命刑科給事中郭汝霖〔註26〕、行人李際春為冊封正副使。但因海寇不時出沒，未及開洋。

　　1559 年秋天，尚元遣正議大夫蔡廷會、長史梁炫等奉表貢方物並謝恩。

〔註25〕《中山世譜》卷七尚元王。

〔註26〕郭汝霖（1510～1580）（一作世霖），字時望，號一厓，江西永豐人。明朝冊封使。嘉靖三十二年（1553 年）進士。授吏科給事中，上平倭十事。奉使封琉球王，饋金不受。官至南太常卿。汝霖著有《石泉山房集》十卷，《四庫總目》傳於世。他出使琉球冊封後於 1562 年完成的述職報告《琉球奉使錄》（重編使琉球錄）。現在研究認為其使錄最大的貢獻就中的明確記載釣魚島不在琉球三十六島之內，不是琉球的固有領土。「閏五月初一日過釣魚嶼，初三日至赤嶼焉。赤嶼者，界琉球地方山也。再一日之風，即可望見姑米山矣。」案：界字，本義為地界、邊界；這裡的界字用為動詞，具有靠近、對著、連接和界定之意。「赤嶼者，界琉球地方山也」，意為赤嶼（即赤尾嶼）乃是對著並連接琉球地方之界山。這是冊使郭汝霖對應前屆冊使陳侃的「古米山乃屬琉球者」之界說最有針對性的說法。

1560 年冬，尚元遣長史梁炫、使者馬加尼等迎接封舟。

1562 年，海氛稍靖，世宗遣冊使郭汝霖、李際春齎詔至國，諭祭故王尚清，封世子尚元為中山王。詔曰：

> 朕受天命，主宰寰宇。凡政命之宣布，惟成憲之是循。其於錫封之典，遞邁均焉。爾琉球國，遠處海陬，聲教漸被，修職效義，閱世已久。故國王尚清，顯荷爵封，粵逾二紀。茲者薨逝，屬國請封世子尚元。朕念象賢，眾心歸附，是宜承紹國統。特遣正使刑科右給事中郭汝霖、副使行人司行人李際春齎詔往封，為琉球國中山王。仍賜以皮弁、冠服等物。王宜謹守禮度，益篤忠勤。凡國中官僚耆舊，尚其同心翼贊，以佐乃王；飾躬勵行，用保藩邦。故茲詔示，咸俾悉知。〔註27〕

是年秋天，尚元王遣王舅穆源德、長史蔡朝器等，楷冊使郭汝霖等入京，（翌年至京）奉表獻方物，謝襲封恩。

1563 年春，尚元王遣正議大夫鄭憲、使者源善等，奉表入貢，並送還中國漂流人口。世宗降勅褒諭，賜鏹幣。鄭憲因具疏言：本國亦有流入中國者，乞命守臣恤遣。世宗然之，下其疏於瀕海所司。

1565 年春，尚元王遣長史梁灼等貢馬及方物；官生梁照、蔡爛、梁炢、鄭迵四人，入監讀書；並將本國山北守臣鄭都所獲中國被掠人口送還。世宗嘉王惠順，降勅獎諭，仍賜王銀五十兩、綵幣四表裏。長史梁灼、守臣鄭都，各賜銀三十兩、幣一表裏。

1567 年（隆慶元年）春，穆宗登極，改元隆慶。琉球國未知中國改元。尚元王遣長史蔡朝用、使者亞應蘇等奉表入貢並謝恩。宴賚如例。

1568 年春，尚元王遣王舅翁壽祥、正議大夫梁炫等獻方物，表賀穆宗登極；又遣使者宗善等進世宗香。俱宴賚如例。

1569 年春，尚元王遣王舅毛廉、長史蔡朝器等奉箋、方物，慶賀冊立皇太子；並遣海境守臣由必都等送還中國被掠人口。福建守臣以聞。穆宗以王屢效忠誠，賞賜銀幣如前。

1571 年春，尚元王遣正議大夫鄭憲、長史鄭佑等奉表入謝，並送還被掠人口。穆宗降勅獎賜如前。王又請放官生梁照等三人歸國省親。穆宗許之。

1572 年四月初一日尚元王薨。在位十七年，壽四十五。葬於玉陵。《中山世

〔註27〕《中山世譜》卷七尚元王。

譜》給予的評價為：「王仁愛百姓，終始如一。不愆不忘，遵依舊章。」〔註28〕

尚元王在位期間，葡萄牙將其觸角不斷向東方延伸，其商船也逐漸壟斷了東西方貿易，偏居海中的琉球島國也受到嚴重衝擊。加之倭寇猖獗，文弱不堪的琉球商人無力抵抗肆虐海上的匪盜，海上貿易因此而陷入困境，造船技術也日益落後，甚至無力建造進貢船隻，而不得不嚮明朝購買民船代替。人才的凋零，預示著輝煌的琉球大航海時代即將逝去，琉球開始顯現出衰敗的徵兆。1572 年，尚元病逝後其次子尚永繼位。

3. 尚永王

尚永（1559 年～1588 年）是尚元的第二子，1573 年至 1588 年在位。1572年，其父尚元去世，由於尚元的長子尚康伯不是正妃所生，群臣遂擁立次子尚永於 1573 年繼位。是年神宗朱翊鈞登極，改元萬曆。但琉球不知中國已改元。是年春天，依然以「世子」之名遣正議大夫鄭憲等奉表入貢；並報告尚元王訃告，兼請襲封；又送還被掠人口。

1574 年春天，尚永以「世子」之名派遣王舅馬忠叟、長史鄭佑、使者馬南庇等奉表貢方物，慶賀神宗登極；又遣使者毛有倫等進穆宗香。大明俱給宴賚如例。

1575 年冬，尚永又以「世子」之名派遣長史梁燦、使者衛榮等奉表，再次請求襲封。是年冬，尚永還遣正議大夫蔡朝器等奉表貢方物。除例給外，神宗命禮部每五日別給雞、鵝、麵、酒果，以示優待。神宗還命戶科左給事中蕭崇業〔註29〕、行人司行人謝傑為正副使。

1577 年春，尚永仍以「世子」之名遣正議大夫梁灼等奉表入貢。宴賚如例。次年四月，冊封船到達琉球，世子遣正議大夫梁燦等捧咨文，迎接封舟。

1579 年夏，神宗遣蕭崇業、謝傑齎詔至國，諭祭故王尚元，封世子尚永為中山王。詔曰：

> 朕受天明命，君臨萬方；薄海內外，罔不來享；延賞錫慶，恩
> 禮攸同。惟爾琉球國，遠處海濱，恪遵教，世修職貢，足稱守禮之
> 邦。國王尚元，紹序膺封，臣節深謹；茲焉薨逝，悼切朕衷。念其

〔註28〕《中山世譜》卷七尚元王。
〔註29〕明代建水州人。隆慶進士。歷任兵科都給事中、南京操江提督等職。博學好古，深通國家典章制度。萬曆皇帝派他率船隊渡海冊封琉球（今沖繩島）中山王。中山王以重金酬謝使臣，崇業慨然謝絕。著有《使琉球錄》《卻金行》、《航海賦》、《南遊漫稿》等。

侯度有常，王封當繼。其世子永德，惟象賢，惠能得眾，宜承國統永建外藩。特遣正使戶科左給事中蕭崇業、副使行人司行人謝傑，齎詔往封，為琉球國中山王，仍賜以皮弁、冠服等物。凡國中官僚耆舊，尚其協心翼贊，畢力匡扶，懋猷勿替。於承先執禮，益虔於事。綏茲有眾，同我太平。則亦爾海邦無疆之休。〔註30〕

勅曰：

惟爾先世，守此海邦，代受王封，克承忠順。迨於爾父元，畏天事大，益用小心。誠節懋彰，寵思汝被。遽焉薨逝，良用悼傷。爾為冢嗣，克修厥美；群情既附，宜紹爵封。茲特遣使，封爾為琉球國中山王，並賜爾及妃冠服、綵幣等物。爾宜恪守王章，遵述先志；秉禮守義，奠境安民。庶幾彰朕無外之仁，以永保爾有終之譽。〔註31〕

是年冬天，尚永王遣正舅馬良弼、長史鄭迵、使者馬勝先等奉表進方物，謝襲封恩；又遣官生鄭周、蔡常、鄭迪等三人入監讀書。神宗命送南京國子監，給衣糧如例。

1581 年、1583 年、1586 年，尚永王都派遣貢使奉表入貢。1587 年，尚永王還遣正議大夫鄭禮、使者鄔寶等奉表謝恩。1588 年十一月二十五日，尚永王去世。

尚永王在位期間，於被冊封當年（1579 年）將首里門易榜，曰「守禮之邦」。根據《中山世譜》記載，琉球自通中朝而來，修職入貢，讀書學禮，太祖稱為禮義之邦。嘉靖年間，禮部奏曰：「琉球在海中，諸國頗稱守禮。又尚永王受封時，製詞有云：『世修職貢』，足稱守禮之邦。」由是尚永王命法司，始用「守禮之邦」四字為額。然平常止用「首里」二字；每會冊使賁臨，易以「守禮之邦」四字為例。康熙年間，始定榜字，曰「守禮之邦」。

1588 年，30 歲的尚永王逝世。由於他沒有兒子，群臣擁立他的長女婿、小祿御殿的尚寧為王。

4. 尚寧王

尚寧是琉球尚氏王朝最為著名的君王之一。究其原因，並非尚寧有什麼雄才大略、卓越功勳，而是因為他戰敗被擄、苟且屈辱的悲慘經歷。

尚寧（1564～1620 年）是尚真的曾孫尚懿的長子，同時也是前國王尚永

〔註30〕《中山世譜》卷七尚永王。
〔註31〕《中山世譜》卷七尚永王。

的女婿，1589 年至 1620 年在位。前國王尚永沒有兒子，於是尚寧以女婿身份襲位，任命弟弟尚宏為攝政。此時日本實際統治者關白豐臣秀吉欲征朝鮮，令琉球徵收軍糧，被三司官鄭迥〔註32〕所拒絕。

　　1590 年春，尚寧以「世子」之名遣正議大夫梁應、長史鄭周、使者鄔賓等，奉表貢方物入謝。但並沒有向大明報告尚永王去世的消息。大明宴賚如例。

　　1591 年春天，尚寧以「世子」之名遣正議大夫鄭禮、使者馬良臣等奉表入貢，並報告尚永王訃告。並言：「國方多事，未暇請封。」禮部諮言：「父王既薨，宜速請襲爵，鎮壓國人。毋以地方多事為辭。」〔註33〕

　　1593 年癸巳冬，遣正議大夫鄭禮等貢方物。宴賚如例。

　　由於各方原因，尚寧直到 1599 年遣長史鄭道等貢方物之時，才請襲封爵。

〔註32〕 鄭迥是福建長樂移民鄭肇祚的後裔。1540 年出生於琉球國久米村的鄭氏湖城殿內家族裏，其父鄭祿任通事一職。16 歲作為官生前往明朝，入學國子監達六年之久，歸國後任職於琉球國朝廷，負責管理嚮明朝朝貢的事務，領浦添間切謝名村地頭。1579 年隨馬良弼赴明朝朝貢。親明派官生出身的鄭迥，在思想上與精通日本文化的三司官翁寄松（城間親方盛久）互相對立。1605 年，翁寄松因為鄭迥的讒言被貶為地頭職。翌年，57 歲的鄭迥被任命為新的三司官，成為琉球歷史上第一位擁有中國血統的三司官。鄭迥在《喜安日記》裏以「若那」的名字登場。根據喜安的描述，鄭迥是一位「身高六尺、膚色黝黑」的健壯男子。他是琉球王府中親明派的代表人物。1591 年，薩摩藩島津義弘致書尚寧王，指出豐臣秀吉欲出兵朝鮮，命令琉球在明年二月前，將 7500 人十個月的糧食運至薩摩藩的坊津，然後設法運往朝鮮。鄭迥認為這是十分無理的要求，主張強硬的拒絕這一要求；並且遣使嚮明朝報告，稱日本欲從朝鮮入侵中國。1598 年，琉球的進貢船遇風漂至日本仙臺，德川家康遣返了船隻，要求琉球遣使向日本謝恩，又遭鄭迥拒絕並屬聲斥責。1609 年，薩摩藩遣樺山久高入侵琉球。薩軍進犯那霸港時，鄭迥與毛繼祖（豐見城親方盛績）奉命防禦，分別據守那霸港附近的三重城和屋良座森城奮力抵抗，但最終那霸港被攻陷，鄭迥被俘。首里城被攻破後，鄭迥同尚寧王等貴族被虜至鹿兒島。此後鄭迥被囚禁。島津忠恒遣人勸降鄭迥，但他拒不投降。1611 年，島津忠恒企圖強迫尚寧王等人簽署《掟十五條》（掟十五ヶ條），臣服於江戶幕府並接受薩摩藩的支配，遭鄭迥的嚴詞拒絕和屬聲斥罵。憤怒的島津忠恒下令殺死鄭迥。其死因，共有兩種說法：一說被斬首，一說被烹刑處死。鄭迥在臨刑前，尚寧王擔心無人可以委託朝貢之事。鄭迥向尚寧王推薦蔡堅（喜友名親雲上）有外交官的才能，因此在鄭迥死後，尚寧王任命蔡堅為總理唐榮司。此外，相傳鄭迥精通唐手拳。薩摩藩欲將他殺死，因武藝高強，未能成功。後來數名武士合力上前，方才將他殺死。鄭迥死後，其府第遭薩摩武士焚毀。其弟鄭周也遭薩摩通緝。謝名一族從此以後開始衰落。鄭周秘密出奔北中城隱居，今日的鄭氏島袋家即為鄭周的後代。

〔註33〕 《中山世譜》卷七尚寧王。

禮部議奏：「今已海氛甚盛，但取具該國王舅、法司等官印，結興世子奏本到京，即頒勅封，不必遣官。」神宗曰：「琉球既來請，宜選廉勇武臣一員同往行禮。」

1598 年，琉球赴明朝的進貢船因遇颱風漂至日本境內。剛剛掌握政權的德川家康將船隻送還琉球。德川幕府和薩摩藩都要求尚寧派遣謝恩使前去致謝。尚寧接受三司官鄭迴的建議，拒絕了這一要求。

1606 年（萬曆三十四年），明神宗以夏子陽、王士禎為正副冊封使至琉球國，冊封尚寧為王。

夏子陽，字君甫，號鶴田，江西玉山六都人。生於明嘉靖三十一年（1552年）十月。少年時，就立有以天下為己任的大志。1582 年中舉，1589 年登進士，先後在戶部、兵部等任職。1591 年，尚寧請封襲位。次年，朝廷派給事中洪瞻祖和行人王士禎待海寇息警後渡海去琉球。而洪瞻祖因父喪回家丁憂，1603 年，改派夏子陽與王士禎同行，於是夏子陽責成福建地方官員趕緊製造海船，以便速去琉球。福建按察方元彥以海上多事，警報頻傳為由，會同巡撫徐學聚聯名上疏，要求改期前往。子陽認為，朝廷不能失信於屬國，應按祖制派武臣陪使臣如期前去冊封。御史錢恒，給事中蕭近高支持子陽的意見，應速造海船勿誤行期。皇上採納了子陽等建議，於 1605 年七月開工造船，次年三月船成。夏子陽一行於五月初四日啟程，二十二日到達琉球。六月請來法師，七月行封王典禮。子陽代表天朝冊封尚寧為中山王，詔曰：

> 朕恭膺天命，誕受多方。爰暨海隅，罔不率俾；聲教所訖，慶賚惟同。爾琉球國，僻處東南，世修職貢；自我皇祖，稱為禮義之邦。國王尚永，祗襲王封，恪遵侯度；倏焉薨逝，良惻朕心。其世子寧，賢足長人，才能馭眾；間關請命，恭順有如。念其國統攸歸，人心胥屬，宜膺寵渥，固我藩籬。特遣正使兵科右給事中夏子陽、副使行人司行人王士禎齎詔，往封為琉球國中山王，仍賜以皮弁、冠服等物。凡國中官僚看者舊，尚其殫忠輔導，協力匡襄；堅事上之小心，羣承先之大業。永綏海國，共享升平。惟爾君臣，亦世世永孚於休。〔註34〕

勅曰：

> 惟爾上世以來，建邦海外，代膺封爵，長固藩。維爾父永，恪

〔註34〕《中山世譜》卷七尚寧王。

守王章，小心祇畏；忠誠茂著，稱我優嘉。遽至長終，良深悼惻。
爾為冢嗣，無忝象賢。既允群情，宜崇位號。特茲遣正使兵科右給
事中夏子陽、副使行人司行人王士禎齎勅諭，封爾為琉球國中山王，
並賜爾及妃冠服、綵幣等物。爾宜益處侯度，克紹先猷，保佑人民，
奠安境土。庶幾恢朕有截之化，抑亦貽爾無疆之休。〔註35〕

　　夏子陽等居住使館數月，受到高規格的接待，但每次豐盛的宴請均被子陽
謝絕。這種節儉，使琉球國官民十分敬佩，盛讚天朝威德廣大。是年九月，日
本派使臣率軍隊來琉球，名義上是賀新王登位、貿易，實際上是想借機侵佔琉
球。面對這一狀況，子陽為中山王籌劃防禦，選精兵據守要害，然後接見日本
使臣。隨從勸子陽不要接見，說日本人佩帶刀劍，秉性殘忍，怕出意外。而夏
子陽認為不接見是示弱的表現，他威嚴坐於殿中，衛士站立左右，命令日本使
臣撤去隨從單獨進見。日本使臣見此情勢，心存膽怯，也知道子陽早有準備。
進見時，日本使臣向子陽一拜再拜。退出後說，見我國王都沒有懼怕，今天見
天朝專使「膽落矣」。夏子陽表現出泱泱大國的風範，令日本使團不敢魯莽。
是年十月十五日，夏子陽啟程回國，歸途風浪兇險，幾乎喪命，於十一月初三
日入朝覆命。皇上見其不辱使命，甚是欣慰，賜予一品服，擢升通奉大夫太常
寺卿。著有《使琉球錄》，提出「天子有道，守在四夷」〔註36〕。

　　是年冬，尚寧王又派遣王舅毛鳳儀、正議大夫鄭道、使者芝巴那等奉表進
方物，謝襲封恩；並請求再給移民，「洪武、永樂間，賜閩人三十六姓。知書
者，授大夫、長史，為貢謝之司；習海者，授通事、總管，為指南之備。今世
久人湮，文字音語，海路更針，常至違錯。乞依往例，更賜數人」，〔註37〕禮
部以此上報。次年，明神宗命阮國、毛國鼎二人，加入琉球國的臣籍，即現在
唐榮的阮、毛二姓。

〔註35〕《中山世譜》卷七尚寧王。

〔註36〕琉球距日本咫尺爾，朝鮮失，則琉球亦難獨存；我東南之地，且與夷邇，前所
　　　　詭言將亦可為隱慮！賴國家赫聲濯靈，倭奴遁跡，平壤救寧。以故中山一彈丸
　　　　區，戴天所覆，世世奉冠帶，稱為東海波臣；即余承乏兵垣，亦憑藉寵靈，萬
　　　　里作使，不以武餝而以文綏，大異疇昔馳驅偬偬狀。遭際明盛，何幸如之！頃
　　　　余駐中山時，倭舶卒至；余為約束從役，謹持天朝大體。倭卒斂戢不敢肆，至
　　　　有避道竊觀，嘖嘖漢官威儀；已復從使館願謁稽首而去，余甚異焉！夫琉球，
　　　　不大於朝鮮也；中山世子，未變於曩日也。嗣位之初，倭為擾；受封之會，倭
　　　　為釁。此其故，不在倭、不在琉球，而在我國家耳。夏子陽，《使琉球錄》自
　　　　序。

〔註37〕《中山世譜》卷七尚寧王。

1607 年秋天，尚寧王遣長史鄭子孝等奉表入貢。宴賚如例。

1609 年（明萬曆三十七年，日本慶長十四年）3 月 4 日，在德川家康支持下，薩摩藩藉口琉球沒有償還出兵朝鮮的軍費、不派遣謝恩使答謝德川家康、對島津家多年來疏於禮節等藉口，派戰船百艘，士兵三千，在樺山久高的率領下，自九州島山川港出發，開始攻佔琉球，先後攻佔土噶喇群島、奄美大島、琉球本島等。久不經戰的琉球軍遠遠不是薩摩軍的對手，在一個月內，大島、德之島、沖永良部島等先後淪陷，鄭迥倉促建立的防線頃刻土崩瓦解。島津軍進逼琉球本島後，焚毀被視為重鎮的山北監守今歸仁城。

尚寧驚恐萬狀，不敢再對島津軍作強硬抵抗，各地官軍退守首里城，薩摩軍開始在首里城下燒殺擄掠。消息不靈的尚寧，被薩摩軍的強硬外表所欺，急於向薩摩示弱，準備投降。此時正為軍需不繼而擔憂的薩摩軍，順水推舟地答應停戰，接收了首里城。圍繞首里城的零星抵抗，在尚寧向薩摩軍出降後基本結束。為了防止琉球繼續據城抵抗，薩摩命令琉球攝政——尚寧之弟尚宏，以及三司官之一的浦添朝師出城，前往薩摩軍營做人質。4 月 4 日，薩摩方面將尚寧軟禁在三司官之一的名護良豐宅邸，琉球軍隊從此不敢繼續反抗。至此，琉球完全陷入薩摩的控制之中，戰敗已成定局。

此後尚寧等君臣百餘人被擄到鹿兒島，尚寧又被薩摩藩帶到江戶，於 1611 年 8 月 28 日與征夷大將軍德川秀忠（德川家康次子）會面後被帶回鹿兒島。尚寧一行被迫與薩摩簽訂《掟十五條》，發誓效忠薩摩，並被迫接受割讓奄美群島等苛刻條件。唯有鄭迥（謝名親方利山）抗拒不從，以身殉國。隨後，尚寧等人被釋返回琉球，任命天王寺長老菊隱（日本僧人）為攝政。薩摩藩入侵琉球的目的，是為經濟上控制琉球，只有琉球繼續保持與中國的朝貢關係，薩摩藩才能得到好處，故德川家久命令琉球繼續與明朝保持封貢關係，但是同時被薩摩藩暗中控制。

《中山世譜》對此事件的記載十分簡單：「三十七年己酉春，日本以大兵入國，執王至薩州。」「三十九年辛亥，王留薩州二年。王言：『吾事中朝，義當有終。』卒被放回。然後國復晏然。」

當日本薩摩侵略琉球之時，尚寧王曾遣王舅毛鳳儀、長史金應魁等馳報兵警，致緩貢期，福建巡撫陳子貞以聞。尚寧王回到琉球後，於 1612 年派遣使栢壽陳華等，赴南京請求恢復朝貢：「王已被縱歸，國復安然，仍遣修貢。」神宗命福建布司，移諮琉球官員：「琉球新經殘破，財匱人乏，何必間關遠來？

還當厚自繕聚，俟十年之後物力稍完，然後復修貢職，未為晚也。」遂定十年一貢為例。〔註38〕

　　1614年甲秋，尚寧王仍然派遣王舅吳鶴齡、長史蔡堅等奉表進馬及方物，請復貢期，仍抒忠款之誠。神宗命禮部議。禮部議奏：「宜勿聽。」

　　這裡筆者特別要強調史籍的客觀性問題。在《中山世譜》中記載「鄭迵有罪被誅」。鄭迵的罪是什麼呢？其一，拒絕了豐臣秀吉要求琉球提供侵朝鮮的軍糧；其二，拒絕日本要求琉球入貢的要求；其三，拒絕簽訂「掟十五條」。這樣一位琉球的民族英雄，在琉球的史書上卻成為「罪人」，究其原因，即是尚寧返回琉球後，琉球的政治權力被日本薩摩所控制，其國相（三司官，之前由王弟尚宏擔任）則由日本的僧侶菊隱擔任。琉球不僅內政外交都有島津家在旁監視，朝中的重臣也由親日派官吏擔當。而琉球最早的史籍《中山世鑑》成書於1650年，對鄭迵的記載證明其深受日本壓力的影響。而1876年出版的琉球的第二部史籍《中山世譜》主要參考《中山世鑑》，其客觀性因此也有疑問。對同一歷史事件或同一歷史人物，不同的視角，可產生出完全不同的觀點。故竊以為從人發出的觀點或記事，都不可能是完全客觀的，都帶著那個時代的特點及個人的觀點。

　　尚寧被俘後，琉球的政權被薩摩所控制，國相（三司官，之前由王弟尚宏擔任）則由日本的僧侶菊隱擔任。《中山世譜》的記載為：「西來院住僧菊隱國師任相臣加判役。」〔註39〕

　　1610年，薩摩藩遣本田伊賀赴琉球，又遣阿多氏等到琉球，均井地，正經界，此後琉球每年都要給薩摩藩納賦稅。1611年，德川家久又要求琉球割出靠近九州的鬼界、大島、德島、永良部、與論等大島。《中山世譜》記載：「然彼五島原係吾國管轄之地，故容貌衣服迄今留，與吾國無以相異。」〔註40〕

　　因戰敗被俘，尚寧自感愧見列代先王，死後沒有葬於第二尚氏王陵玉陵，而是葬於浦添極樂陵。尚寧以後，琉球國開始了既是中國的藩屬國又要向日本稱臣的所謂「兩屬時期」，其境遇兩難，自此國勢也快速下滑。

四、陳侃《琉球信錄》的歷史貢獻

　　陳侃，字應和，浙江鄞縣人。明嘉靖五年（1526年）進士，授行人、進刑

〔註38〕《中山世譜》卷七尚寧王。
〔註39〕《中山世譜》卷七尚寧王。
〔註40〕《中山世譜》附卷一尚寧王。

科給事中。1532 年（嘉靖十一年）夏，陳侃以吏科給事中的身份，被皇帝任命為冊封正使，偕副使高澄前往琉球國冊封世子尚清為國王。

　　前述 1372 年（明洪武五年），太祖朱元璋派楊載奉「即位建元詔」出使琉球。同年十二月，琉球中山王察度遣弟泰期隨楊載人朝進貢，太祖賜予大統曆及絲織品等物，由此開始了中琉間長期頻繁的朝貢貿易活動。1404 年（永樂二年），明成祖朱棣遣行人時中赴琉球悼祭中山王察度，賻以布帛，並詔命王子武寧「襲爵」，此為中國皇帝冊封琉球之肇。1415 年（永樂十三年），琉球山南王世子他魯每遣使入明請求襲爵，此乃琉球首次向大明請求冊封。對中國皇帝而言，冊封禮儀必須要體現天子的威儀、華夏的風範；而對琉球來說，其稱中國為「天朝」，稱「天朝」的使臣為「天使」，故要以隆重的冊封儀式來表達其對「天朝」的恭順、嚮往、依靠之情。因此，冊封就成為中琉兩國交往中最重大的事情。《使琉球錄三種》記載：「按明代歷遣使臣冊封琉球中山王，自洪熙元年內監柴山往封尚巴志以後，正統八年，正使給事中俞忭、副使行人劉遜往封尚忠；十三年，正使給事中陳傳、副使行人萬祥往封尚思達；景泰三年，正使給事中陳謨、副使行人董守宏往封尚金福；七年，正使給事中李秉彝、副使行人劉儉往封尚泰久；天順七年，正使給事中潘榮、副使行人蔡哲往封尚德；成化八年，正使給事中官榮、副使行人韓文往封尚圓；十五年，正使給事中董旻、副使行人司副張祥往封尚真；嘉靖十三年，正使給事中陳侃、副使行人高澄往封尚清；四十年，正使給事中郭汝霖、副使行人李際春往封尚元；萬曆七年，正使給事中蕭崇業、副使行人謝傑往封尚永；三十四年，正使給事中夏子陽、副使行人王士禎往封尚寧；崇禎六年，正使給事中杜三策、副使行人楊掄往封尚豐。」〔註41〕

　　由於冊封琉球的往返途中有風濤之險、海盜之危，且要在異國歷時數月之久，此差在朝官中被視為畏途。冊封使甚至載棺出海，以防葬身魚腹。1533 年（嘉靖十二年）五月，陳侃來到中琉交往的口岸福州，為完成事關兩國關係的冊封使命，精心從事渡海準備。「從前冊封，以造舟為重事」，〔註42〕無論是造船工匠、材料的選擇，造船費用開支，還是駕船人員的選派，身為冊封使的陳侃都事必躬親、費盡心思，經過一年多的時間，才完成了渡海的準備。

　　1534 年（嘉靖十三年）五月初八日，陳侃的冊封舟由琉球派來的迎使相

〔註41〕《使琉球錄三種》弁言，臺灣大通書局，第 1 頁。
〔註42〕徐葆光：《中山傳信錄》，臺灣文獻叢刊第 306 種，第 1 頁。

伴出洋。初時還較順利，舟行如飛，波濤不洶，「一晝夜兼三日之程」。十一日黃昏，即望見古米山，進入了琉球海域，十三日抵近其山。但到了半夜，颱風驟至，刮得封舟「刺刺有聲，若有分崩之勢」。與風浪搏鬥數日之後，封舟漂至熱醉山。此地雖屬琉球，但已過那霸港三百里，又不順風，封舟無法航行。幸虧琉球世子得知消息，派遣「夷眾四千人駕小舟四十艘」，用大纜繩牽引封舟駛向那霸，二十五日方大入港登岸。此次航行，自五月初二日由福建長樂廣石登舟，至二十五日上岸，在海上二十餘天。艱險的航程導致全船「染疾痢者十之三、四，竟不起者七人」。〔註43〕

從迎接冊封舟進港、冊封使上岸，舉行祭先王禮、冊封禮到送冊封使登舟、出洋返國，冊封的禮儀程序繁縟而隆重。諭祭先王禮在寢廟舉行。世子素衣黑帶於門外，候迎諭祭詔和天使入廟，由陳侃宣讀嘉靖皇帝的諭祭文，表揚先王尚真生前的功績，並對其去世表示悼惜。祭王禮畢，又擇吉日舉行冊封大典。是日黎明，琉球百官就候於天使館門，引導詔勅和天使前往王宮首里府；世子於府門外的「中山」牌坊下恭候並導入王宮正殿。行大封拜禮後，由陳侃宣讀冊封詔勅並頒發賜物，國王升降、進退、舞蹈、祝呼，肅然如式。然後，新國王接受群臣拜賀。冊封大典的完成，標誌著「受天下新命」的一個琉球新王朝的開始。作為明朝第十一任冊封使，陳侃「宜詔勅、錫章服如儀；尚清率國人稽首，踊躍歡呼，稱職貢匪懈」〔註44〕，順利圓滿地完成了冊封使命。

作為冊封使，陳侃在琉球期間十分注重「天使」所負的君命大義，「敷揚聖德，恪守臣節為中華增重」〔註45〕。祭王禮畢，世子遣官員至天使館致謝，並獻「黃金十兩為壽」。陳侃當場予以婉言謝絕；來官不從，陳侃又立即修書令來官帶給世子，申明大義，堅持不受。陳侃回國餞別之時，琉球國王再以黃金四十兩相贈，並親致謝意。陳侃仍以義辭謝絕，雙方最後僅以手持扇子交換，作為紀念。陳侃這種謹守臣節，不願使命、不損人格、不私下收受饋贈禮金的義舉，深為感動，於事後特意建造「卻金亭」以彰其德。當陳侃結束使命登舟返閩之時，琉球「官民送者如蟻，皆以漢官威儀不可復，至有泣下而不忍去者」〔註46〕。由此可見，陳侃的出使，擴大並加深了琉球對中華風範的瞭解，增進

〔註43〕陳侃：《使琉球錄》臺灣文獻叢刊第 287 種。
〔註44〕陳侃：《使琉球錄》臺灣文獻叢刊第 287 種。
〔註45〕陳侃：《使琉球錄》臺灣文獻叢刊第 287 種。
〔註46〕陳侃：《使琉球錄》臺灣文獻叢刊第 287 種。

了中琉間的友誼，也反映出琉球人民對中國的仰慕、友好之情。

陳侃使琉球所做的最大貢獻，是撰寫《使琉球錄》。他在執行冊封使命和等待風信返航而逗留琉球國的三個多月時間裏，曾「訪其山川、風俗、人物、起居之詳」〔註47〕。回到福州後，他將出使之前的造船、準備、航海、冊封禮儀以及琉球國的風土人情、生活習俗、語言文字等親身經歷、耳聞目睹之事，整理撰成《使琉球錄》一書。該書主要分為詔勅、諭祭文、使事紀略、群書質異、天妃應靈記、夷語、夷字和題奏等幾部分。經題請皇帝批准，禮部將《使琉球錄》「付之史館，以備他日史館採集」。〔註48〕《使琉球錄》一書的撰寫和刊印傳世，在當時具有其獨特的地理人文指導作用，到今天也有瞭解歷史的重大意義。

雖然在陳侃之前已有十次冊封琉球，但陳侃受命出使之時，禮部所藏以前冊封琉球的文書檔案因「回祿之變」而「燒毀無存」；「福建布政司亦有年久卷案為風雨毀傷」；冊封頒賜儀物等舊例，是在內務府各監局查得；「造船並過海事宜，皆訪於耆民之家得之」；「至於往來之海道、交祭之禮儀，皆無從詢問」，因而往來海道多靠琉球人指點，而祭、封之禮儀曲折，往往是陳侃等人「臨事斟酌，期於不厚而已」，費盡了周折。鑒於自己的切身感受，陳侃撰此「錄」使後來的冊封使「有徵而無懼」〔註49〕。

1. 記載使琉球航路並明確釣魚島不在琉球境內

陳侃在《使琉球錄》中，簡單地記載了出使琉球的航路：「連日風逆，五日始發舟，不越數舍而止，海角尚淺。至八日，出海口，方一望汪洋矣。風順而微，波濤亦不洶湧；舟不動而移，與夷舟相為先後。出艙觀之，四顧廓然，茫無山際，惟天光與水光相接耳。雲物變幻無窮，日月出沒可駭；誠一奇觀也。雖若可樂，終不能釋然於懷。九日，隱隱見一小山，乃小琉球也。十月，南風甚迅，舟行如飛；然順流而下，亦不甚動。過平嘉山、過釣魚嶼、過黃毛嶼、過赤嶼，目不暇接，一晝夜兼三日之程；夷舟帆小，不能及，相失在後。十一日夕，見古米山，乃屬琉球者；夷人鼓舞於舟，喜達於家。夜行徹曉，風轉而東；進寸退尺，失其故處。又竟一日，始至其山；有夷人駕小舠來問，夷通事與之語而去。」〔註50〕

〔註47〕陳侃：《使琉球錄》臺灣文獻叢刊第 287 種。
〔註48〕陳侃：《使琉球錄》臺灣文獻叢刊第 287 種。
〔註49〕陳侃：《使琉球錄》臺灣文獻叢刊第 287 種
〔註50〕陳侃：《使琉球錄》臺灣文獻叢刊第 287 種

「見古米山，乃屬琉球者；夷人鼓舞於舟，喜達於家」的記載，證明所「過平嘉山、過釣魚嶼、過黃毛嶼、過赤嶼」都不屬於琉球境內。

2. 利用史籍記錄琉球

陳侃在《使琉球錄》中的「群書質異」部分，利用《大明一統志》《嬴蟲錄》《星槎勝覽》《集事淵海》《杜氏「通典」》《使職要務》《大明會典》等涉琉球相關內容，對琉球的自然人文進行了比較。還提出大小琉球之說。閩中士夫常曰：「霽日登鼓山，可望琉球」；蓋所望者，小琉球也。若大琉球，則雖離婁之目，亦豈能明見萬里之遠哉！

3. 政治制度

記載相對簡略，僅有官制、俸祿制度和律法的記載。「王之下則王親，尊而不與政也；次法司官、次察度官，司刑名也；次那霸港官，司錢穀也；次耳目之官，司訪問也，此皆土官而為武職者也。若大夫、長史、通事等官，則專司朝貢之事，設有定員而為文職者也。」可知，當時琉球官職的設置相對簡單，側面反映出其「政令簡便」的局面。職官實行俸祿制度，「王及臣民各分土以為祿食，上下不交徵」，「各食分土」。

4. 人文自然

琉球國處在海中，自然資料匱乏。農業方面，土地貧瘠，「厥日沙礫，不肥饒，是以五穀雖生，而不見其繁碩也」；物產稀缺，「無鬥鏤樹，亦無胡椒」，「無熊、羆、豺狼、虎、豹等猛獸」，「不畜犬，亦鮮鵝、鴨，鶯、燕、鸛、鵲之族俱無」。這在後來使錄中也多有提及，郭汝霖記載琉球多沙石，山亦崆峒，土薄瘠，物產牛羊雞豚之類多瘦削而不堪用。

5. 商業貿易

陳侃對其的評價是：「地無貿殖，是以商賈不通。」琉球資源貧乏，物產稀少，許多進貢明朝的物品如胡椒、蘇木、香料等都是向東南亞諸國購買而來的。自中琉建交以來，琉球的對外貿易有了很大的發展，明政府為幫助其來朝貢，派出善操舟的「閩人三十六姓」移居琉球，促進了琉球航海業。

6. 手工業方面

陳侃記載了製陶、釀酒、紡織三方面。琉球國陶瓷製造業落後，所以陳侃直言「人不善陶」。造酒「則以水漬米，越宿令婦人口嚼、手槎取汁為之，名曰米奇，非甘蔗所釀，亦非美姬含米所製」。

7. 建築方面

陳侃對宮廷建築、民居都有詳細的記載。但無論宮廷還是民居，都比較樸素，宮廷「殿宇樸素，亦不雕禽刻獸以為奇」。但也有體現人工設計和自然風光的結合，「王之宮室，建於山巔……門外有石砌，砌下有小池。泉自石龍口中噴出，名曰瑞泉」。民間建築較為簡陋，「富室貴家，僅有瓦屋二、三間；其餘則茅茨、土階，不勝風雨飄搖之患」

8. 出行方面

琉球是一個守禮之邦，國王出入「乘肩輿，非木獸；以十六人扛之。傘蓋，用五色。從者數百人，鼓吹導前，戈矛擁後；乃以土珠小團扇四柄、貼金葫蘆一對為儀衛」；而貴家大族之妻出入「則戴箬笠，坐於馬上，女僕三、四從之」。

9. 生活起居

服飾方面，受自然條件的影響，「衣則大袖寬博」。服飾與民族也有密切的聯繫，有琉球人與漢人之分，琉球「男子不去髭，亦不羽冠，但結髻於首之右。凡有職者，簪一金簪；漢人之裔，髻則結於發之中」。受等級制度的影響，其服飾以顏色來區別身份的高低，琉球與漢人「俱以色布纏其首，黃者貴、紅者次之、青絲者又次之，白斯下矣」，而「足則無貴賤，皆著草履」。

10. 宗教信仰

琉球「俗畏神，神皆以婦人為尸；凡經二夫者，則不之尸矣。王府有事，則哨聚而來；王率世子及陪臣，皆頓首百拜。所以然者，以國人凡欲謀為不善，神即夜以告王，王就擒之」。從記載來看，琉球人信奉女神，神職主要由女性擔任。而佛教自 13 世紀傳入琉球，到嘉靖年間已佛寺林立，記曰：「夷俗尚佛。」

11. 琉球的文字

根據陳侃的記載，琉球當時有自己的文字，卻沒有自己的書籍。為適應與中國交往的需要，學習漢字的人很多，「陪臣子弟與凡民之俊秀者，則令習讀中國書，以儲他日長史通事之」。

陳侃的《使琉球錄》對琉球記載的內容豐富翔實，從政治制度到經濟貿易，從社會風俗到文化教育，不一而足，較為全面地反映了當時的琉球社會。該書為以後的冊封使提供了許多有關琉球和冊封事官的具體參考資料。事實也確實如此：以後明朝的幾任冊封使都以陳侃此書作為出使前瞭解情況的必讀參

考書，對他們完成使命幫助頗大。陳侃的後任、嘉靖三十七年（1558年）受命前往琉球的冊封使郭汝霖即有「首訪是錄，如獲梯航」之感且「造船、用人、惟錄是據」〔註51〕。陳侃的《使琉球錄》還為以後冊封使撰寫出使記錄提供了一個較好的模式。該書是迄今傳世年代最早的冊封琉球使臣的記錄。明朝前期十次冊封琉球皆未有錄傳世，因此陳侃的使錄不但是其後冊封使完成使命的有益參考書，也成為明朝後期冊封使撰寫出使記錄的最初藍本。嘉靖四十年（1561年）郭汝霖、萬曆七年（1579年）蕭崇業、萬曆三十四年（1606年）夏子陽等人的使錄，其體裁、體例均因襲陳錄，並在其基礎上有所創新和發展，漸臻完善。陳侃的《使琉球錄》也是現存年代最早的使事實錄，雖然它只是歷史一個斷面的記載，但其內涵卻相當豐富：既有明代中國造船和航海技術的豐富史料，又有當時人們崇拜祈求海神天妃的精彩敘述；不但有以冊封為中心的中琉友好交往的具體過程，還有琉球山川、物產、風俗、人情等的詳細描寫。可以說，陳侃的《使琉球錄》是今天我們研究明史和中琉關係史最重要的基本史料之一。

小結

第二代尚氏王朝的前期，經歷了尚圓、尚宣威、尚真、尚清、尚元、尚永及尚寧七位琉球王，在這段時間裏，琉球經歷了第一次改革，即是將各按司安置於首里，弱化了地方統治，加強了中央集權；還劃定了「琉球三十六島」的疆域，制定了稅制；並以大明為榜樣，制定了身份等級制度，迎來了琉球歷史上最強盛時期。但隨著16世紀葡萄牙將觸角伸向東方，逐漸壟斷了東西方的貿易，琉球國受到嚴重的衝擊；加上海盜猖獗，琉球商人無力抵抗，海上貿易也陷入了困境，琉球開始出現衰弱的徵兆。而此時期正值日本豐臣秀吉時期，豐臣秀吉出兵征服朝鮮，要求琉球相助被琉球拒絕，對琉球產生怨恨。1609年，薩摩藩藉口琉球沒有償還出兵朝鮮的軍費，入侵琉球，將琉球王尚寧擄至薩摩，並侵佔了琉球北方的五個島嶼。從此，琉球開始所謂的「兩屬時代」，其處境艱難，國事也逐漸走向衰落。

〔註51〕郭汝霖：《重刻使琉球錄敘》，臺灣文獻叢刊第287種，第141頁。

第六章　清統治時期的尚氏王朝

　　尚元繼位之時，正值西力東漸之初，葡萄牙將其觸角伸向東方，其商船也逐漸壟斷了東西方貿易，偏居海中的琉球島國也受到嚴重衝擊。加之倭寇猖獗，文弱不堪的琉球商人無力抵抗肆虐海上的匪盜，海上貿易因此而陷入困境；造船技術也日益落後，甚至無力建造進貢船隻，而不得不嚮明朝購買民船代替。人才的凋零，預示著輝煌的琉球大航海時代即將逝去，琉球開始顯現出衰敗的徵兆。1609 年「慶長之役」之後，琉球完全陷入薩摩的控制之中，尚寧等君臣百餘人也被擄到鹿兒島，尚寧又被薩摩藩帶到江戶，於 1611 年 8 月 28 日與征夷大將軍德川秀忠（德川家康次子）會面後被帶回鹿兒島。尚寧一行被迫與薩摩簽訂《掟十五條》，發誓效忠薩摩，被迫接受割讓奄美群島等苛刻條件。尚寧等人被釋返回琉球，任命天王寺長老菊隱（日本僧人）為攝政三司官。從此，琉球雖然繼續與明朝保持封貢關係，但是同時被薩摩藩暗中控制。因戰敗被俘，尚寧自感愧見列代先王，死後沒有葬於第二尚氏王陵玉陵，而是葬於浦添極樂陵。尚寧以後，琉球國開始了既是中國的藩屬國又要向日本稱臣的所謂「兩屬時期」，其境遇兩難，自此國勢也快速下滑。

一、明清交替時期的琉球尚氏王朝

1. 尚豐王

　　尚豐王（1590～1640 年），童名為思五郎金。神號為天喜也未按司添。大金武王子尚久的第四子（尚久是尚元王的第三子），1621 年至 1640 年在位。1616 年，尚豐作為人質前往薩摩藩，同年冬被釋歸國，任尚寧時期朝廷的攝政。1619 年領中城間切封地，稱中城王子朝昌。1621 年因尚寧無子而過

繼並繼位。

尚豐繼位之年，也是大明熹宗登極，改元天啟之年。是年，熹宗頒登極詔於福建布政司，轉命衛指揮蕭崇基齎詔赴琉球諭，但崇基沒能到達琉球。

1622 年春，尚豐以世子之名派遣王舅毛鳳儀、正議大夫蔡賢等奉表、貢馬及方物；並以尚寧王訃告，兼請襲封；又具奏乞二年一貢，以儆忠順。禮部以聞。熹宗以本國陳請情切，乃定五年一貢為例。（時毛鳳儀病卒。甲子秋，蔡堅等同蕭指揮歸國。）

1623 年春，世子尚豐又遣王舅馬勝連、長史林國用等奉表、方物，慶賀熹宗登極。根據《中山世譜》記載，此年琉球從中國學會了製造黑糖。是年冬，世子還遣正議大夫鄭俊、使者金城、都通事鄭子廉等奉表貢方物。

1624 年秋，福建布政司奉旨，仍遣衛指揮蕭崇基，齎登極及大婚之詔，偕壬戌使臣蔡堅等到達琉球，翌年春，蕭指揮還朝。

1625 年春，尚豐又以世子之名遣正議大夫蔡廛、使者毛鳳威等奉表謝賜詔恩，並乞封典。

1627 年秋，尚豐又以世子遣正議大夫蔡延、使者馬加美等奉表貢方物。宴賚如例。

尚豐自 1621 年繼位以來，多次以世子之名朝貢大明，請求行冊封之禮，但一直沒有得到回覆，這是因為明熹宗朱由校沒有作為。朱由校（1605 年～1627 年）為明光宗朱常洛長子，朱常洛在位僅 29 天就因「紅丸案」而暴斃，朱由校經過「移宮案」風波，為群臣擁立即位。朱由校因其父不受祖父萬曆帝的寵愛，所以自幼備受冷落，少文化、好木技，被稱之為木匠皇帝。朱由校登基之時年僅 16 歲，後金的威脅日益嚴重，內部宦官干政愈演愈烈，明朝已是民生凋敝、日薄西山。1627 年朱由校因意外落水成病，又因服用「仙藥」而死，終年 23 歲。遺詔立五弟信王朱由檢為帝，即後來的崇禎皇帝。由於明朝內部的紛亂，尚豐等待多年也沒有得到冊封。

1627 年，懷宗登極，改元崇禎，仍遣指揮閩邦基齎登極詔至琉球。第二年四月，邦基歸朝。

1628 年，尚豐仍以世子之名，遣王舅毛泰時、長史蔡錦等奉表、方物。王舅偕指揮閩邦基入京，慶賀懷宗登極；並進熹宗香。

1629 年春，尚豐以世子之名，遣正議大夫鄭俊、使者馬如麟等奉表貢方物。是年，又遣正議大夫蔡廛、使者毛泰世等，奏請襲封。

　　1630 年春，尚豐以世子之名，遣王舅毛時輝、正議大夫鄭子孝等奉表、方物入賀。

　　1631 年四月，尚豐以世子之名，遣使英梓等進神宗及光宗香。

　　根據史籍記載，朱由檢繼位之時，中國北方大旱，赤地千里，寸草不生。崇禎帝一方面要勤於政事，另一方面要剷除以魏忠賢為首的閹黨，故一直沒有派出冊封使。直到 1632 年，崇禎帝才遣正使戶科左給事中杜三策、副使行人司行人楊掄齎勅至國，諭祭故王尚寧，封世子尚豐為中山王。頒給如例。詔曰：

> 維我皇明統一寰海，撫有萬邦，延世樹君，奉藩司牧於以同仁示無外也。朕遵明祖憲綏，綏輯遐方，命使錫恩彞章，具在其有斯焉。爾琉球國，建邦濱海，虔奉正朔；沐浴朝化，度越殊鄰。國王尚寧，膺爵有年，恪修臣節。比聞訃告，爰軫朕哀。世子豐，家嗣稱賢，群情攸屬。宜頒新渥，俾繽舊封。茲特遣戶科左給事中杜三策、行人司司正楊掄齎詔，封為琉球國中山王，仍賜皮弁冠服等物。國中官僚耆舊，尚其協力，攄忠保躬，贊政弘繼。世承先之業，堅畏天事大之誠；永奠炎陬式光南服，予一人用徵有道之守。爾君臣亦有無疆之休。特茲詔示，咸俾悉知。〔註1〕

賜國詔書：

> 皇帝勅諭琉球國王世子尚豐：得奏爾父尚寧示泰昌元年九月十九日薨逝。爾為世子，理宜承襲。特遣戶科左給事中杜三策、行人司司正楊掄，封爾為琉球國中山王，嗣理國政。並賜爾及妃冠服綵幣等物。念爾父紹膺國統，作鎮海邦；率職輸誠，慎終如始。中遭鄰侮旋致者，安克綏提封，迄於沒世。爾以元徹，國人歸心。嗣服之初，倍宜兢惕。其尚祇循候，度恪守王章；禔躬以率勵民，飭政而輯寧邦域。綢繆牖戶，保固藩籬。庶無忝爾前人用副予之顯命欽。故諭頒賜有條式。〔註2〕

　　是年冬，王遣王舅向鶴齡、紫金大夫蔡堅、使者栢壽、都通事阮士乾等奉表、方物，隨冊使杜三策等入京，謝襲封恩；附具奏乞，貢期如舊制二年一貢，願罄恭順之誠。懷宗才允其請，仍定二年一貢，著為典例。又具疏言：「昔者

〔註1〕《中山世譜》卷八尚豐王。
〔註2〕《中山世譜》卷八尚豐王。

本國，每會貢期，必駕船二。近減其一而不便。乞增一船，以便往來。」〔註3〕陳請懇切。懷宗嘉其忠順，悉許之。宴賚如例。

1634 年秋，尚豐王遣正議大夫蔡錦、使者毛紹賢等奉表入貢。謝恩使臣至北京，再次奏乞復貢期被允。尚豐王非常高興，二年一貢，亦從此定。

1636 年冬，王遣使支紹哲等奉表貢方物。宴賚如例。

1639 年冬，王遣紫金大夫蔡堅、使者毛繼善、都通事阮士乾等奉表貢方物；並奏乞柔遠施恩，許本國納稅，貿買絲紬等項，以備國用。禮部以聞。懷宗命經部議。許之。宴賚如例。

1640 年春，王遣正議大夫鄭藩獻、使者金是寶等貢方物。宴賚如例。

1640 年五月初四日薨。在位二十年，壽五十一。葬於玉陵。尚豐在位期間，忍辱負重，迫於壓力為日本對明朝的貿易盡力斡旋，力保琉球王國之存續。尚豐死後四年，大明王朝也壽終正寢，琉球與明朝的封貢關係也即告終，清琉封貢關係歷經曲折逐步建立。

2. 尚賢王

尚豐去世後，其子尚賢繼位。尚賢（1625 年～1647 年），尚豐的第三子，1641 年至 1647 年在位。

1642 年春，尚賢以世子之名，遣正議大夫蔡錦、使者翁鎮等奉表貢方物。宴賚如例。

1644 年春，尚賢仍以世子之名，遣正議大夫金應元、使者吉時逢等奉表貢方物；並以尚豐王訃告，兼請襲封。

是年正值明清交替，中國兵亂四起，海賊阻道。應元等留滯福州，不得歸。是年，世祖皇帝歸靖兵亂，登皇帝位。定有天下之號，曰大清，建元順治。

1645 年，明朝族氏弘光據福建稱帝，遣福州左衛指揮花熄齎勅至國。世子尚賢遣使毛大用、都通事阮士元等入賀。

1646 年，明隆武帝繼位，復遣指揮閩邦基齎勅至國。由是，世子遣王舅毛泰允、長史金思義等捧表、方物入賀。時乃清朝大將軍貝勒，率大兵入福建，攻破隆武，而天下大定。由是，王舅毛泰久、長史金思義及前使金應元等隨大將軍貝勒，入京投誠。禮部奏言：「琉球國世子尚賢，前已遣使請封，而今前朝勅印未繳。乞遣通事謝必振，奉旨往諭。」〔註4〕世祖從之，令本國使臣同

〔註 3〕《中山世譜》卷八尚豐王。
〔註 4〕《中山世譜》卷八尚賢王。

謝必振歸國。

順治帝依禮部奏請，遣通事謝必振隨進貢使前往琉球國，承認了尚賢的王位。但清朝要求尚賢繳納明朝賜給琉球的敕印，並未正式冊封尚賢為王。1647年（順治四年），尚賢去世，葬於玉陵。由其弟尚質嗣位。

3. 尚質王

尚質（1629年～1668年），尚豐的第四子，也是尚賢同母的弟弟，1648年至1668年在位。

1649年秋，尚質以世子之名，派遣通事周國盛等抵福建，齎表投誠。時會世祖遣通事謝必振齎招撫勅，及欽賞對象來琉球。事竣還朝之日，世子遣都通事梁廷翰等護送至閩。由是，前使周國盛與謝必振俱入京，奉表投誠。

1650年，尚質以世子之名，遣王舅阿榜琨、正議大夫蔡錦等奉表入貢，並賀世祖登極，但由於其船遇風漂沒，沒有成功到達。

1651年，世祖命通事謝必振、全周國盛等齎勅，歸諭世子，並討還大明所敕之印，次年抵達琉球。

1653年春，尚質以世子之名，遣王舅馬宗毅、正議大夫蔡祚隆等赴京貢方物，表賀世祖登極；並繳還明朝勅印，兼請襲爵。且備言前朝所賜詔勅，皆隨王葬；止所賜寧王之勅，存而未葬。故以其勅齎繳。

1654年，世祖命兵科愛惜喇庫哈番張學禮、行人司行人王垓為冊封正副使。張學禮等至福建修造海船，因海上倭寇未靖，還京待命。

1657年，琉球開始自己鑄造錢幣，名「鳩目」。（此前都是用中國的錢幣。）

1663年，海氛稍靖。聖祖康熙遣張學禮等，奉詔勅及印一、緞幣五十疋至國。諭祭故王尚豐，封世子尚質為中山王。勅曰：

> 爾國慕恩向化，遣使入貢。世祖章皇帝嘉乃抒誠，特頒恩賚，命正使兵科副理官張學禮、副使行人司行人王垓，齎捧勅印，封爾為琉球國中山王。乃海道未通，滯閩多年，致爾使人物故甚多。及學禮等奉掣回京之日，又不將前情奏明，該地方督撫諸臣亦不行奏請。迨朕屢旨詰問，方悉此情。朕念爾國傾心修貢，宜加優恤，乃使臣及地方各官逗留遲誤，豈朕柔遠之意！今已將正副使、督撫等官分別處治，特順恩賚。仍遣正使張學禮、副使王垓，令其自贖前罪，暫還原職。速送使人歸國。一應勅封事宜，仍照世祖章皇帝前旨行。朕恐爾國未悉朕意，故再降勅諭，俾爾聞知。爾其益殫厥誠，

毋替朕命。欽哉。故諭。〔註5〕

詔曰：

> 帝王祇德應治，協於上下靈。承於天時，則薄海通道，罔不率
> 俾為藩屏臣。朕懋纘鴻緒，奄有中夏；聲教所綏，無間遐邇。雖炎
> 方荒略，亦不忍遺。故遣使招徠，欲俾仁風暨於海滋。爾琉球國，
> 粵在南徼。乃世子尚質達時識勢，祇奉明綸。即令王舅馬宗毅等獻
> 方物，稟正朔。抒誠進表，繳上舊詔勅印。朕甚嘉之。故特遣正使
> 兵科副理官張學禮、副使行人司行人王垓，齎捧詔印，往封為琉球
> 國中山王，仍賜以文幣等物。爾國官僚及泯庶，尚其輔乃王，飭乃
> 候度；協摅乃蓋，守乃忠誠；慎又厥職，以凝休祉，綿於奕世。故
> 茲詔示，咸使聞知。〔註6〕

1663 年冬，王遣王舅向國用、紫金大夫金正春等赴京奉表獻方物，謝襲
封恩。聖祖嘉王恭順，特賜王緞幣二十疋，著為例。

1664 年春，王遣王舅英常春、正議大夫林有才等奉表獻方物，慶賀聖祖
登極；並進世祖章皇帝香品。其船至梅花港，破壞未達。聖祖許其補進，仍以
欽賞對象，令使臣帶回。賜王如例。

1666 年春，王遣正議大夫鄭思善、使者毛榮清等赴京，奉表入貢。又於
常貢外加進紅銅六百斤、黑漆龍畫螺盤十個，稱為外貢。而欽賞如例。外貢例
自此始。

1668 年春，王遣耳目官吳文顯、正議大夫王明佐等入京，奉表貢方物。
時於外貢內減去黑漆龍畫盤十，而進黑漆瑠螺茶盅一百個。聖祖降勅獎諭，後
每入貢，賜勅為例，及欽賞如例。

尚質是第一個與清朝建立封貢關係的琉球國王。尚質在位期間，以向象賢
為攝政，在琉球進行改革，主要針對薩摩侵琉造成的經濟凋敝的社會現實。內
容主要是自王室到庶民都要厲行儉約；禁止娼妓；限制女巫的權力，女巫不得
參預政事；獎勵開荒，懲治不法；訓練外交人才。但是向象賢的改革除了廢除
女巫特權之外，基本上並不是大膽創新，只是對現有政治略作改良修補。儘管
如此，畢竟對戰後琉球的恢復起到積極作用。就在尚質時期，琉球國最早的史
書《中山世鑒》也由向象賢執筆修撰而成，對此書的分析評價將在下文展開。

〔註 5〕《中山世譜》卷八尚質王。
〔註 6〕《中山世譜》卷八尚質王。

1668 年，尚質去世。琉球國在他統治之下，度過了較為安穩的 20 年。

二、清前期的琉球尚氏王朝

1. 尚貞王

尚貞（1645～1709 年）是尚質之子，1669 年至 1709 年在位。

尚貞繼位正值清初混亂之時。直至 1672 年冬，尚貞才遣耳目官吳美德、正議大夫蔡彬等入京奉表，貢方物。翌年，回到蘇州。時會福建靖南王耿精忠謀叛動兵，無路可歸，留蘇州數年。其間本國不敢入貢。時吳三桂亦謀反起兵，安南國從吳三桂。1676 年時，靖南王耿精忠遣游擊陳應昌至琉球招之，但尚貞並沒有接受。

1667 年，尚貞王遣正議大夫蔡國器等，探問清朝安否，並貢使消息。聖祖康熙大悅，深嘉琉球忠順之誠。後增船免稅，並加賞緞等事，皆以有此功故也。

1678 年冬，尚貞王遣耳目官陸承恩、正議大夫王明佐等入京，奉表貢方物；並奏乞增船一隻，迎接勅書及貢使，以便往來。聖祖從之。接貢船也是從此這個時期開始。

1680 年，尚貞王遣耳目官毛見龍、正議大夫梁邦翰等入京，奉表貢方物；並具通國結狀，請襲爵。聖祖曰：「琉球恪共藩職，當耿精忠叛亂之際，屢獻方物，恭順可嘉。」〔註 7〕仍賜勅褒諭，並加賜錦幣二十疋，著為例。賞緞四十疋也是從此次開始。又於常貢內免其貢馬；於外貢內免絲煙及螺瑤、茶盅。

1682 年，尚貞王遣耳目官毛文祥、正議大夫蔡國器等入京奉表，貢方物。時常貢內加進紅銅三千斤。聖祖於外貢內以圍屏紙、磨刀石、蕉布悉免之。著為例。又遣正議大夫鄭永安等迎接封舟。

1683 年夏，聖祖康熙遣正使翰林院檢討汪楫、副使內閣中書舍人林麟焻齎勅至國，諭祭故王尚質，封世子尚貞為中山王；並以御筆大書「中山世土」四字賜王。詔曰：

> 朕躬膺天眷，統御萬方。聲教誕敷遐邇，率俾粵在荒服，悉溥仁恩，葉承祧，並加寵錫。爾琉球國，地居炎徼，職列藩封。中山王世子尚貞，屢使來朝，貢獻不懈。當閩疆反側，海寇陵梁之際，

〔註 7〕《中山世譜》卷八尚貞王。

篤守臣節，恭順彌昭，克殫忠誠，深可嘉。尚茲以序，當續服，奏
請嗣封。朕惟世繼為家國之常規，爵命乃朝廷之巨典。特遣正使翰
林院檢討汪楫、副使內閣中書舍人加一級林麟焻齎詔，往封為琉球
國中山王。爾國臣僚以及士庶，尚其輔乃王，慎修德政，益勵悃誠，
翼戴天家，慶延宗祀。實惟爾海邦，無疆之休。故茲詔示，咸使聞
知。〔註8〕

勅曰：

惟爾遠處海隅，虔修職貢。屬在家嗣，序應承祧。以朝命未膺，
罔敢專擅。恪遵典制，奉表請封。朕念爾世守臣節，忠誠可嘉。特
遣正使翰林院檢討汪楫。副使內閣中書舍人加一級林麟焻齎勅，封
爾為琉球國中山王，並賜爾及妃文幣等物。爾祇承寵眷，懋紹先猷，
輯和臣民，慎固封守。用安宗社於苞桑，永作天家之屏翰。欽哉。
毋替朕命。〔註9〕

另外，康熙帝還賜王蟒緞錦幣三十疋，妃二十疋。

1683年冬，尚貞王遣王舅毛國珍、紫金大夫王明佐等入京奉表，獻方物，
謝襲封恩。先是，謝恩例：給緞二十疋。聖祖恩加十疋。共賜緞幣三十疋。著
為例。

1684年冬，王遣耳目官向世俊、正議大夫鄭永安奉表入京，貢方物。先
是，進貢例：給賞緞四十疋。聖祖以琉球忠順，恩加十疋。共賜緞幣五十疋。
著為例。

1685年冬，尚貞王遣耳目官向應伯、正議大夫曾夔等奉表入京，貢方物；
並遣官生梁成楫、鄭秉均、阮維新、蔡文溥四人入監讀書。翌年丁卯，抵閩入
京。聖祖命工部建書房於監側，令成楫等居；又三季給衣服及鋪蓋、口糧、日
用等項。並從人各賜冬夏衣，優待甚厚。

1688年冬，王遣耳目官毛起龍、正議大夫蔡鐸等奉表入京，貢方物。先
是，接貢船於關上納稅費用甚多。且明朝以來，所遣貢船二隻，以百五十人
為定。而海闊人少，往來不便。由是王具疏，以乞免其稅，並加增人數。禮
部議奏：「琉球納稅，照荷蘭國例，該應蠲免。止貢船人數，應遵會典，何
必更增？」聖祖曰：「琉球來享最久。且吳大三桂、耿精忠謀叛之時，安南

〔註8〕《中山世譜》卷八尚貞王。
〔註9〕《中山世譜》卷八尚貞王。

歸吳三桂；琉球則耿王遣使招之，終不肯服。而克篤忠誠，恪恭藩職。其恭順之誠，深可嘉尚。」〔註10〕命再下禮部議。貢船以二百人為定，並接貢船，被免納稅。聖祖又以舊制給賞緞疋皆係外庫所貯，命部換賜內庫緞幣。俱著為例。

1690 年、1692 年、1694 年、1696 年、1698 至 1708 年，每隔二年，尚貞王都會按時遣使入京，貢方物。還有些年份送還漂流民。

尚貞在位期間，琉球與清朝的關係良好，琉球也獲得了「中山世土」的稱號。1699 年，尚貞追尊先祖尚稷（第二尚氏王朝第一位國王尚圓王的父親）、尚懿（尚寧王的父親）、尚久（尚豐王的父親）為王，祀於圓覺寺。尚貞在位期間，曾命令蔡鐸主持編寫琉球國史書《中山世譜》。

《中山世譜》是琉球的首部官方正史，用漢文寫成，從琉球角度記敘了琉球的歷史。現存的「世譜」本卷有 14 卷（主要是收有關中國相關事項）、附卷 7 卷（主要是收錄有關薩摩藩的相關事項）。在琉球國歷史上，這部國史的修成，亦是件大事。1697 年，攝政尚弘才，法司向世俊、馬廷器、毛典相，總理司譜官尚弘德、向和禮（1652～1717）、傳崇道，校正官蔡鐸（1644～1724）等人對《琉球國中山世鑒》進行漢譯、改訂，但於 1701 年即中止。1724 年，由國相尚徹，法司馬獻圖、尚和聲、毛承詔，總宗正尚盛、尚文明、毛光弼，纂修司蔡溫（1682～1761）等人重訂之，於翌年完成。其中蔡溫改訂的只到本卷九卷為止，其餘由史官繼續修訂。附卷的部分可能也是由蔡溫所編修，後來又經鄭秉哲之手改訂，才成為現在的 7 卷。

1709 年七月十三日尚貞王去世，在位四十一年，壽六十五，葬於玉陵。史書評價為：尚貞王性質溫厚，好學重禮；文風大興，社稷奠安。

2. 尚敬王

由於世子尚純未及繼位便英年早逝，所以在 1709 年尚貞逝世之後，按長幼之序，由世子之長子繼承王位，是為尚益王（1678～1712 年）。尚益在位三年便亡故。其即位的翌年修復了首里王城的大殿。1712 年尚益病逝，其子尚敬即位。

尚敬繼位以後，以世子之名，於 1714 年、1715 年、1716 年遣官員入京貢方物，兼請襲封。1716 年，聖祖康熙命翰林院檢討海寶、翰林院編修徐葆光為冊封正副使，並給賞如例。

〔註10〕《中山世譜》卷八尚貞王。

1718年秋，尚敬遣都通事毛士達、司贍養、大使全文亨等駕海舟至閩，送還浙江寧波府漂流人王金枝等。是年冬，遣耳目官向秉乾、正議大夫楊聯桂等奉表入京，貢方物；又遣正議大夫陳其湘搭駕二號貢船，捧諮至閩，迎接封舟。

1719年夏，冊封正使海寶、副使徐葆光齎勅至國，諭祭故王尚貞、尚益，封世曾孫尚敬為中山王。勅曰：

> 惟爾遠處海隅，虔修職貢；屬在冢嗣，序應承祧。以朝命未脣，罔敢專擅；恪遵典制，奉表請封。朕念爾世守臣節，忠誠可嘉。特遣正使翰林院檢討海寶、副使翰林院編修徐葆光齎勅，封爾為琉球國中山王，並賜爾及妃文幣等物。爾祇承寵眷，懋紹先猷；輯和臣民，慎固封守。用安宗社於苞桑，永作天家之升翰。欽哉。毋替朕命。故諭。〔註11〕

詔曰：

> 朕恭膺天眷，統御萬邦，聲教誕敷遐邇。率俾粤在荒服，悉溥仁恩，奕葉承祧，並加寵錫。爾琉球國，地居炎徼，職列藩封。中山王世曾孫尚敬，屢使來朝，貢獻不懈。當閩疆反側，海寇陸梁之際，篤守臣節，恭順彌昭；克殫忠誠，深可嘉尚。茲以序當續服，奏請嗣封。朕惟世繼為家國之常經，爵命乃朝廷之巨典。特遣正使翰林院檢討海寶、副使翰林院編修徐葆光，齎詔往封，為琉球國中山王。爾國臣僚以暨士庶，尚其輔乃王，慎修德政，益勵惕忱；翼戴天家，慶延宗祀。實惟爾海邦無疆之休。故茲詔示，咸使聞知。〔註12〕

1720年春，冊使海寶等得順風還朝時，尚敬王遣王舅向龍翼、紫金大夫程順則、使者楊天佑等，奉表入京獻方物，謝襲封恩。給賞如例。是年冬，尚敬又王遣耳目官毛廷輔、正議大夫梁得宗等奉表入京貢方物。聖祖照安南國例，加賞三十疋。共給八十疋。著為例。

1722年冬，尚敬王遣耳目官毛弘健、正議大夫陳其湘等奉表入貢，並遣官生蔡用佐、蔡元龍、鄭師崇三人入監讀書。時會聖祖崩，皇太子登極，改元雍正。特命福建守臣，諭祭貢使毛弘健並官生蔡用佐等十人。又命將二號船內所存方物交付發還，準作正貢。到京，仍賜王羅緞、綢錦如例。

〔註11〕《中山世譜》卷九尚敬王。
〔註12〕《中山世譜》卷九尚敬王。

1723 年，尚敬王遣王舅翁國柱、正議大夫曾歷、使者馬世龍等入京獻方物，表賀登極；並進聖祖香品。仍遣官生鄭秉哲、鄭謙、蔡宏訓三人入監讀書。禮部奏。允此事。給與口糧食物，四季衣服，鋪蓋房屋，紙筆銀兩；從人亦給口糧食物，衣服鋪蓋。禮待甚優。奈蔡宏訓入監未幾，因病而亡。禮部奏之。皇上深痛，命禮部特給蔡宏訓三百兩。內留一百兩修理墳墓；其餘二百兩，付翁國柱帶回，交給蔡宏訓之母，以資養瞻己。又以翁國柱係王舅奉旨，召見於乾清宮。拜畢，賜座並茶。皇上諭翁國柱曰：「昭德恤民，王者之大規，汝回告王。且汝等涉海入賀，勞功可嘉。」〔註13〕國柱跪拜謝恩。本日除例賞緞八十疋外，加賞國王：御書匾額「輯瑞球陽」四字琺瑯爐瓶盒一分、白玉盒一對、漢玉玦一件、白玉鎮紙二件、三喜玉杯一件、青玉爐一件、白玉提梁礶一件、漢玉蟎虎筆洗一件、青玉三喜花插一件、自玻璃大碗四個、白玻璃蓋碗六個、磁胎燒金琺瑯有蓋靶碗六個、青花白地龍鳳蓋碗十二個、青花白地龍鳳蓋鍾十個、藍磁盤十二件霽紅碟十二件、霽紅碗十件、甜白八寸盤十二件、綠龍六寸盤二十個、青花如意五寸盤二十個、青團龍大碗十二個、五彩宮碗十四個、綠地紫雲茶碗十個、紫檀木盒綠端硯一方、棕根盒綠端硯一方、上用緞二十疋。

上述記錄是《中山世譜》第一次詳細地介紹了清帝賜給琉球王的對象。翁國柱在乾清門外，一一跪領。又加賞國柱銀一百兩，上用緞八疋。歷數日，又除例宴外，恩給翁國柱、曾歷等上用糕餅數十品。誠是千載之奇遇也。

1724 年冬，遣耳目官毛健元、正議大夫蔡淵等奉表入京貢方物。宴賚如例。

1725 年，為叩謝格外恩賞事，遣紫巾官向得功、正議大夫鄭士絢等入京謝恩，獻方物。時向得功奉旨在大和殿旁賜宴。又蒙召見於乾清宮。拜畢，賜座並茶。皇上特諭向得功曰：國王好？地方太平麼？百姓安樂麼？謝道武代奏：蒙皇上洪福，國王好，地方太平，百姓安樂。又奉旨，一路地方官待他好麼？謝道武代奏：自福建至京，一路地方官，皆仰體皇上柔遠之至意，相待甚優，感激不盡。龍顏大悅。既而向得功出在乾清宮門外，跪拜謝恩。本日，除例賞外，加賞國王對象，一一跪領。勅曰：

　　朕惟昭德懷遠，盛世之良規；修職獻琛，藩臣之大節。輸誠匪
　　懈，寵賚宜頒。爾琉球國中山王尚敬，屬在遐方，克抒丹悃；遣使
　　齎表納貢，忠蓋之忱，良可嘉尚。是用降勅獎諭，並賜王文綺、玉
　　器等物。王其祇承，益勵忠貞，以副朕眷。琉球遠隔海洋，不必專

遣使臣謝恩。著俟正貢之年，一同奏謝。欽哉。故勅。

時乃正賜例賞：蟒緞六疋、青藍綵緞十疋、藍素緞十疋、衣素緞十疋、閃緞八疋、錦六疋、紬十疋、羅十疋、紗十疋。特賜加賞：內造緞二十疋、玉方鼎一件、玉荷葉盤一件、漢玉方壺一件、玉五老雙壽杯一件、玉夔龍水注一件、玉異獸花插一件、玉龍鳳方盒一件、玉螭虎雙壽碗一件、玉雲喜卮一件、玉磬一架、琺瑯爐瓶盒一分、藍玻璃蓋碗六件、青龍紅水七寸盤十二件、霽紅白魚七寸盤二十件、青龍暗水大宮碗十二件、霽紅盤十二件白玻璃碗四件、五彩蟠桃宮碗十四件、霽紅蓋碗十件、綠地紫雲茶碗十件、青花龍鳳蓋碗十二件、青花龍鳳蓋鍾十件、紅龍高足有蓋茶碗六件、霽藍盤十二件、青花如意五寸盤二十件、紫檀木盒綠端硯一方、杏木盒綠端硯一方；又加賞向得功內造緞八疋，銀一百兩。時奉旨：琉球國王只要心知皇上恩典，不必貢獻禮物謝恩。向得功奉旨跪拜，既而事竣，歸國覆命。

從上述記載來看，雍正帝對琉球王格外恩典，准其不必貢禮，並賜予尚敬各種綾羅綢緞及各種珍貴的玉器瓷器等。

1726年冬，王遣耳目官毛汝龍、正議大夫鄭廷極等奉表入京貢方物，及送還朝鮮飄民九名。毛汝龍奉旨，在於大和殿傍座。賜宴。又蒙召見於乾清宮。拜畢，賜座並茶。皇上諭毛汝龍曰：「琉球平安，汝遠出使，誠足嘉獎。」特賜毛汝龍貂鼠皮二十張。毛汝寵跪拜謝恩。其餘欽賞如例。且每日食物，除例物外，加賜四色；每五日，加賜七色。禮待甚優。又有聖旨：除例賞外，加賜官生鄭秉哲、鄭謙每員緞二疋、綾二疋；跟伴每名緞一疋。附搭毛汝龍船而歸。時準部諮內，雍正四年貢典，奉旨存留，將進到禮物，準作雍正六年正貢。其雍正六年，應進表文。仍令照例遣使，赴京恭進。且續準部議。雍正六年，應進表文。若令特遣使臣來京恭進，相隔海洋，路途遙遠。俟該國王遣使恭進八年正貢時，將六年表文一併恭進，以示皇上柔恤遠人之至意。奉旨依議等因。

1728年，尚敬王遣耳目官毛鴻基、正議大夫鄭秉彝等奉表入京貢方物；及奏請按期入貢；且謝加賜玉器緞疋。時蒙皇上除例賞外，又獲得加賜。歸國之時準部諮內奉旨：「琉球地處重洋之外，奉表修貢，遠涉風濤。朕心深為軫念。是以從前降旨，令將雍正四年該國王謝恩所貢儀物，準作雍正六年正貢，以示恩眷。今該國王以六年正貢之期，仍遵定制，遣使航海遠來，奉表進貢，情詞懇切，具見悃忱。知道了，著將六年進貢之物，準作八年正貢。

若八年貢物已經遣使起程，即準作十年正貢。著行文，該國王知之，該部知道。欽此」〔註14〕

1730 年冬，尚敬王遣王舅向克濟、正議大夫蔡文河、使者毛允仁等奉表入京貢方物；並謝加賜玉器、緞疋，及官生奉旨歸國。且疏陳情詞，乞回明旨，按期入貢。且送還異國漂人四名（此時那霸小船一隻十九名漂至浙江溫州府，照例送至福州柔遠驛，給予口糧、衣服等項。奈船在閩朽爛，仍將難民分搭貢船二隻而歸國）。又蒙皇上除例賞外，加賜克濟。玉器、玻璃等物，共計二十五件。克濟、文河等奉旨，在昭德門旁。賜宴。其給賞如例。

時有八重山船一隻，（四十八名）漂至臺灣大鼻頭，沖礁破損。但接貢船一隻，難以難民附搭。克濟等具呈請，乞雇借商船一隻，令難民坐駕。壬子秋，隨接貢船一齊歸國。

1732 年冬，尚敬王遣耳目官溫恩明、正議大夫鄭儀等奉表入京貢方物；並謝加賜向克濟；且奏請按期入貢。此時給賞如例。既而事竣歸國。

1736 年冬，尚敬王遣耳目官毛光潤、正議大夫鄭國柱等奉表入京貢方物。時會憲帝崩，皇太子登極，改元乾隆。而宴賚如例。

1737 年冬，王遣王舅向啟猷、正議大夫金震、使者夏瑞龍等。入京獻方物，表賀登極；並進憲帝香品。向啟猷、金震奉旨，在保和殿旁。賜宴。蒙召見乾清宮，賜座並茶。皇上特問曰：國王安全？百姓安樂？年成豐饒？向啟猷、金震跪拜伏首謝恩。且皇上除例賞外，特賜國王御書匾額「永祚瀛壖」四大字。時蒙勅諭：琉球遠隔海洋，不必專遣使臣謝恩。著俟正貢之年，一同奏謝。既而給賞如例。向啟猷等回至福州。時有八重山船一隻，（三十六名）漂至浙江定海縣；亦一隻，（三十六名）漂到閩省定海縣；那霸船一隻，（十名）漂至浙江象山縣；亦一隻，（二十九名）漂至浙江臨海縣。俱有送至福州柔遠驛，給與口糧。其內一隻至浙損破，一隻在閩朽爛。即令難民分搭兩船，隨進貢船一齊歸國。

1738 年冬，尚敬王遣耳目官向維豪、正議大夫蔡塘等奉表入京貢方物。宴賚如例。時永良部商民九名，漂至臺灣三貂灣，舟破上岸，送至福州，附搭接貢船而回。

1740 年冬，尚敬王遣紫巾官翁鴻業、正議大夫蔡其棟等（蔡其棟至閩病卒）奉表入京，獻方物；並謝賜匾額。時翁鴻業奉旨，在保和殿旁賜宴；又蒙

召見於乾清宮，賜座並茶。皇上諭問曰：國王平安，國土太平麼？翁鴻業跪拜伏首，謝恩。而其餘宴賚如例。既而事竣歸國。時奉准依部議，將其謝恩禮物，仍照雍正四年之例存留，準作二年一次正貢。

1741 年冬，尚敬王遣都通事鄭士綽、使者東崇仁等，照例接貢，並送還福建泉州府漂流商民王同興等二十一名。

1742 年壬戌春，尚敬王遣都通事阮為標、司養贍、大使諭信等，駕海船至閩，送還江南蘇州府漂流商民徐惟懷等五十三名。是年冬，王遣耳目官毛文和、正議大夫蔡用弼等奉表入京貢方物。宴賚如例。

1745 本年夏，尚敬王遣都通事蔡宏模、司養贍、大使向紫瓊等駕海船到閩，送還蘇州府吳縣漂流商民遊仲謀等八十二名。

1746 年冬，沿敬王遣耳目官毛允仁、正議大夫梁珍等奉表入京，貢方物。宴賚如例。但歸國時，陡遭颶風，船尾打壞，槽棋漂失，不能駕回，漂流到閩。時蒙欽賜司庫銀一千兩，大加修葺。未告成，而風汛已至。呈准換駕進貢頭號船，先回本國。有宮古島船一隻共四十名，漂至臺灣，而船破上岸。茲蒙臺灣府官遣使送到福州，發給口糧賞物如例。此時在館身故共七名，其餘附搭貢船而回。

1748 年冬，尚敬王遣耳目官向永成、正議大夫鄭秉哲等奉表入京貢方物。給賞如例。

1749 年冬，又遣都通事阮大鼎、使者向克類等，照例接貢；並送還福建省福州府閩縣難商吳永盛等二十八名。

1750 年庚午春，遣都通事阮超群、司養贍，大使東觀旭等，駕海船到閩，送還福建省泉州府同安縣難商陳得昌等二十名、興化府莆田縣難商黃明盛等三十名、江南省蘇州府通州難商彭世恒等十四名。皇上嘉忠藎之忱，賞賜國王蟒緞二疋、閃緞二疋。錦二疋綵緞四疋、素緞四疋。是年夏，遣都通事陳以桂、司養贍、大使毛開烈等，駕海船到閩，送還福建省泉州府同安縣難商李順等十七名、泉州府晉江縣難商王源利等二十六名、漳州府龍溪縣難商林順泰等二十二名、江南省蘇州府常熟縣難商沈惠等十二名、蘇州府常熟縣難商陶壽等十七名、直隸省天津府天津縣難商田聖思等十九名。至於壬申年，恭蒙皇上深嘉誠款之心，賞賜國王蟒緞二疋、錦二疋、閃緞二疋、綵緞四疋、素緞四疋。此年冬天，尚敬王又遣耳目官毛元烈、正議大夫阮為標奉表入京貢方物。宴賚如例。（毛元烈至閩病卒。）二號船附送江南蘇州府常熟縣瞿長順等十二名、福建福

州府閩縣蔣長興等二十七名至閩。恭蒙皇上嘉恭順之忱，撰入勅內，恩賜國王蟒緞二疋、閃緞二疋、錦二疋、綵緞四疋、素緞四疋。

從上述記載來看，在尚敬王時期，琉球與清的關係密切友好，不僅隔年朝貢，更是時常送還中國漂流民，也證明漂流民事件是時常發生的事情。另外，《中山世譜》從尚敬王開始，對中琉之間的交往記載得十分詳細，不僅記錄了每次朝貢的細節，也記錄了送還漂流民的事情，還記錄了琉球發生的大事。

1751 年正月二十九日，尚敬王去世，在位三十九年，壽五十二。葬於玉陵。王英明豁達，好學重禮，國俗雍變，社稷奠安。尚敬（1700～1752 年）統治琉球時期，政治、經濟、文教平穩發展。由於一代名相蔡溫的施政，琉球民生明顯改善，特別是農業在蔡溫等人主持之下得到長足發展，自薩摩入侵至此近 150 年，琉球國終於得以在戰爭的廢墟上重建，社會又復為安定。

3. 尚穆王

1752 年，尚敬逝世，其長子尚穆（1739～1794 年）繼位，以老臣蔡溫為國相。

1752 年冬，尚穆以世子之名，遣耳目官向邦鼎、正議大夫楊天壯奉表入京貢方物。翌甲戌正月元日，皇上見朝太后之時，鼎等奉旨太和門外，與各官俱行拜禮。既而進門內，見朝皇上。給賞如例。

1753 年冬，尚穆遣都通事金安、使者翁國材等，照例接貢；並送還江南通州府漂流難商崔長順等二十三名。本年夏，進貢頭號船回國之時，駛過連江縣，時誤沖礁石，船已破壞。幸在船員伴及御用對象搬載小舟，俱已登岸。時蒙欽賜司庫銀一千兩，折修船隻。翌年回國。

1754 年冬，尚穆以世子之名，遣耳貝官毛元翼、正議大夫蔡宏謨等奉表入京貢方物；兼請襲封。皇上命翰林院侍講全魁、翰林院侍講周煌為冊封正副使，並給賞如例。1755 年乙亥冬，八重山船隻漂至頭弔礁，遂轉至廈門。其地方官給發檣舵等。翌年二月，送至閩省，時貢使毛元翼等，奉傳信牌；隨令總官梁廷輔等附坐其船，先已遣回，報知今夏封使臨國之事。

1756 年夏，冊封正使全魁、副使周煌，坐駕海船二隻，率領員役等，福州開洋。因風不順，頭號寶船漸到姑米山，拋下椗索候風；二號寶船漂回。其頭號寶船在於彼山。不擬遇著颶風，觸礁破壞。欽差親捧詔勅並節登岸，欽賞幣帛、印篆。及隨封二百餘人悉皆無恙。早遣法司官等駕海船迎接，護到那霸港，即請安天使館。天使撰吉，齎捧詔勅，諭祭故王尚敬，襲封世子尚穆為中

山王。將清篆新印，換舊印而賜焉。時所宣讀詔勅記左。此時二號寶船尚未來到，季冬方得到國。勅曰：

> 皇帝勅諭琉球國中山王世子尚穆：惟爾遠處海隅，虔修職貢。屬在冢嗣，序應承祧。恪遵典制，奉表請封。朕念爾世守藩服，恭順可嘉。特遣正使翰林院侍講全魁、副使翰林院編修周煌齎勅，封爾為琉球國中山王，並賜爾及妃文幣等物。爾其祇承寵眷，克懋先猷。和輯臣民，增修德政。永延宗社之嘉歷，長作天家之屏翰。欽哉。毋替朕命。故諭。〔註15〕

詔曰：

> 朕恭膺天眷，統御萬方，聲教誕敷遐邇。率俾粵在荒服，悉溥仁恩，奕葉承祧，並加寵賜。爾琉球國，地居炎徼，遠隔重洋，世列藩封，屢膺朝命。代修職貢，恭順彌昭。茲以中山王世子尚穆，序當纘服，奏講嗣封。朕惟世繼為家國之常經，爵命乃朝廷之巨典。特遣正使翰林院侍講全魁、副使翰林院編修周煌齎詔，往封為琉球國中山王。爾國臣僚以暨士庶，尚其輔乃王，慎修德政，益勵惘忱，翼戴天家，慶延宗祀。實惟爾海邦，無疆之休。故茲詔示，咸使聞知。〔註16〕

正使全魁自題「雲根石髓」四字，以立於王城龍泉岸上。

清朝的冊封到達琉球登岸之時，尚穆王到迎恩亭，恭問皇上萬福，且拜迎詔勅並節。又諸禮全竣，將回朝離館登船時，尚穆王也親自到迎恩亭，而拜送使節。琉球國王行此禮，是從尚穆王開始。此番而始焉。

1757 年春，冊使全魁、周煌等還朝。周煌出使回國後，整理編輯成《琉球國志略》一書。

《琉球國志略》主要記載琉球國的歷史和地理概況。全書依序有總目、凡例、採用書目、首卷及正文。首卷包括御書、詔敕、諭祭文和圖繪。御書輯錄聖祖、世宗、高宗親筆書賜琉球國王的匾額。詔敕輯錄世祖、聖祖、高宗給琉球國王的詔書。諭祭文輯錄聖祖、高宗為與琉球國有關的喪事或祭事諭寫的祭文。圖繪包括琉球星野圖、琉球國全圖、琉球國都圖、王府圖、先王廟圖、天使館圖、球陽八景圖、封舟圖、玻璃漏圖、羅星圖和針路圖。正文各卷篇目如

〔註15〕《中山世譜》卷十尚穆王。
〔註16〕《中山世譜》卷十尚穆王。

下：卷一星野；卷二國統；卷三封貢；卷四上輿地，包括建置、疆域、形勝、城池和炮臺等；卷四下風俗，包括形質、氣候、習尚、儀節、節令、服飾及舍宇等；卷五山川，包括國中山、屬島山、海（潮候、風信、針路）、水泉、橋樑等；卷六府署，包括王府、世子府、使館、學校等；卷七祠廟，包括寺院；卷八勝蹟；卷九爵秩；卷十賦役；卷十一典禮；卷十二兵刑；卷十三人物，包括賢王，忠節、忠義、孝義之士、列女、文苑及方外人物；卷十四物產，包括穀、貨、蔬、果、草、木、禽、獸、鱗和介蟲；卷十五藝文；卷十六志餘，所收的都是無卷可附的雜記叢談。當時中國記載琉球史地的書籍並不多見，因此本書極為珍貴，可作為研究中國和琉球友好往來及琉球古代歷史的重要參考資料。

清冊封使回朝之時，尚穆王遣王舅馬宣哲、紫金大夫鄭秉哲、使者向廷瑛等齎捧表章、貢物，坐駕頭號貢船，與冊使寶船一齊至閩入京，恭謝冊封鴻恩。此時皇上行幸於熱河，九月二十二日回京。王舅紫金大夫恭蒙諭旨，率領使者等，到於清河地方，迎接聖輦。禮部率王舅紫金大夫進御前題奏。球官行三叩頭禮。皇上因禮部諭問國王安否。紫金大夫回奏平安。皇上聞球官通言語，即親諭問：國中太平？百姓安樂？紫金大夫即親回奏：「全賴皇上德澤，國中太平，五穀豐登，首姓安樂。」皇上又諭問國王年紀及王舅之事，仍逐一回奏。禮畢，回於公館。爾後照例。公務全竣，加賞緞疋三十疋，共計八十疋。且復荷蒙鴻恩浩蕩，將其禮物，準作戊寅年正貢，以寬貢期。

1758 年冬，尚穆王遣耳目官毛世俊、正議大夫鄭士綽等奉表入貢；並遣官生梁允治、蔡世昌、鄭孝德、金型四人入監讀書。隨即照例給予日用食物，四季衣服，鋪蓋、紙筆、銀兩；從人亦給口糧食物、衣服、鋪蓋。禮待甚優。奈金型、梁允治二人入監未幾病故。俱蒙皇上特恩，各賜白銀三百兩，共計六百兩。內留各一百兩，官修營葬；以各二百兩，共有四百兩，以諮寄賜各家。又欽賞國王如例。貢使鄭士綽等歸國。

1759 年，琉球為表達對孔子的尊重，改其廟號曰「文廟」，又曰「至聖廟」。尊啟聖王，改其祠號曰「崇聖祠」。（雍正年間，封啟聖公，為啟聖王。又改其祠號為崇聖祠。是以乾隆二十一年冬，冊封副使周煌改立匾額，書「崇聖祠」）是年夏，又將天妃改稱天后。

1762 年冬，尚穆王遣耳目官馬國器、正議大夫梁煌等奉表入京貢方物。給賞如例。並令官生鄭孝德、蔡世昌隨貢使歸國。

　　1764 年冬，尚穆王遣耳目官向廷器、正議大夫鄭秉和等奉表入京貢方物。以後每隔二年向清朝朝貢一次。

　　1780 年庚子冬，王遣耳目官向翼、正議大夫毛景昌奉表入京貢方物。叼蒙皇上隆恩，除正賞外，特賜內庫緞二十疋硯二方、玉器五件玻璃器十件、磁器一百件，並正副使緞各四疋、銀各五十兩。正使、副使、都通事，恭遇皇上祭太廟。禮成還宮之時，得與朝鮮、南掌、暹羅等國使者，一同隨鵷鷺之班，跪接聖駕，瞻仰天顏。其時叼蒙天語，垂問國王平安。厥後禮部召正副使入城。時有和大人、劉大人傳諭：「明日於紫光閣賜寵宴，賞品物；且於圓明園賞看煙火等因。欽此。」翌日皇上駕臨紫光閣之時，正副使與朝鮮等國使者，一同恭迎聖駕。在其露臺，得隨王爺班末。蒙賜滿洲御茶及寵宴，且賞正使各樣綢緞十六疋、煙包十提、杯一個；賞副使各樣綢緞八疋、煙包六提、杯一個。又至上幸圓明園之時，正副使既接駕，前赴其地，賜寓於園外人家，數次召入御前。蒙頒賜御宴，迭沾天家異味；又荷賞看演戲、煙火等藝，得睹生平未有之奇；更賞正使綵緞三疋，賞副使綵緞二疋。洵千古難逢之異數，百代無窮之榮光也。居於此，叼殊恩。十有一日，方回公館。其餘如例。事竣歸國。

　　上述是《中山世譜》第一次記錄琉球使者接受清帝宴請的情況。琉球使的階位是列於王爺班末，地位高於大臣。

　　1782 年冬，王遣耳目官毛廷棟、正議大夫蔡世昌奉表入京貢方物。額外叼蒙皇上因除夕宴，召入保和殿，與朝鮮國使者同在御前，賜果品一桌，並奉看諸般技藝；又蒙召入中正殿，與朝鮮國使者同在御前，賜御茶、果品、筵宴，奉看諸般技藝。且賞正使錦三疋、各色緞子十三疋、繡光荷包五對；賞副使錦一疋、各色緞子七疋、繡花荷包三對；又蒙召入中正殿，在御前，賜御茶、果品、豬肉，奉看各樣燈籠並諸般技藝；又召入保和殿，在御前，賜果品一桌，奉看諸般技藝；又蒙召入中正殿，在御前，賜御茶、果品、團子、東道盆、豬肉等物，奉看花炮及諸般技藝。如此恩賞，計是五次，共出乎額外矣。又於皇上啟鑾南巡之時，正使、副使及都通事，同朝鮮使者，奉旨在廣寧門外恭送聖駕。時蒙特遣軍機大臣、戶部尚書和大人傳旨問國王平安。此皆千秋之曠典，百世之榮光者也。其餘公務如例。全竣回國。

　　是年，有那霸府泉崎村崎間子船一隻、人口共二十九名，漂到浙江省寧波府，損破船隻。蒙地方官發賜衣食等件。除內一名病故外，護送福州；又除內一名就地病故外，叼蒙布政司發賜糧銀並行糧一個月，附搭貢船回國。

　　1784 年冬，尚穆王遣耳目官向猷、正議大夫毛景裕等奉表入京貢方物。叨蒙皇上隆恩，除正賞外，特賜御書匾額「海邦濟美」四字。皇上祭大廟，禮成還宮之時，正副使、都通事奉旨，與百官同跪接聖駕。其時，在二步半許，暫停聖鑾。特遣禮部大人傳旨，問國王平安及年紀子息。遵即回奏託福。王歲四十七，王子五人。即聖鑾過行。皇上升保和殿，同百官及朝鮮國使者。蒙賞賜御酒、御茶、果品，賞看諸藝。皇上駕臨紫光閣之時，正副使在丹墀前，與百官及朝鮮國使者恭迎聖駕，蒙賞賜滿州御茶、克食，看演戲、盤扛、獅舞等藝；又賞正使各色緞子十六疋、荷包大小五對。賞副使各色緞子八疋、荷包大小三對。皇上駕臨圓明園之時，正副使、都通事，在西安門之內，同百官及朝鮮國使者恭送聖駕。正副使奉旨，前赴其地。賜寓於園外人家數日賜宴。且饋賜公館平日御食、克果三色。皇上幸圓明園，同百官及朝鮮國使者，蒙頒賜滿州御茶並克果。皇上幸山高水長，與朝鮮國使者蒙召入御前。於三步許拜禮，與百官同。賜座左邊四步許，賜滿州御茶、果品、東道盆、團子等物，賞看相撲、煙花諸藝。皇上幸圓明園，同朝鮮國使者召入御前。於三步許拜禮，恭奉諭旨：近來賞賜國王品物，不必遣使謝恩，將此諭該國王知之。遵即回奏，使臣歸國宣達國王。叩頭既畢，仍賜座左邊，賜滿州御茶、東道盆、團子，賞看諸藝、煙花。皇上駕臨慶豐圖之時，奉旨同各王爺厪行其處。頒賜御茶，賞看諸藝而歸。翌日準回公館。此皆千秋難逢之異數，百代未有之榮光也。其餘公務如例。全竣回國。

　　1786 年冬，遣耳目官翁秉義、正議大夫阮廷寶等奉表入京貢方物。

　　1788 年冬，遣紫巾官向處中、正議大夫鄭永功等奉表入京貢方物。

　　1790 年冬，遣耳目官馬繼謨、正議大夫陳天龍等奉表入京貢方物。

　　1791 年，尚穆下諭琉球官服，循依中華之冠，「設纓」，主上八卷，以黃絲組；王子、按司，以青絲組；自法司以至諸士，及八重、太平兩山頭目、與人，壹是以黑絲組；無系座敷以下，以黑棉組。各從宜也。

　　1792 年，遣紫巾官毛國棟、正議大夫毛廷柱入京進貢，兼謝天恩。

　　1794 年四月初八日尚穆去世，在位四十三年，壽五十六，葬於玉陵。《中山世譜》評價為：王英明豁達，篤忠重孝，賢能在位，社稷奠安。尚穆統治期間，政績較少，但值得一提的是，他為琉球的法制建設做出了貢獻。1786 年，琉球歷史上第一部法律《琉球科律》編撰完成，尚穆下令頒行於全國，此後琉球國的賞罰得以法律化。

三、清後期的琉球尚氏王朝

1. 尚溫王

1794 年，尚穆逝世，其世子尚哲的次子尚溫（1784～1802 年）繼承王位，當時年僅 12 歲，命其叔父尚圖為國相。

1796 年冬，尚溫以世子之名，遣王舅東邦鼎、正議大夫毛廷柱、使者毛思義等奉表入京貢方物；兼慶賀太上皇帝傳位，皇帝登極。皇上於例賞外，特賞王世孫：各色八絲緞二十疋、硯二方、玉器十件、玻璃爐瓶盒一副、琺瑯碗六件、磁器一百四十件、玻璃器十件。又特賞正使王舅八絲緞八疋、銀一百兩；特賞都通事、王舅通事五絲緞各四疋、銀各三十兩。且太上皇帝行幸瀛臺，王舅、正議大夫、使者奉命，在西華門外瞻仰天顏。時暫停聖駕，諭問王世孫平安。隨傳譯通事回奏：恭蒙皇上德化，王世孫平安。奉命隨赴該臺。賞燒豬一盤，醬油漬物四件，御飯、牛乳、砂糖、粥、克食，糕餅二件，燒棉羊一盤。賞看太液池冰上拉弓、拋球等藝。還宮之時，隨到西華門外。又送賜鮒魚一尾於公館，且賞克食、回子葡萄一袋，且賞柑子、柘榴子、蘋果交藏二桶。且召王舅、正議大夫於保和殿，在露臺，賞滿州御茶筵宴，賞看諸藝。召入御前，太上皇帝。親賜杯酒。且遣光祿寺衙門署官，賞賜糕餅果子各色交盛并、滿席三桌、綿羊三口、鵝一羽、雞一羽、魚十尾、黃酒一壺。且因召正副使於圓明園。前日到娘娘廟，至日黎明，登山高水長殿，太上皇帝駕過之時，恭迎聖駕，隨在露臺，賞滿州御茶筵宴。召入御前，親賜杯酒。且賞糕餅、燒棉羊、滿州御茶，賞看相僕、唱歌、獅子舞其外諸藝。加賞正使錦三疋、漳絨三疋、大卷八絲緞四疋、大卷五絲緞四疋、大荷包一對、小荷包四個；加賞副使錦二疋、漳絨三疋、大卷八絲緞三疋、大卷五絲緞三疋、大荷包一對、小荷包四個。歸宿娘娘廟。且大學士和大人奉命，傳令正副使賦詩恭具睿覽。遵賦律詩各一首進呈。且召入正大光明殿，太上皇帝親賜杯酒。賞筵宴，賞看諸藝。又在山高水長殿賞看諸藝。筵宴同前。又因使臣獻詩，加賞王世孫：蟒緞二疋、福字方一百幅、雕漆器四件、大小絹箋四卷、墨四匣、筆四匣、硯二方、玻璃器四件。且賞賦詩正副使大緞各一疋、筆各二釐、墨各二釐、箋紙各二卷。且召山高水長殿，進近御前。太上皇帝令大學士和大人諭曉：爾等歸國，以問王世孫平安之旨傳知。遵令傳譯。通事回奏：叨蒙天語，使臣歸國，宣達王世孫。而退就座。筵宴同前。又隨太上皇帝入慶豐圖看諸藝。賞滿州御茶。回至公館。且在京之間，令大使序班，直於公館。更著內務府官等，每日看問膳調，每件點檢。

其餘公務如例。全竣回國。

1798 年，世孫諭國相法司曰：「夫國家之治，教化為重；立教之道，在興學校也。本國素崇儒重道，康熙年間，創建文廟於唐榮；雍正年間，又建明倫堂。但國都未有學校之設也。今欲建國學，設鄉學，以大興教化，廣育人材，而美風俗矣。卿等當酌察時宜，以興工可也。」〔註17〕國相法司，欽聆之下，不勝感歎之至，隨即召開會議，決定開辦國學及鄉學。於是立學校之章程，而初學者先教之於鄉學。其縉紳之子弟，則年長得以入國學；布衣之子弟，則俊秀者得以入國學。又御鎖之側日帳主取，每月一次，在學考試諸生。又國相、法司等官，四時同詣學校，稽察諸生勤惰。而時有因才舉用，授任職役。

是年秋，尚溫以世子之名，遣耳目官向國垣、正議大夫曾謨等奉表入京貢方物，兼請襲封。皇上命翰林院修撰趙文楷為冊封正使，內閣中書李鼎元為副使。皇上行幸雍和宮，還殿之時，進貢正副使奉旨，於西牌樓門外恭迎聖駕。賞賜葡萄一袋。又皇上祭太廟之時，在於午門外跪迎跪送。又蒙賜鹿肉果品、交盛一盤，及柑子柘榴、交盛四桶。又蒙賜正副使及都通事皮袍子各一領。自大筆者，至從人，賜袍子各一領、各帽子各一個、襪子各一個、靴子各一個。又因太上皇帝喪服未闋故，庚申元旦，無有朝見之禮，又不賜諸宴。又因太上皇帝一周忌日，皇帝詣裕陵，在齊化門外新橋跪送。回鑾之時，於東華門外跪迎聖駕。又皇上詣祈穀壇之時，在午門外跪送聖駕。是日賞賜山羊肉一缽。又還宮之時，恭迎聖駕。當經所進太上皇帝御前，請安表文禮物。因太上皇帝賓天，以其表文，交使臣帶還；至其禮物，本應帶還，但因遠國帶來，準留抵下次貢物等因。荷蒙上諭。又貢使在京之日，大使序班，直於公館。更有內務府官等每日看問膳調，每件點檢。諸凡事情，叨蒙撫恤優厚。其餘公務，如例全竣。既與封船，回國。

1800 年夏，冊封正使趙文楷、副使李鼎元捧詔勅御書臨國。天使撰吉，齎捧詔勅，諭祭故王尚穆，襲封王世孫尚溫為中山王。並賜御書「海表恭藩」四字。所其宣讀詔勅記左。

詔曰：

> 朕惟撫辰凝績，宅中恢柔遠之經，繼世象賢。裕後重承祧之選，
> 隸蕃畿於屬國。鯷壑同風。恢圖域於邐陁，鴻臚獻款，眷懷雁列。
> 律乃有民，誕貫龍光，昭哉嗣服。爾琉球國，壤分瀛嶠，職奉溟疆。

〔註17〕《中山世譜》卷十尚溫王。

中山王世孫尚溫，率乃祖攸行，為前人成烈。固圉克堅於申畫，世守封陸。齋心夙拱於辰居。遙通象譯，重洋候律，輪年循奉贐之期，百宿趨朝。萊幣効來庭之悃。茲以序當續服，奏懇嗣封，騰章循覽。夫疆臣秉節，遄馳於海嶠。特遣正使翰林院修撰趙文楷、副使內閣中書李鼎元賷詔，往封為琉球國中山王。爾國臣工以曁士庶，尚其輔乃王，綏寧茅土，殫竭葵忱；踐修厥猷，厥邦厥民。越時斂，毋替朕命；朕心朕德惟乃知。於戲！踰鰈水以襃封，恩垂帶礪；錫龍綸而式典，慶洽屏藩。益勵忠誠，祗承詔示。〔註18〕

勅曰：

惟爾遠界瀛壖，虔修深貢；嘉象賢於世守，克篤忠貞；綿燕譽於藩維，夙昭恭順。茲以序脣主邑，表懇承祧，賷壞奠以來庭，敬疆臣而丕悃。念箕裘之立範，詒厥孫謀；眷帶礪之凝禧，繩其祖武；景風式典，俾綏磐石之宗；湛露覃熙，允葉苞桑之系。特遣正使翰林院修撰趙文楷、副使內閣中書李鼎元，勅封爾為琉球國中山王，並賜爾及妃文幣等物。爾其敬承渥眷，懋紹先猷；益竭肫忱，彌勤翼戴。康乃心而顧乃德，率由典常。視爾師，而寧爾邦。慎固封守，向風慕義。聿脣襃渥於新綸，守典承休，遙奉聲靈於奕葉。欽哉。特諭。〔註19〕

正使趙文楷題瑞泉，書「暘谷靈源」四字獻給尚溫王，隨設建碑。

是年冬，冊使趙文楷、李鼎元等回朝。時尚溫王遣王舅毛國棟、紫金大夫鄭得功、使者向天禧等，賷捧表章、貢物，坐駕頭號船，與冊使寶船一齊開洋，至閩入京，恭謝天恩；兼太上皇帝崩，進香。

是年冬，尚溫王還遣耳目官向必顯、正議大夫阮翼等，捧表章、方物。坐駕二號船，與封舟一齊開洋，至閩入京。

1802 年壬戌，遣耳目官向銓、正議大夫梁煥等奉表入京貢方物；且遣官生向尋思、向世德、鄭邦孝、周崇鐈等四人入監讀書，但此船遇風漂流不知何處。是年，有多次漂流民事件。

1802 年七月十一日尚溫王去世，在位八年，壽十九。《中山世譜》的評價為：王寬仁大度，好學重禮，文風大興，社稷奠安。

〔註18〕《中山世譜》卷十尚溫王。
〔註19〕《中山世譜》卷十尚溫王。

2. 尚灝王

尚成（1800～1803 年），是尚溫的獨子。因尚溫匆匆去世，年僅 3 歲即被推上王位。但他在位不足半年就夭折了，創下了琉球尚氏諸王在位短暫之最。1808 年，尚成被清廷追封為中山王，使這位在位極其短暫的國君得以名列尚氏王統的譜系。

尚灝（1787～1834 年），是尚溫之弟。1803 年，尚成夭亡，因尚溫別無他子，群臣遂擁立尚溫王之弟尚灝，並遣使前往清朝請求冊封。

1804 年，尚灝遣耳目官毛廷勳、正議大夫鄭國鼎等奉表入京貢方物；並遣正議大夫蔡邦錦，附搭二號船，捧諮至閩，以世子尚成訃聞於中朝。又上屆壬戌年所遣官生，至今未見下落，由是再遣官生向邦正、毛邦俊、梁文翼、楊德昌等入監習業。隨即照例，給與日用食物、四季衣服、鋪蓋、筆紙墨、銀兩等；從人亦給口糧食物、衣服鋪蓋。禮待甚厚。

1806 年秋，尚灝以世子之名，遣耳目官楊克敦、正議大夫梁邦弼等捧表入京，貢方物；兼請襲封。皇上命翰林院編修齊鯤為冊封正使，命工科給事中費錫章為其副使。皇帝行幸悅心殿，副使等額外奉旨，在神武門外瞻仰天顏。即奉旨扈聖駕，奉看太液池冰上之諸藝。賞賜克食、糕餅、羊肉。又副使以下，至於從人，加賞衣服、帽襪等件。又副使赴重華宮，入宴，奉看諸藝。賞賜茶葉及玻璃器等七件。又除夕，赴保和殿入宴，又看諸藝。皇上親賜杯酒。又大蒙古包筵宴之時，副使入宴，又看諸藝。皇上親賜杯酒，更加賞錦二疋、各色緞子八疋、荷包三對。又在山高水長看燈戲盒子，賞賜果菓盒等物。又元宵，正大高明殿筵宴之時，副使入宴，又看諸藝。皇上親賜杯酒。又在山高水長看燈戲盒子。賞賜同前。

1807 年秋，遣正議大夫蔡邦錦坐駕接貢船，捧諮到閩，迎接冊使，搭駕封船回國。

1808 年夏，冊封正使齊鯤、副使費錫章齎捧詔勅臨國，追封故世子尚成，復諭祭故王尚溫、尚成，襲封王世孫尚灝為中山王。詔曰：

> 朕惟聲教覃敷，綏遠懋柔懷之典；藩維永固，褒庸勵翼戴之忱。
> 昭燕譽，以凝禧。箕裘載纘，詣鴻臚而獻款，綸綍宜頒。爾琉球國，
> 受職中華，符分瀚島；承麻奕葉，壤畫瀛壖。中山王世孫尚灝，迪惟
> 前光，用承家以開國；繩其祖武，能移孝以作忠。嚴申畫而拱紫宸，
> 金鼇奠海；矢寅恭而將丹悃，石鯨趨風。共球勿懈於朝宗，帶礪允膺

夫疆服。兹以序當主鬯，表懋嗣符。特遣正使翰林院編修齊鯤、副使
工科給事中費錫章賷詔，往封爾為琉球國中山王。爾國臣工以暨士
庶，其咸輔乃王，益勵恪恭；永延祉祚，綏爰有眾。望協乎宜民宜人。
欽乃攸司。勳懋乎維屏維翰。翊皇圖於清晏，式孚三錫之崇褒；保世
守以敉寧，長荷九重之渥眷。故兹誥示，咸使聞知。〔註20〕

勅曰：

惟爾世隸藩維，職修方貢；象賢貞度，廸儀矩於離辰；燕譽延
光，振英聲於寶胄。兹以係膺紹序，誠籲求章。敬關遙玨於鴻臣，
爰贐遄中夫鰈水。雲疆宅宇，虔賫葵表。以臚忱，水驛宣綸。俾紹
茅封而衍緒。眷忠猷之世篤，詒厥孫謀；勗寵命以時忱，昭哉嗣服。
特遣正使翰林院編修齊鯤、副使工科給事中費錫章，勅封爾為琉球
國中山王，並賜爾及妃文幣等物。爾其祗承恩賚，敬率典常，奉膺
蕩節之新榮，允副楓延之篤眷。修其禮物，攄夙悃於共球；質爾人
民，廸前光於帶礪。繩武棄箕裘之訓，亮采有邦；承祧綏磐石之宗，
增修於德。欽哉。特諭。〔註21〕

是年冬，冊使回朝。時遣王舅毛光國、紫金大夫鄭章觀、使者毛維新等齎
捧表章、禮物，坐駕頭號船，與冊使寶船，一齊開洋，至閩入京，恭謝天恩。
皇上詣萬壽山，王舅以下在棄園門瞻仰天顏。是日賞賜該使臣羊肉一方、奶餅
一盤、饅首一盤。且皇上自園進城，該使臣在西三座門外跪迎聖駕。是日赴鴻
臚寺演禮。且皇上恭謁東陵，該使臣右齊化門外跪送聖駕。謁畢，同鑾之日，
該使臣在外東華門內，百官之末，跪迎聖駕。且皇上祭先農壇，該使臣在先農
壇門外跪請聖安回館。凡事撫恤優厚，此誠無窮鴻恩。其餘公務。如例全竣。
並帶官生向邦正、毛邦俊、梁文翼、楊德昌等回國。

1810 年，遣耳目官向國柱、正議大夫蔡肇業等奉表入京貢方物，並遣官
生毛世輝、馬執宏、陳善繼、梁元樞等四人入監讀書。隨即照例，給與日用食
物、四季衣服鋪蓋、筆紙墨、銀兩等件；從人亦給口糧食物、衣服鋪蓋，禮待
甚厚。皇上謁太廟，額外奉旨，在午門外恭迎聖駕。又幸圓明園，在西三座門
外跪送聖駕。又於圓明園召入正副使及都通事，賜寓於娘娘廟。又入同樂殿聽
戲，賞賜克食、豬肉、果子各色、東道盆、滿州御茶、茶膏等件。又蒙皇上發

〔註20〕《中山世譜》卷十一尚灝王。
〔註21〕《中山世譜》卷十一尚灝王。

懷柔遠人之至意，傳旨召入，就坐宜位聽戲。因在上座聽戲，賞賜克食同前，並賞正副使、及都通事器物類。又逢皇上萬壽聖節，升正大光明殿，在於庭上，遵同王爺及眾官行禮。是日，屆入同樂殿，賞賜克食、熟棉羊肉、果子各色、御茶等件；並賞正副使及都通事緞疋、器物等件。又入同樂殿，賞賜克食、羊肉、果子各色、東道盆、御茶等件。又王爺等奉旨，捧來緞疋、器物等件，在於御庭，賞賜正副使，直引進御前，瞻仰天顏。時蒙皇上諭問：國王好麼？遵令傳譯通事回奏：國王叨蒙皇上鴻福平安。已而恩准，退座回館。又皇上自圓明園進城，在西三座門外跪迎聖駕。又詣紫光閣，在神武門外跪請聖安。時蒙皇上傳旨，諭允歸國，在神武門外瞻仰天顏。即禮部大人轉奏前由，該使臣回館。又在公館頒賞正副使以下從人帽子、衣服、襪子、靴子等件。又在禮部衙門蒙賜下馬宴。又在公館蒙賜上馬宴。其餘公務如例，全竣回國。

　　1812 年，遣耳目官向謹、正議大夫毛廷器等奉表入京貢方物。

　　1814 年，遣耳目官向斌、正議大夫鄭嘉訓等奉表入京貢方物。

　　1816 年，遣耳目官毛維憲、正議大夫蔡次九等奉表入京貢方物。

　　1818 年，遣耳目官毛惟新、正議大夫鄭克新等奉表入京貢方物。

　　1820 年，遣耳目官向邦正、正議大夫蔡肇基等奉表入京貢方物。

　　是年七月二十五日，嘉慶皇帝崩。八月二十七日，皇次子登極，改元為道光。

　　1821 年秋，尚灝王遣大通事王丕烈、才府傳國屏等，坐駕楷船一隻，護送福建省泉州府同安縣難人二十一名入閩。

　　是年，恭蒙皇上頒賜登極寶詔一道、仁宗睿皇帝尊諡詔書一道、遺詔一道。是年秋，尚灝王遣王舅向廷謀、正議大夫鄭文洙、使者麻克昌等坐駕接貢船，入閩赴京，奉獻方物；慶賀皇上登極；並進仁宗睿皇帝前香貢。皇上祭太廟，正副使、使者、都通事、王舅通事額外奉旨，在午門前瞻仰天顏；又奉旨在壽皇殿行禮。又除正賞外，加賞玉器十件、琺瑯器六件、各色八絲緞二十疋、磁器一百四十件、玻璃器十件、石硯二方、琺瑯爐瓶盒一副；加賞正使王舅一員八絲緞四疋、錦三件、漳絨三卷、五絲緞四疋大荷包一對、小荷包四個，又加賞緞八疋、銀一百兩；加賞副使一員八絲緞三疋、錦二件、漳絨二卷、五絲緞三疋、大荷包一對、小荷包四個；加賞使者、都通事、王舅通事三員五絲緞各四件、銀各三十兩。又皇上出西華門，正副使等，在西華門外瞻仰天顏。此時，將請聖安回國等由，詳明禮部大人，轉達聖聰。即賜俞允。且命禮部大人諭曉：

爾等歸國，將問國王平安之旨傳知。遵令傳譯通事回奏：使臣歸國，宣揚聖諭，告知國王。既而回館之後，賞賜克食，饅首一碟。又所有禮部例賜下馬宴、上馬宴，督、撫兩院例賜筵宴下程，皆因國服未闋，無有賞賜。且往還京師參官之禮，亦免舉行。又回閩以後，頒賜冊立皇后寶詔一道，加上恭慈康豫皇太后徽號寶詔一道。其餘公務如例。完竣回國。

1822 年，遣耳目官毛樹德、正議大夫王士惇奉表入京貢方物。叨蒙皇上隆恩，除正賞外，特賜御書匾額「屏翰東南」四字。又皇上袷祭太廟，正副使、都通事，奉旨在午門外瞻仰天顏。正副使即赴重華宮入宴，賞看絃歌諸藝，並賞賜器物食物等共計十三件。又在保和殿，同暹羅國使臣賜宴。賞看絃歌諸藝，並召入御前，親賜御杯。且特遣官賜糕子滿席、棉羊魚鵝雞、黃酒等件。又在太和殿行朝賀禮。朝賀畢，在於御庭賜宴。且因使臣慶賀元旦，加賞正使大卷八絲緞二疋；加賞副使小卷八絲緞一疋。又皇上幸紫光閣，在應宮門跪送聖駕。訖在紫光閣賜宴，賞看絃歌諸藝。且蒙召入御前，親賜御杯。加賞正使錦漳絨緞十四疋、大小荷包六個；加賞副使錦漳絨緞十疋、大小荷包六個。又蒙召入圓明園，奉旨恭和御製詩章各一首，進呈御覽。加賞國王：蟒緞二疋、福字方一百幅、大小絹箋四卷、筆四匣墨四匣、硯二方、雕漆器四件、玻璃器四件。加賞正副使二員大緞各一疋、箋紙各二卷、筆各二匣、墨各二匣。又，正副使兩次在山高水長殿，同暹羅國使臣瞻仰天顏。是日，賞看絃歌、煙火、相撲、跌打等藝，並賞賜糕子、肴、糖圓、熟羊肉等件。又在正大光明殿，同百官及暹羅國使臣安坐賜宴。賞看絃歌諸藝及煙火。且蒙召入御前，親賜御杯。又在山高水長殿，同朝鮮、暹羅等國使臣，將請安回國等由，詳明禮部大人，轉達聖聰。即賜俞允。且命禮部大人諭曉：爾等歸國，將問國王平安之旨傳知。遵即三跪九叩頭，退去就座。賞看絃歌、相撲、跌打、煙火諸藝，並賜各色糕子、糖圓、棉羊肉等件。此誠無窮鴻恩。其餘公務如例，全竣回國。

1824 年，尚灝王遣耳目官向廷楷、正議大夫梁光地等奉表入京貢方物。

1826 年，遣紫巾官馬開基、正議大夫梁文翼等進表謝恩。

1828 年三月初八日，因尚灝王染病，世子尚育攝位。是年，遣耳目官毛世輝、正議大夫楊德昌等捧表進貢。

1830 年，遣耳目官向國璧、正議大夫王丕烈等捧表進貢。

1832 年，遣耳目官向永昌、正議大夫鄭擇中等捧表進貢。

1834 年五月二十九日，尚灝王去世，在位三十一年，壽四十八，葬於玉

陵。《中山世譜》評價為：王性質恭儉，惟善是務，社稷奠安。尚灝時代，《中山世譜》記載了大量的海難漂流民事件，此時西方各強國已經完成工業革命，西方船隻頻繁出入東亞海域，叩擊著古老東方封閉的國門，一場大變動正在醞釀。

四、清衰落期的琉球尚氏王朝

1. 尚育王

尚育（1813～1847 年）是尚灝的長子，琉球最後一位國王尚泰之父，1835年至 1847 年在位。自尚灝臥病以後，尚育就以世子身份攝政。1834 年尚灝逝世後，次年尚育繼位。他在位期間，財政窘迫，琉球國逐漸走向衰敗。

1836 年，尚育以世子之名，遣耳目官向大烋、正議大夫孫光裕等捧表進貢天朝，兼請襲封。皇上命翰林院修撰林鴻年為冊封正使，命翰林院編修高人鑒為其副使。皇上駕蒞瀛臺，正副使臣在西華門外跪送，瞻仰天顏。隨即召入正副使臣於瀛臺賜宴。又召入重華宮瞻仰天顏。時蒙天語，慰問王世子平安。即令阿口通事，回奏王世子平安。既而在御庭安座，賞賜各色果子、牛奶。且賜克食、各色果子。又賞賜正副使臣玻璃器各二件、鼻煙壺各一個、荷包各二對、茶葉各二瓶、磁盤各一個。又遣官賜鱘鰉魚一尾、朱橘一桶、崗榴一桶。又皇上祫祭太廟，正副使臣暨朝京都通事，在午門外跪送跪迎。又召入正副使臣於保和殿，在御庭賜宴。並召到御前，親賜御杯。又在光祿寺衙門，特遣官賜果子木實、滿席三桌、綿羊三疋、魚鵝雞、黃酒等件。又逢元旦，照例行朝賀禮。賞賜克食、羊肉、饅首、奶餅。又召入正副使臣於紫光閣，在御前親賜御杯。並賞賜正使各色緞十四疋、荷包三對；賞賜副使各色緞十疋、荷包三對。又皇上幸圓明園，並自園進城。正副使臣在西三座門外，跪送跪迎。又皇上幸祈穀壇齋宿，並禮成，還宮。正副使臣，在午門外跪送跪迎。賞賜克食、羊肉、饅首、奶餅。又召入正副使臣於正大光明殿。皇上臨殿時，同諸官一跪一叩頭。安座賜宴。並召到御前，親賜御杯。又召入正副使臣於山高水長殿，同諸官在御庭班齊。皇上臨殿時，一跪一叩頭。安座賞賜糖圓、熟羊肉、果子。又召入正副使臣於山高水長殿，在御庭伺候。皇上臨殿時，同朝鮮貢使，詳明禮部大人，轉請聖安回國。時蒙皇上命禮部大人諭曉：貢使歸國，傳知慰問王世子平安。遵即三跪九叩頭退去。賞賜糖圓、各色果菓子、棉羊肉等件。其餘公務如例，全竣回國。

是年，有久米島船一隻、人數三十六名，內二名女，漂至臺灣府噶瑪蘭，沖礁擊碎。該地方官照例送到福州柔遠驛。即蒙布政司照例撫恤，給發口糧菜銀，派搭頭貳兩號貢船回國。丁酉年，有恩納船一隻、人數六人，漂至江南省。其船朽爛，難以涉海，就地變價。又有渡地船一隻、人數七人，漂江南省，沖礁擊碎。內一人在洋病故，六人鳧水上岸。其二案人數，該省地方官送到福州。即布政司將其難人等安插柔遠驛，給發口糧菜銀撫恤，附搭接貢船，遣發回國。本年冬，有廣東省潮州府澄海縣商船一隻、人數五十名。漂入金武郡安富祖村，原船沖礁擊碎。送到中山泊村，照例撫恤，給糧收養。至翌年春，特遣都通事鄭元偉、官舍馬執中等，駕船一隻接護，送到閩省。

1837 年，新建文廟於首里。先是先王尚溫諭立國學，崇聖道，育人才。又欲設建文廟，即卜地於國學左翼，繚以周垣，築以礛石，以為經營之基址。時因國財不裕，遂寬數十年，未建廟宇。是年秋天告成，即將至聖先師神主奉於正中，將顏子、曾子、子思子、孟子神主配於左右。每年春秋上丁，王親詣廟，祭以大牢。又設啟聖祠於國學彝倫堂中，奉安啟聖王叔梁公神位。配以顏氏、曾氏、孔氏、孟孫氏神主。每年春秋上丁，遣官祭以小牢。

1837 年秋，尚育以世子之名，遣正議大夫鄭良弼附搭接貢船，捧諮到閩，恭迎冊使，搭駕頭號對船回國。

1838 年夏，冊封正使林鴻年、副使高人鑒，捧詔勑御書臨國，諭祭故王尚灝，襲封王世子尚育為中山王。並賜御書「弼服海隅」四字。詔曰：

> 朕惟共球向化，蓋忱膚丹緯之襃；屏翰銘勳，世守席黃圖之舊。嘉象來之致福，久備藩封；紹燕譽以承麻，式頒策命。爾琉球國，啟疆溟島，率職海邦。懋奕祀之經綸，奉中朝之正朔。中山王世子尚育，克承先業，丕茂嘉猷。繼堂構以維勤，奉幣琛而罔懈。效朝宗於碧瀚，風靜鯨波；肅拱衛於紫宸，道通魚嶼。茲以序當嗣位，表請錫封。特遣正使翰林院修撰林鴻年、副使翰林院編修高人鑒齎詔，往封爾為琉球國中山王。爾國臣民以暨士庶，其咸弼乃王，益勵恪恭，長延福祚。思其艱以圖其易，日修庶政以誠和。勤於邦復儉於家，永矢一心而翼戴。纘箕裘於勿替，千秋垂駿烈之光；鞏帶礪以久安，百世荷龍章之眷。故茲誥示，咸使聞知。〔註22〕

勑曰：

〔註22〕《中山世譜》卷十二尚育王。

惟爾世宅瀛壖，蔚為國胄。承華綺歲，不忘視膳之儀；主器藩
方，聿著維城之望。茲以茅封嗣守，蔡向臚忱；嘉越雉之遄飛，驗
東鯷之即序。雲帆轉海，羅琛贐於十洲；星使來王，拱宸樞於萬里。
無忝箕裘之紹，爵壤宜仍；用邀英蕩之頒，絲綸載錫。特遣正使翰
林院修撰林鴻年、副使翰林院編修高人鑒，勅封爾為琉球國中山王，
並賜爾及妃文幣等物。爾其祗承寵命，益懋忠藎，助宣醞化於鯤溟。
允答稠恩於鳳陛，扶桑日麗；被袞繡以揚輝，析木波平。莫藩維而
述職，勿隳高會之矩；俾爾熾昌，永惟帶礪之傳，延於苗裔。欽哉。
特諭。〔註23〕

正使林鴻年、副使高人鑒題於瑞泉，書「源遠流長」四字、「飛泉漱玉」
四字獻給尚育王。

是年冬，冊使同朝，特遣王舅向寬、紫金大夫楊德昌、使者馬維興等，齎
捧表章、禮物，坐駕頭號船，與冊使寶船一齊開洋，至閩入京，恭謝天恩。

是年，尚育還遣耳目官章鴻勳、正議大夫林奕海等捧表進貢。

1840 年，向育王特遣耳目官向國弼、正議大夫林常裕等捧表進貢；並遣
官生向克秀、東國興、阮宣詔、鄭學楷等四人入監讀書。隨即照例，給與日用
食物、四季衣服、鋪蓋、筆紙墨、銀兩等件；從人亦給口糧、食物、衣服鋪蓋。
禮待甚厚。至於乙巳年，該官生等學業已成，京回到閩。內向克秀一名染病身
故，荷蒙皇上特恩，賞恤白銀三百兩。以一百兩為營葬之資，以二百兩附賜其
家眷口。

1842 年，遣耳目官向紹元、正議大夫魏恭儉等捧表進貢。

1844 年，遣耳目官毛嘉榮、正議大夫鄭元偉等捧表進貢。

1846 年，有法國軍人到來，懇求與琉球通和結好，以做生意，並將本國
港口為會船碼頭。這是琉球第一次遇到此情況，隨即遣官固辭。該總兵不肯聽
從，乃云「余回國後，將琉球固辭事情，轉奏咈國皇上，自有定奪諭旨頒降。
今留咈人二名在於琉球，使其於皇諭頒到之時，宣傳聖諭」〔註24〕等語，強留
二人，開船回去。

是年，又有英國醫士，攜帶其妻一名、女子一名、男子一名，及通事華人
一名，上岸逗留，設局行醫。

〔註23〕《中山世譜》卷十二尚育王。
〔註24〕《中山世譜》卷十二尚育王。

由於情況特殊，尚育王特別派遣王舅毛增光、正議大夫梁學孔等前抵閩省，陳請轉奏。勅諭法、英兩國人員，罷其通商行醫之心，而將各所留之人接回本國。王舅毛增光等，恭捧咨文，前抵閩省，投請布政司，轉詳督撫具奏。叨蒙皇上愈加懷柔，作速降旨：令兩廣總督耆英善加照料，諭令各酋撤回。由是，署布政司事務按察司，將禮部咨文一角，並布政司咨文一角，共收一緘，交給毛增光等。又有海防官將布政司咨文一角轉交毛增光等。內云「奉督撫會牌，準兩廣督憲者，諮開請撤回一款。當經照會各酋，曉諭知悉」等因，諮院行司奉此，該國王勿須憂慮等語。由於梁學孔在閩病故，毛增光一人恭捧該咨文三道歸國。

1846 年，遣耳目官向元模、正議大夫梁必達等捧表進貢。

1847 年九月十七日尚育王去世，在位十三年，壽三十五。葬於玉陵。《中山世譜》評價：「王性質篤厚，能繼先志，政教大振，社稷奠安。」

尚育王時期，中國和日本都開始受到西方列強打壓，漸漸被迫打開國門，而生存在清日兩國翼卵之下的琉球國也不可避免地受到衝擊。

2. 尚泰王

尚泰（1843～1901 年）是尚育之子，也是琉球歷史上的最後一位國王，1848 年至 1879 年在位，1848 年即位時年僅 5 歲。

1848 年，尚泰以世子之名，遣耳目官向統緒、正議大夫鄭元觀等捧表進貢；並遣正議大夫周大光，附搭二號貢船，捧諮至閩，訃聞尚育王喪。叨蒙皇上照二十六年例，頒賞對象。但因使臣有國喪，停止筵宴。事竣回閩。

1850 年正月十四日，道光皇帝崩。二十六日，皇太子登極。起自翌年辛亥正月，改元咸豐。是年，尚泰以世子之名，特遣王舅夏超群、正議大夫毛有增、使者向其漢等捧表進貢；兼賀皇上登極大慶；並進宣宗成皇帝香貢。

1852 年，尚泰以世子之名，遣耳目官毛種美、正議大夫蔡士俊等捧表進貢。叨蒙皇恩，照道光二十二年例，頒賞對象。事竣回閩之後，皇上特賜主上御書「同文式化」匾額。

1854 年，尚泰以世子之名，特遣紫巾官向邦棟、正議大夫毛克進等捧表進貢；並謝欽賜御書匾額。當時正值太平天國動亂，使團直至 11 月才得以到京，將例貢、謝恩，及慶賀冊立皇后大典等方物，照例奉納。又逢元旦，正副使臣、都通事等，皆同朝鮮貢使，照例行朝賀禮。又蒙除正賞外，加賞正副使臣緞疋、荷包等件。又蒙召入重華宮聽戲，賞賜克食、糕餅及各色器物。又照

奉和御製詩章之例，加賞主上、正副使臣對象。又在午門外，跪請聖安回國。

1856 年，尚泰以世子之名，遣耳目官向有恆、正議大夫阮宣詔等捧表進貢。該貢使等入閩之後，起程維遲。且因賊匪梗阻，繞道行走。更留各驛數日，是以翌年三月到京。

1858 年，尚泰以世子之名，遣耳目官向俊、正議大夫阮孝銓等捧表進貢。該貢使等入閩之後，起程維遲。且因賊匪梗阻，繞道行走。更留各驛數日，是以翌年六月到京。即將表文、方物，照例奉進。此時欣逢萬壽大慶，正副使臣、都通事等，叨蒙召入圓明園。而正副使臣又蒙召入同樂園，瞻仰天顏。時蒙皇上命禮部慰問主上平安，又蒙同班各官聽戲，賞賜茶糕克食各件。且賞賜正副使臣茶葉各二瓶、茶膏各二匣、瓷碟各一件；正使瓷盂三件；副使瓷盂二件；都通事茶葉一瓶、茶膏二匣、瓷盂二伴、瓷碟一件。至於萬壽聖節，正副使臣、都通事等前赴正大光明殿，同班各官行三跪九叩頭之禮。既而正副使臣叨蒙召入圓明園，同班各官聽戲。賞賜茶糕克食各件。且賞正使緞一疋、漳絨二疋、綢二疋、雕漆器二件、瓷瓶一件、荷包二對、鼻煙壺一個；副使緞一疋、漳絨一疋、綢二疋、雕漆器一件、瓷瓶一件、荷包二對、鼻煙壺一個；都通事緞一疋、綢一疋、漳絨一疋、荷包二對、雕漆器一件、瓷瓶一件、鼻煙壺一個。又蒙照奉和御詩之例，加賞主上、正副使臣緞疋等件。又蒙照例，加賞正副使臣緞疋、荷包等件。且賞正副使臣、都通事及從人衣帽等件。又在午門前，跪請聖安回國。時蒙皇上命禮部轉諭：貢使回國，傳知慰問王世子平安。又蒙照例，賞賜下馬宴、上馬宴。又於回閩之後，蒙賜萬壽寶詔。其餘公務如例，全竣回國。

1860 年，尚泰以世子之名，特遣耳目官向志道、正議大夫鄭德潤等捧表進貢。第二年三月才請求入京，但由於清政府內部紛亂，咸豐駕崩，同治繼位，故沒有能成行。

是年，由於第二次鴉片戰爭的消息傳到琉球國內，琉球國主尚泰「深為軫念，意欲掃盡賊氛，除去夷人，早享太平之福，乃禱告各神。」〔註25〕因此，在首里森御嶽、楚乃比也婦御嶽、圓覺寺、天王寺、聞得大君御殿、辨財天堂、辨之嶽、末吉、識名觀音堂等處，親自率諸官禱告。又於崇元寺，特遣尚氏玉川王子朝達，於龍福寺、普天間等處。特遣尚氏具志川王子朝敷，各率諸官代禱。又於御城御火鉢御前及各嶽等處，特遣紫巾官以下二十一員名。於三平等，

〔註25〕《中山世譜》卷十三尚泰王。

特遣紫巾官以下七員名各禱。又於圓覺寺，使禪家僧念經禱告。又於護國寺，使聖家僧念經禱告。又於關帝廟、天尊廟、龍王殿、兩天后宮等處，特遣向氏議名親方朝顯率同諸官代禱。又飭行那霸、唐榮、泊，及諸郡諸島，各行禱告。而當禱告之日，國中一統，禁止殺生。

1862 年，尚泰又遣耳目官向啟元、正議大夫林長隆等捧表進貢。舊曆十一月初十日，將仍賜進京等由，稟請布政司。但未被允許入京。

1863 年，尚泰遣王舅馬文英、正議大夫毛克述、使者阿士敏等，慶賀皇上登極，並叩謝勅諭撤回佛人。該王舅等上京一項，因俟各處賊匪肅清，乃翌年十一月到京。即將慶賀進香表文方物，及上屆申戌兩年所滯兩貢表奏照例奉納。叩蒙皇上隆恩，除勅書、正賞外，賞賜主上：各色八絲緞二十疋、硯二方、玉器十件、琺瑯爐瓶盒一分、琺瑯孟六件、瓷器一百四十件、玻璃器十件及「瀛壖屏藩」匾額。賞賜副使各色緞十疋、荷包六個；賞賜使者、都通事二員各色緞各四疋、銀各三十兩。且照正貢之例，賞賜副使各色緞十疋、荷包六個。又遇皇上祫祭太廟，副使、使者、都通事等，在午門前跪送聖駕。時蒙皇上命禮部慰問王世子平安。賞克食：羊肉一方，乳餅、蒸糕、饅首各一盤。且賞賜宴桌三張、魚二十一尾、鵝一隻、雞一隻、棉羊三口、酒三瓶。又逢元旦，副使、使者、都通事等，照例行朝賀禮。賞賜克食、羊肉、果子等件。且皇上孟春時享大廟，副使等在午門前跪送跪迎聖駕。賞賜克食：羊肉、果子等件。又在禮部衙門賜下馬宴，在四驛館賜上馬宴。又蒙召入紫光閣，副使等跪迎聖駕。是時副使叩蒙在御前，親賜御杯。飲畢退。更在露臺賜筵宴。又跪請聖安回國。時蒙皇上命禮部轉諭：貢使回國，傳知慰問王世子平安。又在風神廟，賞賜鮪鮪桌二張。其餘公務如例，全竣回國。

1864 年，尚泰特遣耳目官東國興、正議大夫毛髮榮等捧表進貢，兼請冊封。該貢使等入閩之後，即請遣員赴京。乃因蒙閩省辦理軍務各屬兵差絡繹，勢難兼顧之令，翌年十二月到京。皇上命翰林院檢討趙新為冊封正使，命翰林院編修於光甲為其副使。

1866 年夏，冊封正使趙新、副使於光甲齎捧詔勅臨國，諭祭故王尚育，襲封王世子尚泰為中山王。詔曰：

> 朕惟：典隆，圭組千秋，垂帶礪之盟；瑞集，共球百世，屹屏
> 藩之衛。紹箕裘而勿替，舊德克承；貢綸綍以崇褒，新恩宜沛。爾
> 琉球國，拓疆東海，稟朔中朝。慶土宇之久安，荷幈幪之廣冒。中

山王世子尚泰，夙騫令譽，善繼先型，虔述職於重溟，早攄忱於九
陛。波恬碧澥，頻輸琛賝。以徼珍星拱紫垣，遠涉梯航而請命。茲
以序當嗣爵，表籲錫封。特遣正使右春坊右贊善趙新、副使內閣中
書舍人於光甲齎詔，往封爾為琉球國中山王。爾國臣民以暨士庶，
其咸輔乃王，溢殫忠悃，懋著豐規。綿世澤以孔長，鞏邦基於丕固。
思裕後光前之匪易。勉啟乃心，念宣猷贊化之宜勤；無忘汝翼，鴻
麻滋至，繼繩延芳壤之榮，龍節載頒，申錫拜楓廷之賜。故茲誥示，
咸使聞知。〔註26〕

勅曰：

惟爾毓秀海邦，蜚英國胄。譽隆肯構，早駿望之丕昭；德著維
城，果象賢之無忝。茲以承祧衍慶，纘業揚麻。踰鼇島以來王，航
鯤溟而命使。瞻雲願切，夙勤修貢於東瀛；捧日心長，彌翼近光於
北闕。嘉前徽之克紹，久靜鯨波；念崇爵之宜頒，載宣鳳綍。特遣
正使右春坊右贊善趙新、副使內閣中書舍人於光甲，勅封爾為琉球
國中山王，並賜爾及妃文幣等物。爾祗膺簡命，溢勵葵忱。式宏翼
戴之勳，大啟熾昌之緒。祚延茅土，環紫澥以承流；榮被芝泥，翊
丹宸而布化。萬里效星辰之拱，用揚鴻烈於方來。九天錫雨露之恩，
允荷龍光於靡極。欽哉。特諭。〔註27〕

　　是年，冊使回朝時，遣王舅馬朝棟、紫金大夫阮宣詔、使者向承儀等，齎
捧表章、禮物，坐駕頭號船，與冊使寶船一齊開洋，到於福州，起程進京。

　　是年，尚泰王特遣紫巾官毛文采、正義大夫魏掌治等捧表進貢，並謝欽賜
御書匾額。

　　1868年，尚泰王遣耳目官向文光、正義大夫林世爵等捧表進貢；且遣官
生毛啟祥、葛兆慶、林世功、林世忠等入監讀書。該官生等叨蒙皇上隆恩，照
例賞賜日用食物、四季衣服；其跟伴等，亦蒙照例賞給衣食。

　　1870年，尚泰王遣耳目官楊光裕、正義大夫蔡皇禎等捧表進貢。

　　1871年，發生了日本藉口出兵臺灣的「難船事件」，後文會有詳細的論述。

　　1872年，尚泰王遣耳目官向德裕、正義大夫王兼才等捧表進貢。

　　1874年，尚泰王遣耳目官毛精長、正義大夫蔡呈祚等捧表進貢。這是琉

〔註26〕《中山世譜》卷十三尚泰王。
〔註27〕《中山世譜》卷十三尚泰王。

球最後一次向中國朝貢。

1875 年，日本派官到琉球，要求「進貢天朝，慶賀登極請封王爵等典，概行停止，更改革政法」〔註28〕。

1876 年丙子，因去年接貢船隻未到閩省，布政司移行探問咨文，本國知悉。由是，遣紫巾官向德宏行其諮覆。

尚泰在位期間，也是琉球國大門被打開之時。1854 年，美國海軍准將馬休・佩里（Matthew Calbraith Perry）率領艦隊再度到達琉球，簽訂了《琉美修好條約》，這是琉球國歷史上第一個不平等條約。1855 年，琉球與法國簽訂《琉法修好條約》。1857 年，琉球同意法國在那霸港建立傳教區。1859 年，琉球與荷蘭簽訂《琉蘭修好條約》，同年發生了牧志恩河事件。1866 年，清朝派遣正使右春坊右贊善趙新、內閣中書舍人於光甲為正副冊封使至琉球，冊封尚泰為王。這也是清朝最後一次冊封琉球國王。

1879 年 3 月 30 日，日本宣布廢除琉球藩，置琉球為沖繩縣，尚泰被遷往中城御殿居住，琉球國滅亡。當年 4 月 4 日，日本政府在全國範圍宣布建立沖繩縣。5 月 27 日，尚泰應明治天皇之召前往東京，於 6 月 8 日到達日本橫濱，6 月 17 日至東京會見明治天皇。此後尚泰一家被迫定居於東京。1884 年，尚泰曾回琉球祭祖，此後他再也未能回到琉球，但他的第二子尚寅、第四子尚順於 1887 年回到琉球並定居。華族令頒布後，尚泰被封為侯爵。1901 年，尚泰死於東京，終年 59 歲，葬於那霸市的玉陵。

小結

綜上所述，1609 年日本薩摩藩入侵琉球後，控制了琉球政治經濟命脈，琉球王尚寧雖被放回琉球，但被迫與薩摩簽訂《掟十五條》，發誓效忠薩摩，被迫接受割讓奄美群島等苛刻條件。尚寧王回到琉球後，任命天王寺長老菊隱（日本僧人）為攝政三司官，每年定期到薩摩彙報情況，薩摩擔心中國一旦知道此種情況就會「阻貢」，故要求琉球向中國隱瞞與薩摩的真實關係。故而琉球繼續與明朝保持封貢關係。而此時正逢明清交替之際，琉球全力與清政府聯繫，得到清政府的認可，在以後長達二百多年的時間裏，與清保持著二年一貢的朝貢關係。尚育王時期，中國在西方殖民列強的打壓下被迫打開國門，國力日漸蕭條；琉球也被迫打開大門。儘管如此，琉球仍舊按時入貢。

〔註28〕《中山世譜》附卷一尚泰王。

由於清政府的腐敗無能，各帝國主義國家紛紛強迫清政府簽訂各種不平等條約，國家也面臨著被瓜分的狀況。而日本從明治維新起學習了西方的侵略性，走上了對外擴張的道路。琉球作為日本地緣上最近的國家，成為日本首個侵略併吞的目標。

第七章　琉球與日本關係的緣起

　　琉球與日本的交往究竟從何時開始，並沒有準確的記錄。根據《中山世譜》的記載，在琉球成為明代中國的藩屬國之時，已經有少量日本僧人在那裏生活。但是在 15 世紀初葉以前，由於海上航行風險及航海技術不足，琉球與日本幕府以及與薩摩藩之間的聯繫，從目前資料記載看並不多。而日本所謂「琉球自上古以來稱作沖繩」之說法不符合歷史史實。另外所謂的「日琉同祖論」也是在薩摩征服琉球後杜撰出來的，「琉球」被日人命名為「沖繩」，始見於新井白石於 1719 年所著的《南島志》。《南島志》利用了大量的中國古籍，將琉球與日本文化聯繫起來，並將其歸屬到日本文化圈內。

一、琉球與日本關係的開始

　　古琉球與日本的交往究竟從何時開始，並沒有準確的記錄。國內一些學者也遵從日本的研究，提出在日本史料中最早提及琉日交往的是官修國史《日本書紀》（797 年成書）。在此書推古天皇二十四年（公元 616 年）條中記載：「三月，掖玖人三口歸化。夏五月，夜句人七口來之。秋七月，亦掖玖人二十口來之。先後並三十人，皆安置於朴井，未及還皆死焉。」〔註1〕這裡的「掖玖」或「夜句」，筆者推斷是可能是「夷州」的土音漢字。另外，這裡將「掖玖」認定為「屋久島」，應當指的是琉球群島中最北的島嶼屋久島，而不是整個琉球，因古琉球是由三十六個群島組成的島國。即使這裡的「掖玖」為琉球群島中的某個島嶼，也不能說明此時的琉球就歸化於日本，最多只能理解為個別人的「歸化」。

〔註 1〕徐勇、湯重南主編：《琉球史論》，中華書局 2016 年，第 97 頁。

筆者在日本外交史料館收藏的檔案「入貢年表」中找到的相關記載為「推古天皇二十四年南島掖玖人來朝」〔註2〕，「入貢」時間為「應永二十二年」即是1416年。這裡記載的第一次「來朝」的意思應當指琉球人第一次到日本，而「入貢」則是八百年之後的事情。另外，如果第二條所記載的時間準確的話，就是說，琉球對日本薩摩藩的「入貢」是起於十五世紀初。

另外一份檔案《中山略品位官職》中記載：「推古天皇十五年，因為買書事宜，遣小野姝子到隋朝。這年是煬帝大業元年，羽騎尉朱寬等入海探訪異俗，到達琉球，掠得一人返還。第二年，朱寬又到琉球慰撫，國人跟從他，朱寬取布甲回來之時，恰巧被姝子看到。因此使用夷邪久國人稱之。」〔註3〕從這段記錄來看，隋時期朱寬赴琉球之事為確定史實。而所謂的「邪久」之名也是從「小野姝子」開始的。

此份檔案還記載「欽明天皇三年以後到四十六年多稱島人來朝」〔註4〕。根據筆者查閱到的資料，欽明天皇即位的時間是公元539年，那麼「欽明天皇三年」即是指公元542年，這與前述的所謂「推古天皇二十四年（616年）」不相符合。故琉球究竟何時與日本開始交往並沒有確定的時間。這裡的「島人」即是指「琉球人」。這此資料可以說明，由於琉球特殊的地理位置，日本往復中國都要以琉球作為中轉站，故日本與琉球的交往也應當不晚。

另外，《日本書紀》還記載：「和銅七年（714年）十二月，太朝臣建治等率南島奄美、信覺及球美島五十二人歸朝。靈龜元年（715年）正月，南島奄美、夜玖、度感、信覺、球美人等，來朝貢方物。養老四年（720年）十一月，向南島人二百三十二人敘位。」〔註5〕上述記載雖可以說七至八世紀時的日本已與「南島」有往來，但南島明確寫明是「奄美」，又與「夜玖」並列，故「南島」是否是今天的琉球也值得考據。

新井白石在《南島記》中曾言「琉球為我南島久矣」〔註6〕。這裡的南島並不琉球，而是「奄美」。而所謂「琉球國，自上古以來稱作沖繩，在南海十二島之內，為皇國屬島之事，古史亦有記載」，卻無史實根據。即使是日本多

〔註2〕〔日〕《1・通信始末／琉球書類　通信始末／1　入貢年表》，JCAHR: B03041128000。
〔註3〕〔日〕《2・中山略品位官職》，JCAHR: B03041128300。
〔註4〕〔日〕《2・中山略品位官職》，JCAHR: B03041128300。
〔註5〕徐勇、湯重南主編：《琉球史論》，中華書局2016年，第97頁。
〔註6〕〔日〕《2・中山略品位官職》，JCAHR: B03041128300。

次向「南島」派遣人員，但也只是出使，也從無明清兩朝對琉球「冊封」這類活動。日本古籍對「南島」的記載，並非宗主國與藩屬國的關係，而是平等的交往。所以，無論是有人前來「歸化」，還是「來朝貢方物」，並不等於日本領有了「南島」。

此外，日本漢文史料《唐大和上東征傳》的天平勝寶五年（753 年）十一月條記載，東渡日本弘揚佛法的鑒真和尚所搭乘的遣唐使船，「廿一日戊午，第一第二舟同到阿兒奈波島」，並在島上逗留了半個多月。一般認為這裡的「阿兒奈波」即是琉球群島的沖繩島。由此可知，當時琉球群島已是中日交往海上航路中的南方航線中的重要樞紐。

在琉球國史《中山世鑒》（1650 年成書）中有這樣的記載：「大日本人王五十六代，清和天皇之孫、六孫王八世孫為朝公（即源為朝），為鎮西將軍之日，掛千鈞強弩於扶桑……後逢保元之亂，而客於豆州有年。當斯時，舟隨潮流始至此，因以更流虯曰琉球也。國人從之，如草加風。於茲，為朝公通一女，生一男子名尊敦……其為人也，才德豪傑……是以國人尊之浦添按司也。此時，天孫氏世衰政廢，為逆臣所弒矣。尊敦起義兵討逆臣，代之為中山王……是為崇元廟主舜天王。」〔註7〕

這樣的記載對後世影響很大，《中山世譜》從之，清代徐葆光和周煌在有關琉球的使錄中，也皆予以轉錄。於是，有所謂琉球國王乃日本人後裔之說。但根據日本檔案的記載《中山傳信錄》《琉球國志略》都提出「朝公未足」，即源為朝並沒有到達琉球。〔註8〕因此，源為朝到琉球僅是個傳說，無史實根據。

琉球群島靠近日本的九州地區，故與這個地區的薩摩藩很早就應當有聯繫。而琉球身為島國，物產匱乏，很多所需之物需從日本獲得，如耕作所用的鐵器等。14 世紀中期，琉球中山王察度在位時，不但樂善好施，還積極從日本商船購買鐵塊，交予耕者製造農器。「又有日本商船，多帶鐵塊，至牧港發賣。察度盡買收之，耕者與鐵，使造農器。」〔註9〕鐵器是生產勞動的必要物資，是生產力發展的主要標誌，琉球與日本交換物品而獲得的鐵器有利於提高社會生產水平。

〔註7〕徐勇、湯重南主編：《琉球史論》，中華書局 2016 年，第 98 頁。
〔註8〕〔日〕《2．中山略品位官職》，JCAHR: B03041128300。
〔註9〕《中山世譜》察度王。

這一時期已有日本僧人在琉球生活。「本年（1384年）八月二十一日，護國寺開山住僧賴重法印入滅。蓋賴重，乃日本人也。何年至國，以建寺於波上山，今不可考。然洪武十七年，賴重入滅，則乃朝之末，或明朝之初。其至國也無疑焉。」〔註10〕

另外，據《中山世譜》武寧王一欄記載：「本國自唐宋以來，與朝鮮、日本、暹羅、瓜哇等國互相通好，往來貿易。但世遠籍湮，往來年月，難以悉記。」〔註11〕這說明琉球與日本的貿易可能自唐宋時期就已經開始。

另有「尚泰久王」一欄記載：「景泰年間，一僧至國。諱承琥，字芥隱，日本平安城人也。」〔註12〕

根據《中山世譜》的記載，在琉球成為明代中國的藩屬國之時，已經有少量日本僧人在琉球生活。但是在15世紀初葉以前，由於海上航行風險及航海技術不足，琉球與日本幕府以及與薩摩藩之間的聯繫，從目前資料記載看並不多。

根據日本外交史料館所藏之檔案《琉球使臣來朝始末》記載：「琉球國，自上古以來稱作沖繩，在南海十二島之內，為皇國屬島之事，古史亦有記載。文治元年島津氏始祖豐後守忠久兼任薩隅日三國守護之職。」〔註13〕

在這裡，琉球在日本的命名為「沖繩」，但據日本學者東恩納寬惇氏考察，「沖繩」二字，始見於新井白石（1657～1725）所著的《南島志》中，時間為1719年。筆者找到「天明五年版」的《南島志》，其「沖繩島」，並不是指琉球國，而是「亦即中山國也」〔註14〕。可以推測《琉球使臣來朝始末》中的「沖繩」代表古琉球之說是錯誤，其為「皇國屬島」之事，實為薩摩藩為侵佔琉球之臆想。而《南島志》中的沖繩二字，則是根據長門本《平家物語》中的島名「オキナワ」而來。長門本《平家物語》中寫道：「鬼界有十二島，外五島從屬於日本，內七島不從我朝，名曰白石、アコシキ、クロ島、硫黃島、阿世納（別本記為阿世波）、ャクノ島、トホエラブ、オキナワ、鬼界島」〔註15〕。

〔註10〕 《中山世譜》察度王。
〔註11〕 《中山世譜》武寧王。
〔註12〕 《中山世譜》尚泰久王。
〔註13〕 〔日〕《1·琉球使臣來朝始末 乾／序言》，JCAHR：B03041137800。
〔註14〕 〔日〕《南島志》（天明五年版），早稻田大學收藏本，收藏號為：011888006283。
〔註15〕 轉引自米慶餘：《琉球的歷史研究》，天津出版社，1998年，第17頁。

從上述記載來看，所謂「鬼界有十二島」的島名不全、內外位置不清，僅將其中的「オキナワ」換成「沖繩」二字，也不能作出《平家物語》成書的鎌倉時代（1183～1333 年）琉球屬於日本的結論。此外，從上述本書盡力摘錄的典籍中，也可以意識到，七八世紀的日本，與「南島」的關係，只是有所往來。恰如文武天皇二年（698 年）條所記載的，派出文博士等人前往「南島」的目的，正是為了尋求有無國家的存在。進而，七八世紀日本文武天皇在位（697～707 年）前後，多次向「南島」派遣人員，也是出使，而不是前往征服。

二、杜撰出來的「日琉同祖論」

1187 年繼位的舜天王一般也被認為是琉球王統之始。日本有一種傳說，稱舜天的父親是日本的源為朝，源氏因遭「保元之亂」，自伊豆大島逃亡至沖繩島後，得娶浦添按司之妹，而生舜天。這就是現在流行於日本的日琉同祖論開始。此一說法是根據《中山世譜》的記載。《中山世譜》的此種說法，又來源於《中山世鑒》。

《中山世鑒》記稱：「大日本人王五十六代，清和天皇之孫六孫王八世孫為朝公，為鎮西將軍之日，掛幹鈞強弩於扶桑後逢保元之亂而客於豆州有年。當斯時，舟隨潮流，始至此，因以更流日流求也。國人從之，如草加風。於茲，為朝公通一女，生一男子、名尊敦。……其為人也，才德豪傑……是國人尊之礎添按司也。此時，天孫氏世衰政廢，為逆臣所弒矣。尊敦起義兵討逆臣，代之為中山王……是為崇元廟主舜天王。」〔註16〕

根據《中山世鑒》的記載舜天王尊敦即為源為朝之子。「沖繩學之父」伊波普猷也提出 17 世紀的琉球國攝政向象賢是「提出琉球人祖先由日本渡來之說的最初之人。」〔註17〕

源為朝（1139 年～1170 年），日本平安時代末期武將，通稱「鎮西八郎」。在日本歷史上屬於「傳說中的英雄人物」，關於其生平，除了記載其在保元之亂中活躍的軍記物語《保元物語》、側面提及其勇武的鎌倉時代前期官方史書《吾妻鏡》外，別無其他相關史料。據《保元物語》所言，源為朝曾於 1156 年

〔註16〕伊波普猷：《琉球史料從書》第五，第 8 頁，第 16 頁。
〔註17〕伊波普猷：「琉球人の解放」，『伊波普猷全集』第一卷、平凡社 1980 年印刷，第 491 頁。

流放到伊豆大島，並成為七島之主，並號召伊豆諸島對抗國司。1170年，朝廷勅許伊豆介狩野茂光率兵加以進剿，為朝連戰連敗，最後在八丈島宇津木的坪澤切腹自殺，時年32歲。

　　既然源為朝流放地為伊豆大島，似乎與古琉球沒有關係，那後世流傳琉球的第一部正史《中山世鑒》為什麼將他記載為琉球王國的始皇帝舜天之父，開創琉球王朝的「為朝傳說」呢？

　　《琉球國中山世鑒》簡稱《中山世鑒》共六卷。該書是琉球王國「三大國史」〔註18〕之第一部，為琉球國按司向象賢所撰，成書於1650年。《中山世鑒》成書的1650年代，正值日本薩摩藩控制琉球，三司官由日本人擔任之時。

　　尚寧在接受了「按十五條」〔註19〕後才被獲准歸國。而自三司官鄭迵〔註20〕

〔註18〕琉球的三大國史為《中山世鑒》《中山世譜》《球陽》。

〔註19〕法章十五條：一、沒有薩摩之命，不得購買中國物品。二、不堪使用之人，雖故舊不可與之祿。三、婢妾不可與之祿。四、不可私約主從。五、不可多設寺院。六、商人除帶薩州印契外，不可許開市。七、不呆略賣琉球人送到內地。八、年稅及其他公物，必須遵守我官史所定，據法收納。九、由薩摩指定三司官的任用人行選。十、禁止強買強賣。十一、禁爭鬥。十二、發現有於農商定稅之外非理任斂者，可至薩摩府告發。十三、不可由琉球發商船於他國。十四、斗陞用京量不可用其他物。十五、禁止為博弈匪僻之事。有違反以上之人，可盡帶處嚴科，為此宣令。慶長十六年九月十九日。

〔註20〕鄭迵是福建長樂移民鄭肇祚的後裔。1540年出生於琉球國久米村的鄭氏湖城殿內家族裏，其父鄭祿任通事一職。16歲作為官生前往明朝，入學國子監達六年之久，歸國後任職於琉球國朝廷，負責管理嚮明朝朝貢的事務，領浦添間切謝名村地頭。1579年隨馬良弼赴明朝朝貢。親明派官生出身的鄭迵，在思想上與精通日本文化的三司官翁寄松（城間親方盛久）互相對立。1605年，翁寄松因為鄭迵的讒言被貶為地頭職。翌年，57歲的鄭迵被任命為新的三司官，成為琉球歷史上第一位擁有中國血統的三司官。鄭迵在《喜安日記》裏以「若那」的名字登場。根據喜安的描述，鄭迵是一位「身高六尺、膚色黝黑」的健壯男子。他是琉球王府中親明派的代表人物。1591年，薩摩藩島津義弘致書尚寧王，指出豐臣秀吉欲出兵朝鮮，命令琉球在明年二月前，將7500人十個月的糧食運至薩摩藩的坊津，然後設法運往朝鮮。鄭迵認為這是十分無理的要求，主張強硬的拒絕這一要求；並且遣使嚮明朝報告，稱日本欲從朝鮮入侵中國。1598年，琉球的進貢船遇風漂至日本仙臺，德川家康遣返了船隻，要求琉球遣使向日本謝恩，又遭鄭迵拒絕並厲聲斥責。1609年，薩摩藩遣樺山久高入侵琉球。薩軍進犯那霸港時，鄭迵與毛繼祖（豐見城親方盛續）奉命防禦，分別據守那霸港附近的三重城和屋良座森城奮力抵抗，但最終那霸港被攻陷，鄭迵被俘。首里城被攻破後，鄭迵同尚寧王等貴族被虜至鹿兒島。此後鄭迵被囚禁。島津忠恒遣人勸降鄭迵，但他拒不投降。1611年，島津忠恒

被殺、浦添被扣，琉球國內三司官出現空缺，由於三司官必須由薩摩藩來認定，此時便由名護良豐（主和親日派）等繼任，而國相（三司官，之前由王弟尚宏擔任）則由日本的僧侶菊隱上任。而後琉球也要不時向薩摩派遣人質。此後的琉球，不僅內政外交都有島津家在旁監視，而且朝中的重臣也由親日派官吏擔當。

《中山世鑑》恰恰成書於此時，而編者向象賢是有名的「琉奸」。向象賢（1617～1675），即羽地按司朝秀、羽地王子朝秀，字文英，號通外。1640年，繼任羽地御殿家督，領有羽地間切之地，後赴薩摩藩留學。1650年，向象賢奉命修撰《中山世鑑》。在這種背景下著出的《中山世鑑》，將琉球民族發於天孫氏，更將開國的舜天王編成具有日本人皇后裔的大日本英雄鎮西八郎源為朝的後代，政治目的不言自明。

由於地緣上琉球與日本接近，很早就有日本人到琉球，所以在琉球長期以來就存在著和漢兩個思想的對立狀態，日本思想的代表者是留學五山的僧侶們，中國思想的代表者，既是國子監留學的官生們。1609年日本入侵琉球之時，謝那親方鄭迵既是因為官生的身份被破格提拔成為三司官。鄭迵以身殉國之後日本控制的琉球的政治和經濟，三四關由日本和尚西來院菊隱來擔任。西蘭院曾長期在薩摩居住，與樺山、平田家族一樣都是望族。此後中國思想派的人遭到打擊和壓制。在尚豐擔任琉球王之時，薩摩指派在薩摩在勤很久，與南浦關係密切的具志川王子擔任國相。向象賢能擔任羽地按司，就是由具志川王子來推薦的。向象賢24歲的時候就擔任了羽地間切總地頭，50歲的時候擔任國相。他在擔任國相之時進行了施政改革，即「羽地仕置」。此時的琉球社會市場異常的混亂，中國思想派的人物遭到嚴重打擊，思想一蹶不振；與中國的朝貢貿易不能恢復，使琉球的經濟也陷入了困境。

振作人心，統一思想，成為向象賢擔任國相之後的機務，為了改變琉球人

企圖強迫尚寧王等人簽署《掟十五條》（掟十五ヶ條），臣服於江戶幕府並接受薩摩藩的支配，遭鄭迵的嚴詞拒絕和厲聲斥罵。憤怒的島津忠恒下令殺死鄭迵。其死因，共有兩種說法：一說被斬首，一說被烹刑處死。鄭迵在臨刑前，尚寧王擔心無人可以委託朝貢之事。鄭迵向尚寧王推薦蔡堅（喜友名親雲上）有外交官的才能，因此在鄭迵死後，尚寧王任命蔡堅為總理唐榮司。此外，相傳鄭迵精通唐手拳。薩摩藩將他殺死，因武藝高強，未能成功。後來數名武士合力上前，方才將他殺死。鄭迵死後，其府第遭薩摩武士焚毀。其弟鄭周也遭薩摩通緝。謝名一族從此以後開始衰落。鄭周秘密出奔北中城隱居，今日的鄭氏島袋家即為鄭周的後代。

依存中國的思想認知，必須闡釋自國的歷史，因此他著書立說，以「殷鑒不遠」之意，取名為「世鑒」，其寫作理念，即對於事變的責任者尚寧及鄭迴等進行貶黜。以這樣的理念出發，向象賢提出了日琉同祖論：「竊惟者、此國、人生初者、從日本渡來、無疑。」即是琉球的人種，琉球的五穀，都是從日本本土傳來的。

世鑒成書之時，共有五卷，即第一卷琉球開闢之事舜天紀；第二卷英祖紀；第三卷尚巴志紀；第四卷上圓紀 尚圓—尚真；第五卷同上 尚清一代。其卷頭「琉球國中山王舜天以來世鑒圖」、「先國王尚圓以來世系圖」及著者的自序。其特徵是全書以日語寫成；廢除中國國號，使用「國司號」；改變原來的慣例，使用日本年號來敘述歷史事件。

另外世鑒圖和世系圖，一直收入到當時的尚質王時代，在本紀部分也收入到尚清時代，但尚清之前的尚真時代卻沒有納入。

根據作者敘言，可以看出著述的動機，是奉當時的國王尚質之命，由攝政的三司官召集知識淵博、博古通今的舊僚共問討論，最後形成了自古以來沒有的世系圖。

這裡所說的知識淵博、博古通今的舊時幕僚，是指 71 歲的前三司官今歸仁親方及 74 歲的同勝連親方。這些人當中，還有當時的攝政金武王子朝真。他在當時被譽為有名的薩摩通，曾多次到薩摩，是得到家久及光久的知遇之人。

《中山世鑒》雖被稱為琉球國歷史上第一部正史，後人也稱為琉球的三大國史之一。但此書在《中山傳信錄》中，被認定並不是琉球的官方正史，僅是向象賢的個人作品：「臣按前使汪楫譔『中山沿革志』，皆採前明『實錄』。時汪與修『明史』，採錄頗稱詳備。然皆就其封貢往來中朝者言之，故一一明悉；至本國承襲先後之間，或多昧焉。時據所稱『世纘圖』所載，互訂一二而已。臣今至國遍訪所謂『世纘圖』者，不獨民間無其書，即國庫中亦無其圖；惟抄撮尚宣威以前事，名『中山世鑒』；事與『中山沿革志』所載，頗有不合者。後細詢本國，此書乃尚質從弟尚象賢（字文英）者為之。汪使封尚貞王時，此書尚未成也。中山開闢以來，至舜天始有國字；至尚象賢始窮搜博採，集成此書。本國稱其聰明才俊，佐其侄尚貞有功於國，其書必詳盡事理；惜未及見其全書。」〔註21〕根據中山傳信錄中的記載，「世鑒」一書沒有入國庫，甚至民

〔註21〕《重刻中山傳信錄三》，中山世系圖。

間也難以尋找，可見其書並不能作為琉球官方認可之史籍。

其次，舜天王事蹟無從考證，又據有神話色彩，因此有些沖繩學者對其真實性提出質疑。《保元物語》中並沒有關于源為朝渡琉的記載，有些學者據此認為源為朝根本就沒有漂泊至琉球的經歷，因此舜天王為源為朝之子係後世附會。甚至有學者認為舜天王本人就是一個杜撰的人物，琉球第一個國王「不是舜天，而是英祖。

但《中山時鑒》的記載對後世影響很大，《中山世譜》從之，清代徐葆光和周煌在有關琉球的使錄中，也皆予以轉錄，於是，有所謂琉球國主乃日本人皇后裔之說。對此日本「沖繩學」[註22] 的開拓者伊波普猷，在早年的研究中認為：「既令這只是傳說，不能成為歷史家的材料但對於民間傳說的研究者來說，則不失為好資料。」[註23]

根據筆者查閱到的日本檔案，源為朝生舜天王之父的記載是日本史家有意所為。根據日本天保（1830～1844）年間的史官源直溫的記載，《中山傳信錄》《琉球國志略》都提出「朝公未足」，即源為朝並沒有到達琉球。「直溫曾聞琉球國舜天王之父朝公者我為朝也，然而中山傳信錄琉球國志略共曰公未足，決其果為朝也否，但其國可撰中山世譜載為朝公云。」[註24] 這份資料顯示，作為史官的源直溫也是「聽說」源為朝為舜天王之父，更知道中國的史籍中否認了這個傳說，也認為其父並不是源為朝，但「但其國」，可將源為朝記載為舜天王之父。

[註22] 沖繩學是一門專門研究與沖繩（琉球）相關的學問。其研究範圍廣泛，涉及歷史學、語言學、人種學、人類學、考古學、宗教學、神話學、文化人類學（民族學）、民俗學、文學，後來發展到也研究沖繩政治、經濟、法律、自然環境等學問。沖繩民俗學家伊波普猷研究古代琉歌大集《おもろさうし》，並於1911年出版了一部名為《古琉球》的著作。這被後世認為是沖繩學研究的開始，因此伊波普猷被稱為「沖繩學之父」。「沖繩學」的代表人物有：伊波普猷（沖繩學之父）；東恩納寬惇（沖繩學先驅者，「大交易時代」的構想者）；真境名安興（沖繩學先驅）；宮城文（《八重山生活志》的作者）；佐喜真興英（法學史、法思想史）；新垣美登子（沖繩縣女性作家之代表人物）；金城朝永（語言學者）；金城芳子（記者、沖繩女性史）；宮良當壯（語言學者）；山之口貘（沖繩縣代表詩人）；仲宗根政善（琉球方言學之父）；比嘉春潮（歷史學者）；仲原善忠（沖繩研究者）；服部四郎（語言學者）；外間守善（沖繩學研究所所長）；中本正智（語言學者）；名嘉真三成（語言學者）；高良倉吉（琉球大學教授，沖繩縣立博物館主查）。

[註23] 〔日〕伊波普猷：《琉球古今談》，刀江書房，1925年，第281頁。

[註24] 〔日〕《2・中山略品位官職》，JCAHR：B03041128300。

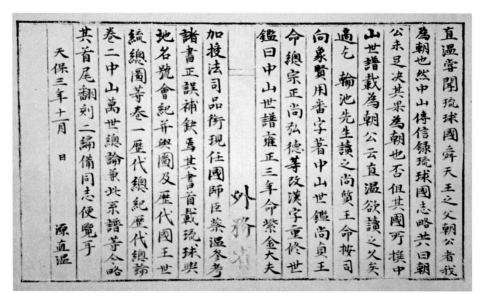

　　以上資料證明，《中山世鑑》中將源為朝記載為舜天王之父，根本沒有歷史根據，更不是歷史史實。這個「傳說」或「神話」，在薩摩入侵琉球之後，因「佀其國」的目的，而被按司向象賢用「番字」記出。

　　《中山世鑑》是「尚質王命按司向象賢用番字所著，尚貞王時期又命總宗正尚弘德等改為漢字重修中山世鑑曰中山世譜。雍正三年命紫金大夫加受法司品銜現任國師臣蔡溫參考諸書正誤補缺焉。其書首載琉球輿地名號會紀並輿圖及歷代國山世統總圖等，卷一歷代總紀歷代總論、卷二中山萬世總論兼此系譜等。」〔註25〕

　　上述檔案也證明，《中山世鑑》在成書之時並不是漢字的，在尚貞王時期被修改為漢字版，1725 年時蔡溫又重修此書。這次修訂中「首載琉球輿地名號會紀並輿圖及歷代國山世統總圖等」。也就是說，現在流傳的、能夠讀到的《中山世鑑》，並不是尚象賢最初用「蕃字」寫出的原版。

　　日本的研究者中根淑在《琉球立國始末》中，對日本為琉球人祖先的說法提出異議：

　　　　上古天孫氏傳世二十五紀，為權臣利勇所滅。先是，源為朝航
　　　海至此地，娶大里按司之妹，生一子，稱尊敦。至是，尊敦舉義兵
　　　討利勇，誅之；即位，是雲舜天王（案日本人葉實時長《保元物語》
　　　云：「源為朝流於伊豆大島，侵至鬼島，掠一人而還」；本無琉球之

────────────

〔註25〕〔日〕《2．中山略品位官職》，JCAHR: B03041128300。

說。《續宏簡錄》引琉球人所著《世贊圖》云：「舜天為朝公之男子」；未言是源姓。惟徐澄齋《中山傳信錄》，有「舜天，日本人皇后裔」之文。源光口珬（八緯方）據以作《日本史》，因指鬼島為琉球；然實無他書可證。琉球書有曰《中山世譜》者，成於《傳信錄》之後，遂亦沿澄齋之訛。蓋澄齋採綴傳聞，出於好奇之過，而兩國史書皆引為典要；故知中朝人載筆，不可不加慎也）。……初，天孫氏之時，國人屢來朝我國，後漸絕（案天孫氏朝日本云云，琉、日古書皆其事；想是因《續日本紀》有「大寶、和銅間，南島諸夷多內附」之文，遂附會而為此說。然日本大寶、和銅當唐中宗、睿宗時，其時日本僧空海在唐；文曰：「北氣夕發，失膽留求之虎性」。又日本國中皆稱琉球為啖人之國，其未通往來可知。《續日本紀》備載南島諸夷，但有奄美、夜久、度感、信覺、球美等名目，並無琉球也。《日本史》云：「至長寬、承安際，其不屬者鬼界以南」。鬼界在琉球島之北，相隔十餘島；此亦琉、日未通之一證。長寬、承安，當宋孝宗時）；尚巴志之時，嘗獻方物於將軍義持。嘉吉中，將軍義教命以其國為薩摩守護島津氏之附庸；自是，國王通使聘於島津氏無虛歲。及豐臣秀吉徵朝鮮，令尚寧供軍糧；尚寧輸其半，又借金於島津氏以償其不足而不還。及德川家康定天下，島津家久奉其意招之，不來；乃遣樺山久高將而伐之，先取大島、德之島；進兵至運天港，海陸並進，諸城皆潰，尚寧降；久高虜之至，家久乃引尚寧謁德川氏；德川氏禮尚寧歸國，永隸島津氏。〔註26〕

另外，日本學者重野安繹在《沖繩志後序沖繩志後中否定了琉球人祖為日本的說法：

　　琉球鄰近日本，然自古不相往來。唐時，日本僧圓珍航海，遭颶風飄至琉球；舟人大號曰：「我等將為琉球所噬，若何」！又，日本嘗呼琉球為「啖人之國」：此皆見于源氏「大日本史」。其後至尚巴志王時，始與日本通聘問；尚寧王時，始服屬於日本：蓋在明中葉以後矣。近時日人好事者穿鑿傅會，以為南島朝貢，古初簡策已有之；又謂舜天王是其皇族源為朝之子，甚至疑開國祖天孫氏亦為

〔註26〕《琉球立國始末（譯日本人中根淑稿）》《清代琉球紀錄續輯》（臺灣文獻叢刊第二九九種），第 207～209 頁。

其裔，多方牽合，思掩其滅琉之罪。不知南島指薩南諸島而言，非即琉球；服天遊重刊「中山傳信錄序」已自辨之。源為朝流於鬼島，因琉球有鬼界島而相溷；源氏史雖載以事，而等諸存疑：以其無確證故也。若天孫氏之稱本於「中山世鑒」，固已言「姓氏不可考」矣。何由知是日本皇裔？尤為鑿空無稽！凡此諸說，皆不見於日本古書；即問之琉人，亦茫無知者：其不足取信於天下萬國也，明矣。夫寬文中作「日本通鑒」，不嘗自稱為吳太伯後乎！而「善鄰國寶記」及「通鑒提要」等書皆云「垂仁天皇時，遣使大夫聘漢，漢帝賜以印綬」；然則我以一旅之師滅日本而縣之，告於萬國曰：「日本，為我中華吳太伯之裔；且自漢以來，聘貢於我。今改建郡縣，諸國不勞過問」。試問日本臣庶之心服乎、否乎？今之琉球，何以異是！至於文為、制度，琉、日間有相同，乃皆是沿襲中華古制；此尤不足置辨者矣。予譯「琉球小志」既成，附錄彼中人士論著，而析其誕妄如右。〔註27〕

　　根據以上分析可以看出，《中山世鑒》雖被後世稱為琉球三大國史之一，但就其原始版本，只是向象賢個人的著作，並不是琉球官方史論，其中所記的源為朝記載為舜天王之父，本就是個「傳說」或「神話」，根本沒有歷史根據，只是在薩摩壓制下杜撰出來討好主子的一種方式，卻因「但其國」的目的，而被日本廣泛流傳下來。

三、新井白石與琉球日本屬論的源起

　　雖然豐臣秀吉企圖先佔領朝鮮，進而征服中國與印度，建立一個定都北京的大日本帝國的霸業沒有實現，但 1603 年德川家康在江戶開設幕府政權後，依然企圖建立以日本為中心的「國際秩序」。1610 年，幕府政治顧問林羅山（1583～1657）在起草的致中國皇帝信中稱：「日本國主源家康業已統一日本，其德化所及，朝鮮入貢，琉球稱臣，安南、交趾、占城、暹羅、呂宋、西洋、柬埔寨等蠻夷之君主酋長，莫不上表輸貢……」〔註28〕

　　林羅山此語與 1609 年薩摩島津氏出兵入侵琉球，掠走琉球王尚寧至鹿兒島，迫使其出具「誓文」有無關係，目前沒有史料證明。但從其內容來看，已

〔註27〕《清代琉球紀錄續輯》（臺灣文獻叢刊 第二九九種），第 214 頁。
〔註28〕信夫清三郎：《日本政治史》第 1 卷，上海：譯文出版社，1982 年，第 10 頁。

經把琉球看作其附屬子臣。由於西力東漸，日本內部面臨「域中改號」之威脅，故而實施「鎖國政策」，但染指他國的念頭並沒有因此而被封存起來。而新井白石則從地緣、人種、文化等方面，將琉球納入到日本圈內。他還開創了琉球王為日本「朝始祖」之說。他的「異朝琉球——南倭琉球——南藩琉球」的認識，被後世文人所接受，並經前田夏蔭將其發展成為琉球自古為日本「皇國藩屏」之理論。此理論後來成為明治政府「廢琉球王國立琉球藩」的理論根據。

新井白石（1657年3月24日～1725年6月29日），名君美，號白石。日本江戶時代政治家，曾為幕府將軍德川家宣、德川家繼的重要輔臣，著有《西洋紀聞》、《采覽異言》等。另外，他通過對北海道、琉球等周邊國家的歷史進行考察，寫了《蝦夷志》、《南島志》。新井白石為日本江戶幕府時代負責外交事務的官員，現被認為是日本研究琉球問題的先驅者。他於1719年（日享保四年，清康熙五十八年）所著的《南島志》，被認為是最早有關琉球研究的著作。這部專著以《隋書》、《日本書記》、《唐書》、《山海經》、《海外異記》、《後漢書》、《吳志》、《萬國全圖》、《元史》、《野史》、《皇明世法錄》、《使琉球錄》、《星槎勝覽》、《崑山鄭士若琉球國圖》、《皇明實記》、《廣輿圖》、《閩書》、《續文獻通考》、《島夷志》、《大明會典》、《皇明三大征考試》、《大明一統志》、《續日本書紀》、《中山世譜》、《中山世系圖》、《延喜式》、《保元紀事》、《保元紀事》、《東鑑》、《宋史》、《世纘圖》、《南浦文集》、《琉球神道記》等作為參考文獻資料，對琉球的歷史淵源進行重新塑造。

新井白石在《南島志》中所引用的史料，基本上都是中國的古籍。但新井卻利用這些中國古籍，將琉球與日本文化聯繫起來。《南島志》共分為地理、世系、官職、宮室、官服、禮刑、文藝、風俗、食貨、物產等十個方面對琉球進行論述。新井白石在「總序」中，引用了《隋書》、《唐書》、《山海經》、《海外異記》、《後漢書》、《吳志》等中國古藉及日本史料《日本書記》，明確地將琉球歸屬到日本文化圈內。

新井白石在《南島志》《南嶼志總序》中說道：

> 流求國，古未有聞焉。始見扵《隋書》，曰：大業元年（605），海師何蠻等，每春秋二時，天清風靜，東望依希似有煙霧之氣，亦不知幾千里。三年，煬帝令羽騎尉朱寬海求訪異俗。何蠻言之，遂與蠻俱往，因到流求國。言不相通，掠一人而還。明年，復令寬慰撫之，流求不從，寬取其布甲而還。時倭國使來，見之曰：此夷邪

久國人所用也。天朝史書不記其事，然拠彼所書，則知其國既通於斯矣。考諸國史曰：推古天皇二十四年（616），掖玖人來。南島朝獻，蓋自此始，是歲實隋大業十二年也。曰邪久、曰掖玖、曰夜勾、曰益久、曰益救，東方古音皆通。此言掖玖，《隋書》以為邪久，即是流求也。又曰：「天武天皇（673～686年在位）二十一年秋，所遣多稱島使人等，貢多稱國圖，其國去京五千餘里，居築紫南海中。」所謂多稱國，亦是流求也。當是之時，南海諸島地名未詳，故因其路所由而名多稱島，即路之所由。而後隸大隅國，一作多襧，《唐書》亦作多尼、多禰國，即南海諸島。於後總而稱之南島者是已。元明天皇和銅六年（713），南海諸島，咸皆內附。至孝謙天皇天平勝寶（749～757）後，史闕不詳。初文武天皇大寶（701～704）中，並掖玖島於多襧島，置能滿、益救二郡，以為太宰府所管三島之一。及仁明天皇天長（824～834）初，停多襧島以隸大隅國。於是乎南島貢獻，蓋既絕矣。而此間之俗，亦稱之以為流求。且謂其俗啖人之國，殊不知此昔時所謂南島也。至後又名曰鬼島，則遂並流求之名而失之矣。既而其國稱藩中國，且通市舶於西鄙，流求之名復聞於此，以迨於今。按流求，古南倭也。南倭、北倭並見《山海經》，而南倭復見《海外異記》。二書蓋皆後人所作，雖然，其書並出魏晉之際，此其所傳亦既尚矣。美嘗按東方輿地，經短緯長限之以海，莫有海內可以容南北倭者。若彼流求、蝦夷之地，接我南北，相去不遠蓋此其所謂者也。且如《後漢‧倭國列傳》所載「光武中元二年（57），倭奴國奉貢朝賀」，以為倭國列之極南界也。魏晉已前，天朝未有通中國者。所謂我極南界，即是古南倭也。其傳並載夷洲、澶洲。而《鮮卑傳》亦有「檀石槐東擊倭人國，得千餘家」之事焉。《吳志》又曰：「大帝黃龍二年（230），遣將軍衛溫、諸葛直等，率甲士萬人，浮海求夷洲及澶洲。澶洲所在絕遠，率不得至，但得夷洲數千人還。」是時，亦莫有異邦之人來擾我邊境者。拠西洋所刻《萬國全圖》，本邦及流求、蝦夷，並在海中洲島之上，或絕或連，以為東方一帶之地。其他可以為國者，如彈丸黑子，亦未有之也。然則鮮卑所擊者，古北倭，後所謂蝦夷；而吳人所至者，亦是古南倭，後所謂流求而已。若彼二國，方俗雖殊，然方言頗與此俗同。

如其地名與此間不異者，往々在焉。且夫後漢魏晉以來，歷世史書，並傳我事，而有與我不合者，蓋與彼南北二倭相混而已矣。世之人槩以為吳懸聞之訛，非通論也。初，隋人名曰流求，其所由未詳，曰：「自義安浮海到高華嶼，又東行二日，到䵷鼊嶼；又一日，便到流求。」義安即今潮州；高華嶼後俗謂之東番，即今臺灣；䵷鼊嶼即今其國所謂惠平也。島明人以謂熱壁山，又謂業壁山，古今方音之轉耳。拠此而觀之，流求本是其國所稱，而隋人因之，亦不可知也。國人之說曰：「永萬（1165）中，源為朝浮海順流求而得之，因名流求。明洪武（1368～1398）中，勅改今字。」蓋不然也。隋世既有流求之名，而《元史》亦作瑠求。且拠野史，為朝始至鬼島，其地生萑葦之大者，因名曰葦島。明人又以謂：「於古為流虯，地界萬濤，蜿蜒若虯浮水中，因名，後轉謂之琉球。」（出《世法錄》）蓋亦不然也。其國未之前聞也。隋人始至，以為流求，且謂國無文字。豈有取虯浮水中之義也哉？不強求其說可也。其國風俗，《隋書》所載最詳。後之說者，因而述焉。明嘉靖（1522～1566）中，給事中陳侃與行人高澄往封其國，及還，上《使琉球錄》二卷，言從前諸書，亦多傳訛，乞下所錄史館，詔從之。後人遂以陳氏之書為得其實也。前者寶永（1704～1711）、正德（1711～1716）之際，中山來聘。美每蒙教旨，得見其人，采覽異言，因知陳氏所駁未必盡得之，而從諸書未必盡失之也。蓋自隋至明歷十世之間，其國沿革復有不同，而居長之號、國地山川之名與其風俗語言，古今殊異，豈能得無訛謬扵其間哉？雖然，美嘗拠國史，考之扵隋及歷代之書，證以其國人之言，古之遺風餘俗猶存於今者，亦不少矣。乃細繹舊聞以作《南島志》，庶幾後之觀風詢俗，以有所考焉。享保己亥（1719）十一月戊午，源君美序。〔註29〕

　　新井白石《南島志》的開端也是以《隋書》之「琉求國」之內容開始的，可以說新井白石認定《隋書》之「琉求」即是琉球古國。而他提出日本人對琉球的稱呼「曰邪久、曰掖玖、曰夜勾、曰益久、曰益救，東方古音皆通」，實認證了前述琉球之「夷州」之稱的土語變音。其所言之「和銅六年（713），南海諸島，咸皆內附」、「隸大隅國」之說沒有歷史根據，即使1785出版的著名

〔註29〕〔日〕《南島志》（天明五年版），早稻田大學收藏本，收藏號為：011888006283。

的《三國通覽圖說》也將琉球列為與朝鮮平等的國家。

新井白石雖認可《隋書》之「琉求」即是琉球古國，但卻又前後矛盾地提出「隋人始至，以為流求，且謂國無文字。豈有取虬浮水中之義也哉？」提出「流求本是其國所稱，而隋人因之，亦不可知也」，否定了中國人對琉球的命名。

新井白石在《南島志》「世系」項中，利用《保元紀事》、《東鑑》、《南浦文集》、《琉球神道記》等日本資料，將琉球民族解釋為日本先民的後裔，即在日本鎌倉時期的武將源為朝，在保元之亂時逃到琉球，與那裏的大里按司之妹結婚，並生育兒女的傳說作為歷史史實，提出琉球國民與日本民族的關係，強調琉球國第一代國王舜天王——浦添按司，就是日本武將源為朝之子，來說明琉球國王與日本有著血緣關係。按照新井白石的說法，琉球國王與日本的足得家族、細川家族、鼻山家族一樣，同屬于源氏一系。

新井白石除了從地緣及血緣上對日本與琉球的關係進行論述外，還從琉球書院建造、官員住宅、民眾房屋等建築風格，到琉球國樂唱曲、百器制衡、醬醋酒類的釀造、茶室茶具的樣式、茶的泡製方法、語言文字等領域，與日本相類比，認為具有極高的相同性，故認為在文化淵源上，琉球與日本也有共同性。

根據何慈毅的研究，新井白石不僅開創了琉球與日本文化淵源上的共同性的理論，還因為其身居負責對外關係之官職，將其提倡「向倭」——「琉球王朝為朝始祖」的論說演變成為「南藩」。這樣日本江戶幕府對琉球的認識，經過寶永年和正德年，逐步由江戶初期的明朝中國的冊封體系中的「小國」琉球，變為以日本為中心的「南倭」琉球，並進一步向「南藩」琉球轉變。〔註30〕

新井白石的研究，雖將琉球納入到日本文化體系中，但他也認為琉球是一個國家。新井白石在《南島志》的「地理第一」中，講到琉球國的範圍，仍將輿論島、永良部島、德島、大島及鬼界島稱為「北山之地」，介紹大島「在德島東北十八里琉球北界也」，而鬼界島為「琉球國東北極界也」。但在「官職第三」中，他卻將薩摩藩主入侵之後的琉球土地鬼界島、德島、大島、永良部島、輿論島，納入到了薩摩之領土，並明確將琉球的大島和鬼界島，作為琉球與日

〔註30〕何慈毅：《明清時期琉球日本關係史》，南京：江蘇古籍出版社，2002 年，第132～133 頁。

本的分界線。這種前後矛盾的說法，是否說明新井白石對五島被薩摩藩佔據不知情或不認可？

　　另外，從《南島志》卷上琉球國「地理第一」全文中可發現在琉球地理境界以內，也沒有釣魚嶼、橄欖山（俗名南小島、北小島）、黃尾嶼、赤尾嶼等原本屬於中國之島嶼。而在《南島志》以前，中國圖籍文獻之中，釣魚嶼、橄欖山、黃尾嶼、赤尾嶼等島嶼之名早已俯仰皆是。這也從另一個側面證明釣魚島在歷史上的中國所屬。

　　新井白石將琉球納入日本文化圈的觀點，不僅反映江戶幕府對琉球的認識，還對後來日本人的琉球認識有很大的影響。其後的森島中良、伴信友、龍澤馬琴、前田夏蔭及山崎美成等都繼承了他的琉球王朝為朝始祖之說。而他的關於琉球王朝為朝始祖說的資料，在日後成為「日琉同祖論」者的主要根據。

　　在森島中良所著的《琉球談》序論中，認為：「琉球在薩之南鄙海中，蓋一小島也，慶長中，臣附薩。然在其上世，源鎮西宏垂國流，即其屬於我也，亦已尚矣。」〔註31〕前田夏蔭在《琉球論》中竭力鼓吹琉球國王的始祖為日本皇室之後裔，連琉球的地域劃分都是按照日本上古制度：「其始祖為皇國神裔，其國人自上古貢奉天朝」，「其古為皇國之藩屏，仕奉如臣國也。證跡灼然。」「其國所謂頭中頭鳩尻即是按吾上古天皇分天下國界之制所建立之縣邑。」「其國自初就恭畏皇朝，甘願稱藩臣服。」〔註32〕

　　山崎美成則將琉球看成自古就是日本的一個島嶼，認為：「琉球國為我邦南海這一島國也。其國各自古即有所聞，是隸屬築上級築紫之島也。」〔註33〕另外龍澤馬琴的小說《鎮西八郎為朝外傳椿說弓張月》，將新井白石的「琉球王朝為朝始祖說」，以小說的形式進行了生動的描述，「鎌倉時期的武將源為朝，在日本保元之亂時逃到大島，又因為遇到颱風而漂流到了琉球，與那裏的女王結婚，生下一名男兒，取名尊敦『舜天丸』，『舜天丸』尊敦長大後平定了琉球國的內亂自立為王，成為第一代國王。」〔註34〕《鎮西八郎為朝外傳椿說弓張月》雖是一部小說，但卻將琉球王與日本的血緣關係，帶給了江戶時代的日本民眾，也深入到近世日本人的琉球觀中。

〔註31〕〔日〕《琉球談》，《江戶期琉球物資料集覽》第四卷，東京：本邦書籍株式會社，1981 年，第 30 頁。
〔註32〕〔日〕《琉球論》，《江戶期琉球物資料集覽》第四卷，第 372、376 頁。
〔註33〕〔日〕《琉球人貢紀略》，《江戶期琉球物資料集覽》第四卷，第 130 頁。
〔註34〕何慈毅：《明清時期琉球日本關係史》，第 135 頁。

1785 年仙臺藩士林子平（1738～1793 年）在其著作《三國通覽圖說》中，詳載朝鮮、琉球和蝦夷的地理，並言「夫此三國都與我接壤，實屬隣境之國。蓋本邦人不論貴賤無文武知，都應當知道這三國的地理。」〔註35〕此書中朝鮮的知識是根據《大象胥傳》、琉球的知識是根據《中山傳信錄》而來。這說明琉球的北方五島雖被薩摩藩佔領，但琉球還是一個獨立的國家。而此時日本已經對琉球有所窺視，林子平著作的目的在於「日本勇士率領雄兵入此三國之時」，有所「諳察」及「應變」。〔註36〕

而日本明治維新的先驅者吉田松陰更是直接地明言：「今也，德川氏已同兩虎（俄、美）和親，不能由我絕之，我若絕之，乃是自失信義。為今日計，莫如慎守疆域，嚴行條約，以羈縻兩虜，乘間開墾蝦夷，收琉球，取朝鮮，拉滿洲，壓支那，君臨印度，以張進取之勢，以固退守之基，使神功未遂者得遂，豐國未果者得果。」〔註37〕

小結

綜上，琉球與日本的關係從何時開始並不確定，但要晚與中國的聯繫之後。琉球在 1609 年以後，開始與中國、日本保持著「兩屬」關係。而薩摩藩對其經濟的實際控制，並利用日本人任三司官之機會，由親日的文人書寫琉球歷史，將琉球始皇帝杜撰成日本人源為朝的後人，將琉球民族納入到其大和民族範圍之內。新井白石發揮了這種意想，不僅將琉球納入到日本圈，他的「異朝琉球──南倭琉球──南藩琉球」的認識，也被後世文人所接受。日本謀取琉球，進而染指大陸的思想一直都沒有間斷。前田夏蔭將其發展成為琉球自古為日本「皇國藩屏」之理論，後成為明治政府「廢琉球王國立琉球藩」的理論根據。

〔註35〕〔日〕林子平，《三國通覽圖書》（天明五年版），早稻田大學收藏本，收藏號為：011888006283。

〔註36〕米慶餘：《日本近現代外交史》，北京：世界知道識出版社，2001 年，第 9 頁。

〔註37〕〔日〕渡邊幾治郎：《日本戰時外交史話》，東京：千倉書房，1937 年，第 8 頁。

第八章　日本對琉球的第一次侵略

　　16 世紀末至 17 世紀初，明王朝在內憂外患的困境中日益衰落。而日本則隨著豐臣秀吉統一大業的完成逐漸崛起。東亞地區的地緣政治格局開始發生此消彼長的變化，由明王朝構築的傳統東亞國際秩序受到日本的挑戰。1592 年，日本「關白」豐臣秀吉發動了侵略朝鮮的戰爭。明朝皇帝應朝鮮國王的請求，出兵援助，當時稱為東征禦倭援朝。豐臣秀吉發動戰爭的目的，不僅為了霸佔朝鮮，而且意欲以此為跳板，「假道入明」，進而實現其「大東亞構想」，甚至妄想把日本天皇的首都搬到北京，建立「大東亞帝國」。明朝當局對此估計不足，以為只要答應日本方面的「封貢」要求，便會天下太平。其實不然。就在明朝皇帝冊封豐臣秀吉為日本國王不久，豐臣秀吉立於 1597 年重開戰端，在戰爭的相持階段，豐臣秀吉突然死亡，日軍不得不倉惶撤退，使日軍的失敗提前到來。這場戰爭暴露了日本統治者妄圖稱霸東北亞的野心。豐臣秀吉死後，德川家康奪得政權。日本將戰略重點轉移到明王朝海防力量薄弱的琉球群島。1609 年，日本薩摩藩〔註 1〕發動了對明王朝另一個附屬國——琉球王國的侵略戰爭。薩摩藩以強大的軍事優勢為背景，強迫琉球王國向日本納貢稱臣，割讓領土，將琉球王國納入日本的勢力範圍。在日本的挑戰下，傳統的東亞地區國際秩序開始動搖。

〔註 1〕薩摩藩是日本明治政府「廢藩置縣」前統治九州島南部的地方政權，其勢力範圍涉及古代日本的律令制國家薩摩國（現鹿兒島縣西部）、大隅國（現鹿兒島縣東部及大隅諸島）和日向國諸縣郡（現宮崎縣西南部）等地區。江戶時代（1603～1868）的「幕藩體制」確立後，該政權遂成為薩摩藩，明治維新後正式命名為鹿兒島藩。

一、中日朝貢貿易下的琉球

從地理位置上看，琉球群島與東南亞國家並非近鄰，相較於中國臺灣及福建、廣東等南方濱海之地距離更遠，如果沒有強大的內在驅動力，很難想像在當時的航海條件下能夠越海萬里同一片完全陌生的地域發生密切的聯繫。從兩地貿易交往的實際運作來看，這種推力主要是中國與東南亞國家的市場需求。以中國來說，香料、蘇木等物在中國社會流傳已久，但在品種繁多的香料中，明末之前中國本土也只產麝香一種，如胡椒、豆蔻、丁香、降香等諸多香料仍主要依賴進口。由於明的海禁政策在禁絕私人貿易的同時鼓勵發展同藩屬國的朝貢貿易，希望能以官營貿易獨佔對外貿易之利，各藩屬國的貢物中不乏有香料、蘇木等地方物產，明朝政府往往以數倍之利收購這些貢物。而東南亞地區瓷器等中國貨物一直是其進口貿易所包含的必要商品。

明政府在「賜舟」的同時也於 1392 年（洪武二十五年）開始逐漸將「善舟」的閩人移居至琉球，這群移民被統稱為「閩人三十六姓」，其在琉球的聚居點被稱作「久米村」。久米村人識水路，擅航海，很快為琉球中山王府所重用。琉球在雙重利潤的推動下和在海船、航海人才的支持下，積極同暹羅、爪哇、安南、滿剌加、蘇門答臘等多國建立了直接的商業聯繫，通過對香料、瓷器等商品的雙向販運獲得了巨大的利潤，促成了琉球「萬國津梁」時代的到來。依據《歷代寶案》相關咨文的記載及《久米村家譜》等資料的佐證，南下貿易次數高達 104 次。

1. 中日朝貢貿易

日本與中國的關係源遠流長，宋代以前中日之間就有著朝貢往來聯繫。元朝時，元世祖曾幾次遣使臣趙良弼前往招撫，但「招之不至」〔註2〕，於是就派忻都、范文虎等率領水師十萬征討，卻在五龍山遭遇暴風而全軍覆沒。故元朝與日本「終元世不相通」〔註3〕，再也沒有通使往來。

1368 年，朱元璋即皇帝位，建立明朝。朱元璋於即位後的第二年（1369年）正月「遣使頒即位詔」，諭日本、占城、爪哇、西洋諸國，告知它們明元改朝換代之事實，勸諭日本國王良懷奉敕臣明。〔註4〕當時在日本國內，九州

〔註2〕夏燮撰，沈仲九標點：《明通鑒》卷二《紀二》，太祖洪武二年正月癸亥，第198頁。

〔註3〕夏燮撰，沈仲九標點：《明通鑒》卷二《紀二》，太祖洪武二年正月癸亥，第198頁。

〔註4〕談遷著，張宗祥校點：《國榷》卷三，太祖洪武二年乙卯，第383頁。

領主良懷與持明為爭王位互相攻伐，混戰不休。但明太祖對日本國內的政治情況並不熟悉，以為良懷是日本國王，於是「敕中書省曰：『朕惟日本，僻居海東，稽諸古典，立國亦有年矣。向者國王良懷奉表來貢，朕以為日本正君，所以遣使往答其意……』」〔註5〕此次詔諭，良懷未予理會。同年二月，明太祖又兩次派遣使臣前往日本等國詔諭：第一次派遣大臣阿思蘭、楊完者不花、鄧邦富、牛成、陳節等持詔諭日本國；第二次派遣吳用、顏宗魯、楊載等出使日本，勸諭日本國王奉明正朔，歸順明朝，並告誡日本，如不來臣順，明朝將發兵剿滅之。明太祖給日本國王的璽書如是云：

> 向者我中國自趙宋失馭，北夷入而據之，播故俗以腥膻中土，華風不競，凡百有心，孰不興憤？自辛卯以來，中原擾擾，彼倭來寇山東，不過乘胡元之衰耳。朕本中國之舊家，恥前王之辱，興師振旅，掃蕩胡番，宵衣旰食，垂二十年。自去歲以來，殄絕北夷以主中國，惟四夷未報。間者山東來奏：倭兵數寇海邊，離人妻子，損傷物命。故修書特報正統之事，兼諭倭兵越海之由。詔書到日，如臣，奉表來庭；不臣，則修兵自固，永安境土，以應天休。如必為寇盜，朕當命舟師揚帆諸島捕絕其徒，直抵其國縛其王，豈不代天伐不仁哉？惟王圖之！〔註6〕

然而，懷良並不答覆，未有歸順之意。

1370年（洪武三年）正月，明太祖朱元璋任命徐達為征虜大將軍，以李文忠、鄧愈、馮勝、湯和為副，分兵兩路北征蒙古，接連取得了軍事上的重大勝利。在明軍對蒙古殘餘勢力進行征剿期間，朱元璋於1370年（洪武三年）三月再次派萊州同知趙秩出使日本，諭以「中國威德」，且「責其不臣」：

> 朕荷上天祖宗之佑，百神效靈，諸將用命，收海內之群雄，復前代之疆宇，即皇帝位已三年矣。比嘗遣使持書飛諭四夷，高麗、安南、占城、爪哇、西洋瑣里即能順天奉命，稱臣入貢，既而西域諸種番王各獻良馬來朝，俯伏聽命。北夷遠遁沙漠，將及萬里，特遣征虜大將軍率馬步八十萬出塞，追獲殲厥渠魁，大統已定，蠢爾倭夷，出沒海濱為寇，已嘗遣人往問，久而不答。朕疑王使之故擾我民，今中國奠安，猛將無用武之地，智士無所施其謀，二十年鏖

〔註5〕《明太祖實錄》卷九十，洪武七年六月乙未。
〔註6〕《明太祖實錄》卷三九，洪武二年二月辛未。

戰精銳，飽食終日，投石超距，方將整飭巨舟，致罰於爾邦。俄聞被寇者來歸，始知前日之寇非王之意，乃命有司暫停造舟之役。嗚呼，朕為中國主，此皆天造地設華夷之分。朕若效前王，恃甲兵之眾，謀士之多，遠涉江海以禍遠夷安靖之民非上帝之所託，亦人事之不然。或乃外夷小邦，故逆天道，不自安分，時來寇擾，此必神人共怒，天理難容，征討之師，控弦以待，果能革心順命，共保承平，不亦美乎？〔註7〕

由於蒙古曾征討過日本，親王良懷以為明朝乃是蒙古後裔在中原建立的新朝，欲對日本圖謀不軌，因此想殺趙秩。但趙秩不為所動，有勇有謀，以過人的膽識，無畏氣節，向良懷曉以元明更代、時勢變遷之理，表明明朝對周邊各國將待之以禮的誠意，並說：「我大明天子神聖文武，非蒙古比，我亦非蒙古使者。」〔註8〕良懷被趙秩感動，以禮待明使趙秩，並派使者到明朝「奉表稱臣，貢馬及方物」〔註9〕，同時送還在明、臺兩郡擄掠的七十多個中國人。

日本使臣於 1371 年（洪武四年）十月時到達明京城。《明實錄》記載：「日本國王良懷遣其臣僧祖來進表箋貢馬及方物，並僧九人來朝。」〔註10〕朱元璋十分高興，設宴款待日本使者，並派僧人祖闡、克勤等八人護送日本使者回國，賜良懷《大統曆》及文綺、紗羅。中日在於元代斷絕聯繫一百多年後，終於再次建立了往來的關係。在日本來朝之次年（1372 年）正月太祖「遣楊載持詔諭琉球國」〔註11〕。

在此後的十多年中，日本國親王、藩邦藩主、大名將軍等各上層統治者，先後多次派遣使臣嚮明廷朝貢，獻馬、土特產品。但由於日本國內諸侯割據，政局動盪，對當時中日關係產生很大影響。另外，倭寇之橫行，以及明朝統治者對與日本關係的定位、屬性等具體問題上的態度之差異，也導致雙方關係起伏不定。

1374 年（洪武七年），良懷派使者來明復貢，「以無表文卻之，其臣亦遣僧貢方物，不恪，卻其貢。」〔註12〕1376 年（洪武九年）四月，日本國王良

〔註 7〕《明太祖實錄》卷五十，洪武三年三月戊午。
〔註 8〕張廷玉：《明史》卷三百二十二《日本傳》，中華書局 1974 年版，第 8342 頁。
〔註 9〕張廷玉：《明史》卷三百二十二《日本傳》，中華書局 1974 年版，第 8342 頁。
〔註 10〕《明太祖實錄》卷六十八，洪武四年十月癸巳。
〔註 11〕《明太祖實錄》卷七十一「（洪武五年）正月甲子遣楊載持詔諭琉球國」。
〔註 12〕李言恭、郝傑：《日本考》卷二之十《朝貢》，中華書局 1983 年版，第 21、22 頁。

懷遣沙門豐庭用等奉表貢馬及方物，並且謝罪，明太祖詔賜其王及庭用等文綺帛有差。1379 年（洪武十二年）五月，「日本國王良懷遣其臣劉宗秩、通事尤虔俞豐等上表貢馬及刀甲、硫黃等物，使還，賜良懷織金文綺、宗秩等服物有差」〔註13〕。然而，明太祖或借朝貢使沒有表文，或「不奉正朔」，或「越分私貢」等理由而拒絕日本獻貢，並將日使來貢物品退還。

　　洪武後期（1380 年），中日關係因「胡惟庸案」〔註14〕事件更加疏遠。胡

〔註13〕　《明太祖實錄》卷一百二十五，洪武十二年閏五月丁未。
〔註14〕　胡惟庸，安徽定遠人，元至正十五年（1355 年）在和州（今安徽和縣）歸順朱元璋，成為朱元璋手下能幹的文官，先後擔任通判、知縣等地方官。明洪武三年（1370 年）任中書省參知政事。從洪武六年至十三年（1373～1380 年），他任中書省左丞相，權傾一時。胡惟庸執掌中書省後很受朱元璋的信任，權勢日盛，漸專權跋扈，不知忌諱，生殺黜陟之大事有的也不經上奏便自行決定。內外官署報告的各項事務凡是不利於自己的就截留下來不讓皇帝知道。鑽營官場之人以及不得意的武將紛紛投於他的門下，奉獻金帛財物，為他奔走。這種情況引起了朱元璋的猜疑，終於在洪武十三年發生了胡惟庸案。據《明史》等官方史料記載，洪武六年，胡惟庸因其子出遊時在街市上奔馳墜車而死便殺死了車夫。朱元璋知道此事後，盛怒之下命胡抵償車夫之死。胡惟庸恐懼，加之早有異心，便與御史大夫陳寧、御史中丞涂節等人圖謀反叛。洪武十二年（1379 年）九月，因不向皇帝報告占城（在今越南）使者來朝等事，朱元璋對胡惟庸、汪廣洋等人嚴屬斥責。幾番事件經調查之後，胡惟庸等人終至獲罪下獄。十三年正月，御史中丞涂節、中書省吏商暠等向朱元璋告發胡惟庸密謀造反，於是胡惟庸、陳寧、涂節等被處死。胡惟庸死後，其營黨謀逆之案並沒有終結。其後數十年間，朱元璋多次以胡惟庸黨案為題大開殺戒，太師、韓國公李善長因被家奴告發與胡惟庸往來而遭賜死，家屬 70 餘人被殺。吉安侯陸仲亨等列侯多人也在此案中被處決。為胡惟庸黨案株連而至處死者總數竟達 3 萬餘人。朱元璋給胡黨所定的罪名中以結黨謀反大罪最為嚴重，這也是朱元璋廣泛誅連、大開殺戒的有力支持，然而其所牽連的案件卻疑點頗多，如朱元璋稱胡惟庸勾結日本，企圖利用日人的力量謀殺自己，這一說法從今天史學研究成果來看可能性很小。又如朱元璋在洪武二十三年（1390 年）以勾結胡惟庸為罪名殺死了年高 76 歲的韓國公李善長。後朝臣王國用上書為李鳴冤，認為李善長已經位極人臣，即使幫助胡惟庸謀反成功也不過如此，因而李善長是不可能與胡黨勾結的。朱元璋看到這封奏疏後並沒有因此對王國用進行懲處，這說明他事實上也是認同這種說法的。胡惟庸案的發生有其深刻的歷史背景。吳晗先生在《胡惟庸黨案考》一文中認為其屬於統治集團內部爭奪權力的矛盾胡惟庸黨案的根本原因在於胡惟庸專擅行政大權的行為侵害了皇權的至高無上。朱元璋處死胡惟庸以及其後對開國諸臣的廣泛株連都是其加強皇權的重要手段。胡惟庸黨案是明代政治史上不可忽視的重要事件。以此為契機，朱元璋詔罷中書省和丞相等官，秦漢以來行之千年的宰相制度就此被廢除。皇帝直接統轄六部，嚴密控制行政權力，中國歷史上的皇帝集權，在制度上達到前所未有的高度。這套制度也被後世統治者所仿傚，成為其後數百

惟庸案是明朝與日本關係中轉折事件。此年正月，「胡惟庸謀叛、約日本，令伏兵貢艘中」〔註15〕。胡惟庸「欲藉日本為助」事敗露後，明太祖對胡惟庸「通倭」「通虜」十分憤怒，以「擅權植黨」之罪名將其誅殺，而且「怒日本特甚，決意絕之」，自此斷絕了與日本的通往關係，「示後世不與通」。儘管朱元璋在《祖訓》不征國十五國列有日本，但因日本終洪武一朝「朝貢不至」，加之東南海連年的倭寇騷擾，朱元璋欲派軍征討日本。

朱棣在「靖難之役」〔註16〕中獲勝，1402 年（建文四年）六月在南京即皇帝位，是為明成祖。明成祖即位後，遣使日本以登極詔諭其國，積極籌劃與日本恢復聯繫。

永樂元年（1403 年），明成祖派遣左通政趙居任、行人張洪偕同僧人道成一同出使日本，商談明日建交事宜。〔註17〕此時日本國內室町幕府將軍足利義滿也驅逐了南朝懷良親王的勢力，掌握了實際大權。為了解決日本經濟之困境，足利義滿也正尋求與明朝建立貿易聯繫。是年，足利義滿派遣僧人堅中圭密出使明朝。十月，足利義滿的使臣到達明都南京，明成祖禮待有加，並派遣趙居任等偕同日使堅中圭密一同回國，封源道義（即足利義滿）為日本國王，賜予日本國王印及其冠服、龜鈕金章及錦綺、紗羅及勘合百道。勘合是允許日本貿易的許可證，這樣中日之間又開始了貿易往來。

明代中日之間的這種貿易被稱為「勘合貿易」。在勘合貿易制度下，日本使節、商人進入明朝海關港口必須經過查驗勘合，其內容包括勘合的真偽、時

年間中國政治制度史上最重要的一個層面。參見故宮博物院網：https://www.dpm.org.cn/court/system/159188.html

〔註15〕谷應泰：《明史紀事本末》卷五十五《沿海倭亂》、中華書局 1977 年版，第 840 頁。

〔註16〕靖難之役，又稱靖難之變，是建文元年（1399 年）到建文四年（1402 年）明朝統治階級內部爭奪帝位的戰爭。明太祖朱元璋在位時把兒孫分封到各地做藩王，藩王勢力日益膨脹。因太子朱標早逝，洪武三十一年（1398 年），皇太孫朱允炆繼位，是為建文帝。建文帝與親信大臣齊泰、黃子澄等採取一系列削藩措施。與此同時，也在北平周圍及城內部署兵力，又以防邊為名，把明太祖第四子燕王朱棣的護衛精兵調出塞外戍守，準備削除燕王。朱棣於建文元年（1399 年）起兵反抗，隨後揮師南下，史稱「靖難之役」。建文帝起用老將耿炳文統兵北伐，又派李景隆繼續討伐，而建文帝也缺乏謀略，致使主力不斷被殲。朱棣適時出擊，靈活運用策略，經幾次大戰消滅南軍主力，最後乘勝進軍，於建文四年（1402 年）攻下帝都應天（今南京）。同年，朱棣即位，是為明成祖。

〔註17〕《明太宗實錄》卷二十二，永樂元年八月己未。

效等。「鎮守寧波浙江都指揮僉事程鵬奏，寧波邊海日本諸國番船進貢往來不絕，而洛衛提備之舟率不相屬，卒有警急，輒用飛報。然與符驗，難以給驛，命兵部以符驗給之。」〔註18〕另外，日本使團來明朝出使及經商的時間、地點、規模等，明朝都給出了相關限制性規定。建文帝時期的規定是「詔定為貢期，約十年一貢」〔註19〕。

明代初期的勘合貿易制度使日本與明朝的經商貿易受到了極大的限制。一方面，不論是邊疆各民族政權，還是海外諸國之商貿使團入明朝貢，都必須遵照「非勘毋輒入」〔註20〕的原則，這使他們的朝貢貿易受到了極大的制約。另一方面，雙方之間矛盾、摩擦不斷。1453 年（景泰四年），日本使臣來明朝貢時，在臨清掠奪當地居民貨物，毆打當地官員，幾乎致死。對於日本使節的不法行為，日本國王源義政在天順初轉請朝鮮國王代為嚮明朝廷表達歉意，明英宗責令日本方面今後「擇老成識大體者充使，不得仍前肆擾」〔註21〕，並未深究，仍然貫徹優待遠夷的基本政策。1468 年（成化四年）夏，日本「遣使貢馬謝恩」，明憲宗依然以禮相待，但日本使者又肆意妄為，「傷人於市」〔註22〕，明憲宗再次抱著「息事寧人」的寬容態度，赦免其罪，以致日本使節在中國境內更加肆無忌憚。此後，來明之日本使節，或請求朝廷增加賞賜，或在貢途中殺人傷人，無所顧慮。

1523 年（嘉靖二年）發生著名的「嘉靖爭貢事件」，日本稱之為「寧波事件」。是年日本大名細川氏和大內氏勢力各派遣對明朝貿易使團來華貿易，兩團在抵達浙江寧波後因爭先來後到，互責真偽，發生爭執。大內氏代表宗設謙道殺細川氏代表瑞佐，並乘機沿路燒殺搶擄，執指揮袁進殺備倭都指揮劉錦、史稱「嘉靖爭貢事件」。「嘉靖爭貢事件」之後，明朝廢除寧波、泉州市舶司，僅留廣東市舶司一處，屬行海禁政策，至此，近百年的中日朝貢貿易結束。

二、琉球與薩摩藩貿易的加強

1511 年，葡萄牙人在佔領「滿剌加」（馬六甲）後一改之前當地原本寬鬆

〔註18〕《明太宗實錄》卷二十五，永樂元年閏十一月丁未。

〔註19〕薛俊：《日本國考略·朝貢略》，齊魯書社 1997 年版。

〔註20〕談遷著，張宗祥校點：《國榷》卷二十三，英宗正統二年十月癸未，第 1554 頁。

〔註21〕張廷玉：《明史》卷三百二十二《日本傳》，中華書局 1974 年版，第 8347 頁。

〔註22〕張廷玉：《明史》卷三百二十二《日本傳》，中華書局 1974 年版，第 8347 頁。

自由的貿易政策，以「滿剌加」為橋頭堡意欲壟斷南海至印度洋間的海洋貿易。加之正德年間明政府對外貿易政策轉變，特別是「寧波事件」以後，日本沒有辦法從明朝獲得貿易所需要的商品；琉球也在財源匱乏的境地下國力日漸衰微，不得不與日本加強貿易，這成為日後琉球國命運多舛的重要誘因。

琉球身為島國，物產匱乏，很多所需之物需從日本獲得，如耕作所用的鐵器等。14 世紀中期，琉球中山王察度在位時，不但樂善好施，還積極從日本商船購買鐵塊，交予耕者製造農器。鐵器是生產勞動的必要物資，是生產力發展的主要標誌，琉球與日本交換物品而獲得的鐵器有利於提高社會生產水平。又如中國統治者託琉球置辦所需物資時，由於琉球物產有限，很多對象需到日本購買。

琉球王國因地緣與日本九州島南部相近，故與九州地區的薩摩藩〔註23〕有著悠久的交往歷史。1372 年，琉球國中山王接受明太祖朱元璋的冊封成為明王朝的藩屬國。琉球王國以對明朝貢貿易為背景，積極開展與日本的中轉貿易。「十五世紀初期至十六世紀中葉（察度——尚真）是琉球的大交易時代。」〔註24〕

根據日本學者紙屋敦之的研究，琉球是在 1414 年開始與室町幕府有往來。〔註25〕據史料記載，1414 年，日本室町幕府足利義持將軍曾致書琉球國王，對其派遣使節表示謝意。1415 年，幕府將軍足利義持在寫給尚思紹的回信中，把琉球的官方貿易品稱作為「方物」。筆者以為足利義持將琉球貿易品稱為「方物」，並不是將這此東西視為進貢品，而是指琉球的物產

1426 年（宣德元年），明使柴山、阮漸帶銅錢兩千貫到琉球收買灑金果合、彩色屏風、彩色扇、五樣磨刀石等。琉球資源奇缺，只好立即派人到日本採購。琉球從日本買入刀、扇、屏風、漆、砂金和銅等，並將之向中國和南海各國輸送。

根據上原兼善所著的《鎖國與藩貿易——薩摩藩的琉球密貿易》中記載，

〔註23〕薩摩藩是日本明治政府「廢藩置縣」前統治九州島南部的地方政權，其勢力範圍涉及古代日本的律令制國家薩摩國（現鹿兒島縣西部）、大隅國（現鹿兒島縣東部及大隅諸島）和日向國諸縣郡（現宮崎縣西南部）等地區。江戶時代（1603～1868）的「幕藩體制」確立後，該政權遂成為薩摩藩，明治維新後正式命名為鹿兒島藩。
〔註24〕〔日〕《東アヅアのなかの琉球と薩摩藩》，第 27 頁。
〔註25〕〔日〕《東アヅアのなかの琉球と薩摩藩》，第 27 頁。

薩摩的島津氏將琉球作為屬國的意識只有一個根據，即是在1441年（嘉吉元年）島津忠國幫助足利義教將軍平定了謀反的大覺寺義昭，足利義教將「琉球」賜給了島津，即是「嘉吉附庸」。〔註26〕但這也只是個傳說，從目前資料記載看，直到明宣德以後，兩國交往才逐漸增多。

但具體有時間記載的日琉信件在1432年（宣德七年）。此前卻沒有發現。由於日本久來沒有進貢，明宣宗派出使官柴山前往琉球，讓琉球國王轉諭日本並賜其敕令。其敕曰：昔我皇祖太宗文皇帝臨御之日，爾日本先王源道義能敬順天道，恭事朝廷，是以朝廷眷待彌厚。朕今紹承皇祖之志，廣一視同仁之德，特敕諭王：王其益順天心，恪遵爾先王之志，遣使來朝，朕之待爾一如皇祖之待爾先王，非惟一家、一國受福於無窮，且使海濱之民皆得以永享太平之福。爾其欽哉。〔註27〕日本山崎美成《琉球入貢紀畧（草稿）》〔註28〕記載，也證實日本與琉球的通信聯繫是宣德七年，即1432年。

這也就是說在1432年琉球國王按照明宣宗的要求宣諭日本後，琉日雙方的聯繫才日益加強。1435年（明宣德十年），日本將軍足利義教致書琉球國。1439年，日本幕府將軍足利義教在寫給尚巴志的信中，也把琉球的官方貿易品稱作「貢品」。當時幕府設有「琉球奉行」之職，負責管理對琉貿易，而琉球輸往日本的藥材中有朝鮮產的人參、中國產的甘草、南海諸國產的麝香、龍香、龍腦等。

1441年，足利義教將琉球賜給薩摩藩侯島津氏，於是在日本的歷史上，琉球國便被一些人認為屬於九州薩摩藩主島津氏。1461年前後，琉球國王尚泰久去世，新國王尚德繼位，薩摩藩專門派人到琉球進行祝賀。為此事，琉球國王於1461年回書致三州太守，表示謝意。此外，琉球方面還於1466年到日本晉見了足利將軍。這表明，日琉之間的聯繫在進一步加強。自是以後，日本的勢力漸漸開始威脅琉球，但其後不久琉球對日的貢使派遣中斷。可見琉日之間的貢使關係斷續不常，不同於中琉關係的安定。

據稱1451年，當琉球官船抵達近畿沿岸時，日本攝津守護挑選貨物的同時卻拒不付款，為此琉球使者曾將此事告發於幕府。後因日本發生「應仁‧文明之亂」（1467年至1477年），琉球王國的官船不再進入日本的京畿之地，而

〔註26〕〔日〕上原兼善：《鎖國と藩貿易——薩摩藩の琉球密貿易》，八重嶽書房，昭和五十六年，第15～16頁。
〔註27〕《明宣宗實錄》卷八十六，宣德七年正月丙戌。
〔註28〕〔日〕山崎美成：《琉球入貢紀畧（草稿）》（無出版年）。

商人取代了官方，直接從事對琉貿易。而後，薩摩藩逐漸握有了對琉球的貿易特權，琉球對日的貿易船，被限定在了九州的西海岸。

這期間雖然琉日關係有了增強，但是琉球與日本的交往還是以平等的身份進行的。如 1461 年琉球國王尚德即位時，日本薩摩藩派遣使節祝賀，而琉球國王的回信中也體現了這一平等的關係。回信中稱：「『國泰民安座於君長生殿，問經武緯賜予太平書，剩承厚祝之領，尤抱三千顏之愧，偏傾垂許之肝膽，雖令珍囊之瓊據。緞子八正……渾而十五正奉報也。山礪河滯守於春魚水約盟，革故堅萬歲家邦柱石。臺察。』天順五年六月三日，琉球國王，三州太守庵下。」從這書信中可以看出，琉球與日本之間只是友邦關係，而奉明正朔卻不言而明。

三、琉球與薩摩藩的關係

根據琉球古籍《中山世譜》的「附卷」寫作說明「故自古而來，與薩州為鄰交，時通聘問，紋船往來。」〔註 29〕來分析，琉球與日本之間何時開始交往也沒有準確的時間。但琉球與薩摩官方的正式往來是起於尚清在位之時：「嘉靖年間，為紋船使事，遣天界寺月泉長老、世名城主良仲到薩州。（年月不傳）又為紋船使事，遣薛氏賀章（後曰江洲）到薩州。（年月日不傳）」嘉靖年間為1522～1566。這說明在這一時期，琉球曾兩次因「紋船使事」派人到薩摩。「紋船」究竟是什麼，從日本史料來看就是「官方商船」。根據上原兼善在《鎖國と藩貿易──薩摩藩の琉球密貿易》的研究，「紋船」就是在船的舳上裝飾著帶有青雀與黃龍的綾旗的船。〔註 30〕根據日本史料《島津國史》卷十二的記載，日本最早向薩摩派「紋船」是在 1481 年。〔註 31〕

為了加強對薩琉之間來往商船的管理，1508 年，薩摩藩開始向琉球渡航商船發行「琉球渡海朱印狀」（簡稱「印判」）。1566 年，島津義久世襲薩摩藩藩主後，薩摩藩加強了對琉球渡航商船的管理，對沒有「印判」的商船採取沒收商品、扣押船隻的嚴格取締措施，並希望得到琉球王國的配合。但是，琉球王國對此並未十分重視，照舊允許一些沒有「印判」的商船在那霸港從事交易活動，這引起薩摩藩的不滿。

〔註 29〕《中山世譜》附卷序。
〔註 30〕〔日〕上原兼善：《鎖國と藩貿易──薩摩藩の琉球密貿易》，八重嶽書房，昭和五十六年，第 11 頁。
〔註 31〕米慶餘：《琉球歷史研究》，第 57 頁。

當時薩摩藩的藩為薩摩島津貴久。島津貴久是薩摩藩的統一者，其家族在室町時代就開始與明朝和琉球從事交易。貴久與琉球的尚元王關係良好，於是想說服琉球歸順薩摩。1570 年，島津貴久派知尚雪岑為使者來到琉球，要求中山王尚元向薩摩朝貢。琉球嚴詞拒絕。當時島津貴久正全力爭奪九州島的霸權，無暇顧及琉球，便陰謀煽動奄美大島酋長發動叛亂。奄美的酋長得到島津貴久軍事上支持，不再朝貢中山王，不再聽從中山王的命令。中山王尚元決定親自討伐。

1571 年（隆慶五年），中山王尚元親率大軍分乘五十餘艘戰船向奄美大島進發。琉球史籍《中山世譜》記載：「大島酋長與灣大親亡後，其同僚等謀反，絕貢不朝。由是，王親率大軍，駕船五十餘，往征大島。賊徒領兵迎敵，戰未數次，大敗而走。官軍深入其境，金鼓震天，勢如雷霆。賊徒大驚，降者無數。賊酋無力可戰，被縛受誅。王命別立酋長，撫安百姓。」〔註32〕

此後琉球與薩摩結下仇恨。1574 年，薩摩藩將多年來琉球王國的「違約」案件整理成文，送交琉球王國，並警告琉球王國若不「痛改前非」，必將導致雙方關係的惡化。〔註33〕

1575 年 3 月 27 日，琉球王國派遣一艘「紋船」赴薩摩藩祝賀島津義久世襲薩摩藩藩主。薩摩藩重臣上原尚近和上井覺兼當面發難，要求琉球王國的使節對近年來琉球王國的「違約」案件以及「紋船」姍姍來遲、賀禮微薄等一一做出解釋。

島津義久世襲薩摩藩藩主之初，正值琉球王國尚元王駕崩，尚永王即位，琉球王國因國務繁雜，故而沒有及時遣使祝賀。對於薩摩藩重臣借「紋船」發難，有學者認為，島津義久世襲薩摩藩藩主九年後，國內權力基礎日趨穩定，希望通過強迫琉球王國接受薩摩藩的「印判」制度，控制琉球王國的海上貿易，從中獲得經濟利益。薩摩藩借「紋船」發難實際上是在尋找一個控制琉球王國的理由。〔註34〕

上原兼善在《鎖國和藩貿易──薩摩藩的琉球密貿易》中也認同上述觀點，提出：「從各方面的檢討來看，當時兩國之間的矛盾，最主要是由於不帶

〔註32〕《中山世譜》尚元王。
〔註33〕〔日〕上里隆史：《琉日戰爭一六〇九》，那霸：ボーダーインク，2009 年，第79～83 頁。
〔註34〕〔日〕琉球新報社、南海日日新同社：《薩摩侵攻 400 年未來への羅盤針》，那霸：琉球新報社，2011 年，第21～22 頁。

判印船問題。以應仁之亂為契機，在琉球的地界，有很多以博多商人為主的日本人渡航，特別是 1547 年明朝拒絕了遣明勘合船的派遣，琉球在東亞交通據點地位的重要性就更加顯現。」〔註35〕

《中山世譜》就該觀點沒有明確記載，但記錄了在明神宗 1573 年繼位後，琉球尚永王及尚寧王時期，也曾經因「紋船使事」幾次派人到薩摩：

萬曆五年丁丑，為紋船使事，遣天界寺修翁和尚到薩州。（月日不傳）

萬曆八年庚辰，為紋船使事，遣普門寺和尚到薩州。（月日不傳）

萬曆十三年乙酉，為紋船使事，遣天龍寺桃庵長老、孟氏安谷屋親雲上宗春到大阪。（月日不傳）

萬曆十九年辛卯，為紋船使事，遣建善寺大龜和尚、茂留味大屋子到薩州。（月日不傳）又為紋船使事，遣護國寺快雄座主、大里大屋子到薩州。（年月不傳）

萬曆二十一年癸巳，為紋船使事，遣天王寺菊隱長老、金氏摩文仁親方安恒到薩州，赴京。（月日不傳）又為紋船使事，遣蔡氏中村渠築登之親雲上政茂到薩州。（年月不傳）〔註36〕

通過《中山世譜》的記載來看，琉球與赴薩摩的原因都是「紋船使事」。琉球史料中沒有提出薩摩藩對琉球王國的施壓，更沒有提及奄美之戰。但此階段赴薩增加，間接地證明薩摩藩借「紋船」發難琉球的事實。

1587 年，豐臣秀吉進行九州征伐，派遣豐臣秀長率領大軍攻擊島津氏的支城，降服島津氏。戰後島津氏被分配到薩摩和大隅兩國。1588 年 8 月，薩摩藩藩主島津義弘前往京都拜見豐臣秀吉，豐臣秀吉表示希望通過薩摩藩要求琉球王國臣服日本。是年，薩摩藩島津義弘（島津貴久之子）再次遣大慈寺龍雪和尚前往琉球，遞交薩摩的國書。書裏寫到「方今天下一統，海內向風。而琉球獨不供職，關白命水軍屠乃國。及此時宜遣使謝罪，輸貢修職，即國永寧。特此告示。」接到這一恫嚇國書之後，尚永王大驚而病，次年三十歲薨，在位十六年，葬於玉陵。

1589 年，日本又無禮要求琉球「進貢」，否則出兵征討。

〔註35〕〔日〕上原兼善：《鎖國と藩貿易──薩摩藩の琉球密貿易》，八重嶽書房，昭和五十六年，第 15 頁。
〔註36〕《中山世譜》附卷一。

　　1590 年 2 月，豐臣秀吉又遣使赴琉，再次要求琉球王國向日本朝貢，否則出兵征討。初登王位的尚寧不想得罪日本，遂遣使赴薩摩藩，獻禮修好。琉球王國的使者被島津義弘帶往京都謁見豐臣秀吉。

　　1591 年 10 月，島津義弘致書琉球國王尚寧，稱豐臣秀吉計劃進攻朝鮮，徵調各地大名參加名護屋城的建造；琉球人口稀少不善征戰，為代替建造工作，應以輸送金銀米穀的方式代替；因此琉球必須在明年二月前將 7500 人十個月的糧食運至薩摩的坊津，然後設法運往朝鮮。對於這一要求，琉球國王尚寧按照負責外交事務的三司官謝名親方利山（鄭迥）的意見予以拒絕。〔註 37〕

　　豐臣秀吉致書琉球王，略云：「我邦百有餘年，群國爭雄，予也誕降，以有可治天下之奇瑞，遠邦異域，款塞來享。今欲征大明國，蓋非吾為，天所授也。爾琉球降侯出師期，明春謁肥錢轅門。若懈愆期，必遣水軍，悉鏖島民。」〔註 38〕豐臣秀吉還威脅琉球國王尚寧：「我自卑賤膺運興，以威武定日本。六十餘州既入掌中，至遠近無不共朝賀。然爾琉球國，自擁彈丸之地，恃險遠，未聘貢。故今特告爾，我將明春先伐朝鮮，爾宜率兵來會。若不用命時，先屠乃國，玉石俱焚之。」〔註 39〕

　　中山王尚寧一看書信嚇得也沒了主意。就和眾大臣商議。琉球群臣都說大事化小，小事化了，於是中山王尚寧就派人向薩摩使臣說明琉球很困難，國力衰微，無法徵得這麼多的糧草，希望薩摩藩和豐臣秀吉能夠諒解。中山王尚寧最後認交一半的糧草，剩餘的一半糧草由薩摩藩「代為墊付」。接著琉球派人秘密將日本將入侵朝鮮之事告訴了大明。

　　在豐臣秀吉的威脅下，琉球國王尚寧最終交出一半糧餉，剩餘部分薩摩藩提出願意「代為墊付」，但要求琉球王國日後償還。謝名親方利山答應了薩摩藩的要求。這樣，琉球王國就欠下薩摩藩一筆「借金」。後來「討債」成為薩摩藩入侵琉球王國的一個藉口。

　　從這一段日琉交涉的經過分析來看，琉球與薩摩的關係本質上是貿易的關係，並不存在著「藩屬」關係；薩摩所謂的「貢物」只是互貿品，故所謂的室町時代琉球沒有成為日本的藩屬，這與明洪武以來琉球與中國的封貢關係，形成了鮮明的對比。

〔註 37〕〔日〕高良倉吉：《琉球の時代》，東京：築摩書房，2012 年，第 281 頁。

〔註 38〕轉引自吳狀達：《琉球與中國》，中正書局，1948 年，第 90 頁。

〔註 39〕鄭樑生：《明代中日關係研究》，臺北：文史哲出版社，1985 年，第 536 頁。

四、豐臣秀吉入侵朝鮮時的琉球

豐臣秀吉（1537 年 3 月 17 日～1598 年 9 月 18 日），原名木下滕吉郎、羽柴秀吉，是日本戰國時代、安土桃山時代大名、天下人，著名政治家，繼室町幕府之後，首次以天下人的稱號統一日本的戰國三傑之一。1585 年任關白，1586 年受賜姓豐臣並就任太政大臣，確立了政權。

豐臣秀吉與琉球的關係起始於九州的「薩摩」。1586 年，九州大名大友宗麟向豐臣秀吉請求支持。1587 年，進行豐臣秀吉征討九州，派遣豐臣秀長率領大軍攻擊島津氏的支城，降服島津氏。戰後島津氏被分配到薩摩和大隅兩國。這樣豐臣秀吉先後經過紀州征伐、四國征伐和九州征伐，征服了西日本全境。1590 年遠征關東，包圍小田原城並擊敗北條氏，使陸奧國的伊達政宗等東北諸大名皆歸服，統一日本，結束了日本戰國時代。

豐臣秀吉統一日本後，治國有方，多年戰亂的日本一時間國泰民安。為了滿足封建主與商人的要求，豐臣秀吉積極從事海外擴張，企圖佔有朝鮮，並借朝鮮為跳板侵略中國。

1590 年（萬曆十八年），豐臣秀吉曾致書朝鮮國王李昖，要求假道朝鮮進攻明朝，並要朝鮮國王率兵作為前導，朝鮮國王沒有聽從。1592 年，豐臣秀吉出兵 14 萬征伐朝鮮，兵員以西日本諸大名為主。其中以宇喜多秀家為元帥，小西行長、加藤清正為先鋒，九鬼嘉隆為水軍指揮官，步兵 14 萬，水軍 8250 人，戰艦 700 餘艘，於是年 4 月跨過朝鮮海峽，在釜山、慶州一線登陸，正式拉開侵略朝鮮的序幕。

戰爭初期，久經沙場的日軍攻勢猛烈、勢如破竹，以極快的速度先後攻佔朝鮮王京漢城與陪都平壤，並迅速攻佔朝鮮境內大量主要城市，直趨明朝邊境。朝鮮國王李昖逃到鴨綠江邊的義州，日本軍隊長驅直入，朝鮮軍隊望風而逃，在短短三個月的時間裏，日軍先後攻陷釜山、臨津、平壤，俘獲朝鮮王子。《明》載：「以勁兵三千人入其國，擄其王，遷其宗器，大掠而去。」〔註40〕

朝鮮國王李昖嚮明軍告急求援，明廷援助朝鮮，展開了抵抗日本侵略的大戰。明神宗派遣遼東總兵李如松為提督，兵部右侍郎宋應昌為經略率兵四萬餘人於當年 12 月 26 日跨過鴨綠江，進入朝鮮抗擊日軍。在明軍和朝鮮三道水師提督李舜臣等的反擊下，日軍攻勢遇阻。平壤之戰後豐臣秀吉開始與

〔註40〕 （明）張廷玉：《明史》卷三百二十三《琉球》，中華書局，1974 年，第 8369 頁。

明朝和談。

　　從豐臣秀吉侵朝開始的近三百年來日本對中國及附屬國的覬覦與侵略，是對以中國為中心的「華夷秩序」的挑戰，為的是建立日本在亞洲的霸權，或者說是以日本為中心的亞洲新朝貢體系。這導致東亞形勢更加複雜，對明朝在亞洲的朝貢體系構成了更深的威脅。同時，也威脅著明朝的附屬國，「琉球，距日本咫尺耳，朝鮮既失，則琉球亦難獨存」。〔註41〕

　　在豐臣秀吉奪取政權的戰爭中，重臣龜井茲矩功勳卓著。豐臣秀吉欲賞賜龜井茲矩，龜井茲矩請求做琉球守，就是琉球的地方官。薩摩藩島津家族聽聞此消息後，馬上想辦法阻攔。因為薩摩藩和琉球地緣上接近，薩摩藩通過琉球購買到大量的中國商品，再轉手倒賣到全日本，牟取了極大的暴利；薩摩藩也有野心想吞掉琉球。由於豐臣秀吉在朝鮮打的不順利，就順水人情答應了薩摩藩。龜井茲矩被豐臣秀吉冊封為中國的台州守，義子豐臣秀次為大唐關白，即大明攝政。

　　自 1197 年島津忠久被鎌倉幕府將軍源賴朝任命為薩摩、大隅、日向的守護官以來，島津家族一直統治著九州島南部的廣大地區。在日本戰國時代（1493～1590）末期，薩摩藩日益強盛，開始向九州島的中部和北部擴張，並先後征服了日向（現宮崎縣大部）、肥後（現熊本縣大部）、肥前（現佐賀縣和長崎縣大部）諸國。面對薩摩藩咄咄逼人的攻勢，九州島北部的豐前（現福岡縣東北部和大分縣北部）、豐後（現大分縣大部）、築前（現福岡縣西部）、築後（現福岡縣南部）諸國紛紛向豐臣秀吉求助。1585 年 10 月，豐臣秀吉命令薩摩藩停止軍事行動，被薩摩藩拒絕。1586 年 7 月，豐臣秀吉出兵征討薩摩藩，並於 1587 年 5 月征服了薩摩藩，平定了九州島。

　　豐臣秀吉入侵朝鮮的戰爭失敗了，薩摩藩的島津軍也損失慘重。豐臣秀吉死後，日本換成德川家康主政。德川家康數次通過薩摩藩，表示希望琉球派遣謝恩使來日本。

　　1602 年末，一艘琉球王國的貢船遭遇風暴，漂流至日本陸奧地區（本州島東北部），得到當地日本人的救助。1603 年初，德川家康令其家臣本多正純將琉球船員交給薩摩藩。遵照德川家康的指示，由薩摩藩將琉球船員送回琉球王國，但要求琉球王國派遣使節進貢，「來聘」致謝。1603 年（萬曆三十一年）薩摩藩藩主島津家久也致書琉球，希望琉球祝賀自己繼承家督之位，並就島津

〔註41〕　（清）周煌輯：《琉球國志略》卷十五，商務印書館，1936 年。

氏阻止龜井茲矩攻打琉球之事遣使謝恩。中山王尚寧把眾大臣招來一商量，最後聽從了三司官鄭迴的意見，斷然拒絕了日本方面的所有要求。

1604 年，即明朝冊封使夏子陽至琉球之時，島津家久曾計劃討伐琉球並為此請示德川家康。而同年又致書尚寧，請琉球為日本與明的通商作中介之舉。故日本對琉球的陰謀，實早有準備，之所以沒有立即發動，應當是因為與明朝恢復貿易的企圖未能實現，尚有所待。在海禁鬆弛的情況下，1607 年（萬曆三十五年）泉州客商許麗寰到日本薩摩進行貿易，居留一年。在返航時，薩摩藩主島津義久曾致書許麗寰，約定明年再來，日本感覺對明貿易形勢已獲得好轉。

然而為了獲得長期的經濟利益才是薩摩島津氏出兵琉球的主要目的。1606 年（萬曆三十四年）德川幕府命令島津忠恒，凡是到達薩摩藩領地內的外國船隻，皆要遵照長崎奉行的指令處置。這一舉措使薩摩沒有直接對外的接待權，極大影響了薩摩藩主島津氏的外貿收入。島津氏認為，為了解決這一危機，除了將琉球置於他的控制之下，使之作為對明貿易的中介而自由指使之外，別無他策。

1606 年 9 月，島津義久根據幕府之意，致書琉球國王尚寧，請其協助日本與明互通財貨，後又遣人去琉球商討此事，被琉球三司官鄭迴所拒。

薩摩原本就暗地裏為戰爭厲兵秣馬、磨刀霍霍了，但適逢 1606 年明朝冊封使抵達琉球，為了避免日本與明朝正面衝突，幕府制止了薩摩此時出兵的企圖，入侵琉球的計劃被擱置，從而也使琉球暫時逃過了一場大災難。1607 年，島津義久受德川家康之命，遣人督責琉球朝貢，琉球不從。冊封之後的兩年，薩摩終於做好了出兵琉球的充足準備，決定入侵琉球。

發動對琉球王國的侵略戰爭成為島津家久的一個選擇。島津家久之所以決定入侵琉球王國，主要是因為島津家久發現德川家康派平戶藩藩主松浦鎮信與琉球王國接觸，擔心如果江戶幕府不把薩摩藩作為日本對琉球王國外交關係的唯一窗口，薩摩藩將失去對琉球王國的壟斷地位。因此，島津家久於1606 年就開始與重臣們商議出兵奄美大島的侵略戰爭計劃。

1606 年 4 月 1 日，身在江戶的島津家久聽了島津義弘傳達的薩摩藩重臣們對發動琉球王國侵略戰爭計劃的消極意見後，依然堅持己見，並以「石綱船」建造耗資巨大，薩摩藩財政困難，重振薩摩藩的經濟必須征服琉球王國，通過琉球王國可以修復因萬曆朝鮮戰爭中斷的日本對明王朝的貿易等為由，反覆

向德川家康請求出兵琉球，並最終說服了德川家康。

1606 年 8 月，德川家康致信島津家久，信中表示了他對琉球國王的不滿，並流露出征討琉球王國的意圖。1607 年 5 月，德川家康再次命令薩摩藩催促琉球王國「來聘」；1606 年 6 月 17 日，江戶幕府批准了薩摩藩侵略琉球的戰爭計劃。這樣，島津家久把薩摩藩的琉球政策作為江戶幕府對明王朝政策的一個重要組成部分，以江戶幕府的中央權力為背景，力排薩摩藩內部的反對意見，將侵略琉球王國的戰爭計劃一步步推向深入，並付諸落實。

1607 年 9 月，島津家久派遣使節前往琉球王國，就「來聘」問題與琉球王國進行最後交涉。對於江戶幕府和薩摩藩三番五次地要求「來聘」，謝名親方利山嚴詞拒絕，並羞辱了來使。德川家康與琉球王國之間因「來聘」問題產生的矛盾成為薩摩藩入侵琉球王國的又一個藉口。

五、薩摩藩對琉球的第一次侵略

1609 年 3 月 4 日，薩摩藩軍隊在樺山久高和平田增宗的率領下派出戰船百艘，士兵三千，從山川港出發向琉球王國發起進攻，途經吐噶喇列島時強徵 20 名船長和 250 名水手擔任嚮導。3 月 7 日，薩摩藩軍隊抵達奄美諸島，幾乎沒有遇到任何軍事抵抗。奄美大島的居民對登陸的薩摩藩軍隊非常友善，甚至還為其提供物資補給。3 月 8 日，薩摩藩軍隊佔領了奄美大島、喜界島。稍事休整，薩摩藩軍隊 3 月 16 日南下進攻德之島，雖遭遇頑強抵抗，但軍事實力懸殊，終於 3 月 22 日攻陷該島。3 月 24 日，薩摩藩軍隊乘勝攻陷了沖永良部島；3 月 26 日，在沖繩島北部的雲天港登陸；3 月 27 日，攻陷今歸仁城，直逼琉球王國首府首里城。琉球王國動員四千兵力防守首里城，但是，以刀劍、長矛和弓箭為武器的琉球守軍與以火槍為武器，經過日本戰國時代歷練的薩摩藩強兵相比，戰鬥力差距明顯。雖然琉球守軍在謝名親方利山、豐見城親方盛續（毛繼祖）和越來親方朝首（向德深）等人的率領下，在浦添、那霸港、識名原等局部地區進行了有限的抵抗，但仍無法挽回戰事全局。

4 月 1 日，以樺山久高為大將的島津家遠征軍三千精兵集結至那霸港。尚寧驚恐萬狀，不敢再對島津軍作強硬抵抗，各地官軍退守首里城。薩摩軍開始在首里城下燒殺擄掠，準備焦土之後再作去留的打算。但是消息不靈的尚寧，似乎對薩摩難以持久作戰的弱點絲毫不瞭解，被薩摩軍的強硬外表所欺，急於向薩摩示弱，準備投降。此時正為軍需不繼而擔憂的薩摩軍，順水推舟地答應

停戰，接收了首里城。在 4 月中旬尚寧在崇元寺向薩摩軍出降後，圍繞首里城的零星抵抗基本結束。為了防止琉球方面繼續據城抵抗，薩摩方面命令琉球攝政——尚寧之弟尚宏，以及三司官之一的浦添朝師出城，前往薩摩軍營做人質。4 月 4 日，薩摩方面將尚寧軟禁在三司官之一的名護良豐宅邸，琉球軍從此不敢繼續反抗。至此，琉球完全陷入薩摩的擺佈之中，戰敗已成定局。4 月 5 日，薩摩藩軍隊接管了首里城；又經過十餘天戰鬥，控制沖繩島。

琉球國王尚寧和三司官等眾臣都成為薩摩藩的俘虜。薩摩藩控制沖繩島後，沒有向慶良間諸島、久米島、宮古列島、八重山列島等島嶼派兵，而是通過琉球王國的三司官命令這些島嶼的守軍放棄抵抗，向薩摩藩投降。根據史料記載，戰爭期間薩摩藩軍隊對琉球一般民眾的掠奪、放火和殺戮時有發生。雖然有日本學者認為，薩摩藩軍隊軍紀嚴明，禁止針對平民的戰爭犯罪行為，但是，在戰場上所謂軍紀並未被嚴格遵守。士兵素質低下、軍官故意縱容成為上述行為發生的主要原因。

為了令尚寧徹底臣服，5 月 15 日，薩摩將琉球國王尚寧以及王弟尚宏、王子尚朝倉、尚熙等人擄往日本，準備朝見已經身為大將軍的德川家康。身陷囹圄的尚寧根本無法拒絕，被迫忍辱前往。尚寧遠赴日本後，薩摩的留守軍控制琉球。從此，琉球國獨立自主施政的時代結束，琉球被迫時常聽命於薩摩。6 月 23 日，尚寧一行人到達日本的鹿兒島，見到了島津氏。

德川家康對於薩摩藩入侵琉球的軍事勝利給予了高度評價。1609 年 7 月 7 日，江戶幕府授予薩摩藩藩主島津家久對琉球群島的統治權，即領有統治琉球的黑印狀。但同時指示島津家久不要把琉球國王尚寧當作俘虜，而是要按照接待外國使節的規格給予琉球國王一行應有的禮遇。

在此之前，江戶幕府也曾接受過朝鮮、荷蘭等外國使節的謁見。但是，琉球國王尚寧的謁見是一國之君的謁見，而且是通過軍事手段得以實現的，其政治意義明顯不同。所以，琉球國王尚寧的謁見得到了江戶幕府異乎尋常的重視。按照德川家康的指示，尚寧在前往駿府城的路上受到了與國王身份相稱的款待。

1610 年 5 月 16 日，琉球國王尚寧一行被島津家久帶往江戶，7 月 20 日到達京都，8 月 6 日到達駿府城。8 月 14 日，德川家康在駿府城接受了琉球國王尚寧的謁見。8 月 25 日，尚寧一行到達江戶。在駿府城，忐忑不安的尚寧向德川家康獻上貢品以及琉球歌舞，這些舉動頗得家康的歡心。隨即在 8 月

28 日前往江戶晉見將軍德川秀忠，受到設宴款待。9 月 3 日，德川秀忠宴請琉球國王尚寧和島津家久，席間德川秀忠向尚寧表示：「琉球代代都以中山王為國王」〔註42〕，江戶幕府並無以他姓取代中山王之意，保證琉球王國的國家延續，並令島津家久速將尚寧送還回國。

德川秀忠許下不亡琉球王室的承諾。尚寧對此感激涕零，相對於島津的粗暴入侵，尚寧視德川家為再生父母，長途旅行中的最大心病得以舒緩，琉球國作為形式上的獨立國家得以保留下來。但是旅途十分艱辛，三個月來輾轉往來，尚寧君臣舟車勞頓，時有水土不服、勞碌生病的，甚至連王弟尚宏也死在途中，景況淒慘。

1610 年 9 月 15 日，尚寧等人離開江戶，朝見完畢的尚寧沿著甲信的道路回程。12 月 24 日，一路上飽受圍觀者指指點點、忍受奇恥大辱的尚寧君臣回到了鹿兒島。但是，島津家久並未允許尚寧一行回國。

1610 年（萬曆三十八年），薩摩入侵琉球後不久，就派遣本田伊賀守等到琉球，通過實施檢地，確定「113041 石」的石高。1611 年，確立了統治琉球的基本方針（琉球仕置）：「第一、是將琉球 89086 石作為首里王府領，其中的 50000 石作為琉球王室的收入，剩下的都分配命家臣團。第二、每年芭蕉布 3000 端、上布 6000 端、下布 10000 端、苧 13000 斤、綿三貫目、棕櫚繩 100 方、黑繩 100 方，蓙 3800 枚、牛皮 200 枚作為貢品。第三、『掟十五條』將琉球導入幕藩體制。第四、國王及三司官提出起請文，承認古來琉球就是薩摩的『附庸』。」〔註43〕

9 月 19 日，薩摩藩向尚寧提出琉球王國必須遵守的 15 條基本法律（按十五力條），其中包括對琉球王國對外貿易和航海自由的限制，對琉球王國人事權的限制，對琉球王國年貢稅收的規定，以及對琉球王國社會治安管理的規定等直接干涉琉球王國內政的內容，並含有琉球王國君臣發誓永遠效忠薩摩藩、割讓奄美諸島等苛刻條件。

在海外貿易方面，《掟十五條》規定琉球必須先得到薩摩藩的許可，才可以與中國進行朝貢貿易，變相剝奪了琉球國的貿易權。而由薩摩奉行限定貢品各類與數量的規定，不但讓薩摩商人享有專買專賣權，也讓琉球使節團只能賣

〔註42〕 〔日〕《武德編年集成》卷五八，轉引自《東アヅアのなかの琉球と薩摩藩》，第 34 頁。
〔註43〕 〔日〕《東アヅアのなかの琉球と薩摩藩》，第 34 頁。

薩摩藩允許的商品，商品趨於單一化，使琉球財政陷入困窘。薩摩藩禁止琉球向日本其他藩派遣貿易船，亦不得與日本他藩商人貿易，使薩摩藩得以獨佔琉球朝貢貿易的利益。為了防止琉球暗中走私，隱蔽收入，薩摩藩還在姑米島、馬齒島派遣武士，監視貢船的人員、商品及其數量，加強控制琉球的朝貢貿易。

在政治權力方面，《掟十五條》規定三司官只能由新薩摩派人士出任，降低祝婦女〔註44〕的女官地位，以控制琉球政治與宗教，並壓制琉球地方上沒有官職卻有影響力者，削弱其力量。而薩摩藩派到琉球的武士也擔任琉球的重要官員，負責監視琉球君臣，避免中國得知薩摩藩控制琉球的實情。

在稅制方面，《掟十五條》規定琉球必須使用日本的度量衡。通過日本與琉球度量衡的統一，薩摩商人更容易進入琉球市場，支配琉球商品生產與買賣。薩摩藩也開始向琉球百姓徵稅，剝奪琉球政府管理內政的權力。

在社會秩序方面，薩摩藩極力維護琉球的社會秩序，無形中將「被殖民意識」植入琉球百姓，使其認為薩摩藩及其官員才是琉球的主人。

筆者沒有找到「掟十五條」最初的原始文件，但在其他的檔案中找到其主要內容：

> 法章十五條：
>
> 一、沒有薩摩之命，不得購買中國物品。
>
> 二、不堪使用之人，雖故舊不可與之祿。
>
> 三、婢妾不可與之祿。
>
> 四、不可私約主從。
>
> 五、不可多設寺院。
>
> 六、商人除帶薩州印契外，不可許開市。
>
> 七、不呆略賣琉球人送到內地。

〔註44〕祝女（ノロ）是古代琉球國的琉球神道教女祭司。祝女獨攬其所在地域的祭祀活動，並管理該地域的御嶽。第二尚氏王朝尚真王時期則將其提升到國家層次，正式制定祝女為官方的神職，參與國家的各種儀式，負責祈求人間有好收成，為人去病消災，以及迎接祖先的靈魂。在祭祀中，祝女身著琉裝或和服，神憑藉祝女之身體而顯靈，因此祝女也被稱作「神人」。第一尚氏王朝期間，中山首里地區的佐司笠／差笠和北山國頭地區的阿應理屋惠兩個祝女家族，因為推行「祭政一致」的政策而成為該地區的最高級祝女，祝女開始走向階層化。到第二尚氏王朝時期，尚真王之母世添大美御前加那志曾憑藉祝女的力量成功迫使尚宣威王禪位給尚真；尚真王在位期間，整理了全國的神女體制，將琉球神道直接置於國王的管轄之下。

八、年稅及其他公物，必須遵守我官史所定，據法收納。

九、由薩摩指定三司官的任用人行選。

十、禁止強買強賣。

十一、禁爭鬥。

十二、發現有於農商定稅之外非理任斂者，可至薩摩府告發。

十三、不可由琉球發商船於他國。

十四、斗陞用京量不可用其他物。

十五、禁止為博弈匪僻之事。

有違反以上之人，可盡帶處嚴科，為此宣令。慶長十六年九月十九日〔註45〕

1611 年 10 月 24 日，薩摩藩要求琉球簽訂上述《掟十五條》，唯有三司官鄭迵嚴辭拒絕，鄭迵認為琉球是大明的屬國，而這個條約是剝奪了琉球朝貢大明的權利，拒絕簽字，並厲聲斥罵島津家久，遭到薩摩藩的處死。

對於島津家來說，第一要務就是將原本屬於琉球的大島、喜界島、德島、沖永良部島、與論島約 3 萬石的領地，作為自己出兵的補償，並對幕府加以隱瞞。在薩摩藩的武力威脅下，琉球國王尚寧及眾臣被迫在「起誓文」上簽字畫押。筆者也找到尚定及三司官的「起誓文」原文：

尚寧誓文：

　　琉球自古為島津氏之附庸，大守襲任，發紋船奉祝，歲時派使獻方物，禮義無怠，大閤秀吉公，定附薩摩，從諸船徭役，但遠陬不遵法令，自招罪庾，國破身檎，絕生歸之念，如島在籠中，何圖家久，公哀窮囚，即得放發又被割諸遍以下賜，如此厚恩，何以報之，永世對薩州之君無敢或背，子子孫孫相傳服此誓言不也失遺，所定法度，不也違亂，右有敢背誓，神明殛之。〔註46〕

三司官誓文：

　　琉球自古為薩州附庸，凡年之事，當惟命是從，而頃年疎闊獲罪，以致國破，主臣為檎，無復生歸之念，何圖，家久公哀憐窮囚，既縱歸國，而又賜以過多埰地，如此厚恩，何以報之，世世奉對薩州之君無也或背；若有球國忘此厚恩，謀圖惡逆，註誤國主者，現

〔註45〕〔日〕《琉球問題／2》，JCAHR：B03041145300。
〔註46〕〔日〕《琉球問題／2》，JCAHR：B03041145300。

署誓文之人，一意從屬薩州，不附黨逆徒。誓文之案，各為一通，

世傳子孫，奉封薩州，不致不忠，右有也背誓，神明殛之。〔註47〕

這樣尚寧在被圈禁了兩年多後，以割讓喜界、大島、德之、與論、沖永良部等北方五島和每年要向薩摩繳納 8000 石糧食的條件被放回。

1611 年 9 月 20 日，尚寧終於被獲准歸國，10 月到達那霸港。11 月下旬，在戰亂中慘遭破壞的首里王城，在留守的名護良豐等多方籌措之下，終於得以修復。蒙塵在外兩年多的尚寧想必是感慨萬千。而自鄭迵被殺、浦添被扣，琉球國內三司官出現空缺，此時便由名護良豐（主和親日派）等繼任，而國相（三司官，之前由王弟尚宏擔任）則由日本的僧侶菊隱上任。而後琉球也要不時向薩摩派遣人質。此後的琉球，不僅內政外交都有島津家在旁監視，而且朝中的重臣也由親日派官吏擔當。同時，琉球依然對明朝維持著原來的朝貢關係，委屈周旋於中、日之間，卻終因日本的欺壓，處境日趨惡劣。

從琉球的史書《中山世譜》中這段歷史記錄的十分短暫：

三十七年己酉春，日本以大兵入國，執王至薩州。

本年冬，王遣王舅毛鳳儀、長史金應魁等馳報兵警，致緩貢期。

福建巡撫陳子貞以聞。

三十九年辛亥，王留薩州二年。王言：「吾事中朝，義當有終。」

卒被放回。然後國復晏然。

本年，因法司鄭迵有罪被誅，而毛鳳朝繼任其職。〔註48〕

從上述記錄來看，尚寧歸國的原因並不是投降了薩摩，而是「吾事中朝、義當有終」，彷彿日本是感其忠義將其放還，這與歷史事實實不相符。也間接地印證了《中山紀鑒》是在受到日本薩摩的影響下而寫成的。

尚寧歸國的同年，幕府立即著手通過琉球來嘗試恢復與明朝的貿易，示意島津家久讓琉球代之傳信明朝。兩年後，薩摩將起草完畢的書翰交付琉球，請其轉交明朝的福建道總督軍務都察院御史所。但是明朝已經得知薩摩入寇琉球，知道其所謂進貢不過是借琉球之口實現日本自己的願望而已。於是明朝就以「琉球新經殘破，財匱人乏」為由婉轉拒絕了琉球的進貢的要求，命其「十年之後物力稍完，然後復修貢職未為晚也」，即十年一貢。

〔註47〕〔日〕《琉球問題／2》，JCAHR：B03041145300。

〔註48〕《中山世譜》尚寧王。

　　1609 年薩摩入侵琉球以後，琉球的國際貿易中轉站的地位一下子被終止。琉球更依賴與日本的貿易，也使得薩摩完全掌控了貿易和經濟。「自爾而後，朝鮮、日本、暹羅、瓜哇等國，互不相通，本國孤立，國用復缺。幸有日本屬島度佳喇商民至國貿易，往來不絕。本國亦得賴度佳喇，以備國用。而國復安然。故國人稱度佳喇曰寶島。」〔註49〕

　　德川家康苦心等待的日明邦交和貿易的正常化，還是沒能促成。入侵琉球的最大得益者，還是薩摩島津家。尚寧身後無子，在薩摩的授意下，由尚元之孫、王后的堂兄弟任敷王子尚豐繼位。從此，琉球對日本的地位被繼續改變，薩摩藩在暗中控制琉球。日本規定琉球擔負十年一貢的義務，又在 1613 年對琉球規定數事。其一，遣明船發自琉球的渡航期。其二，給與琉球銀十貫目，銅一萬斤，以為通商資本，其代價是以與明貿易所得之物的一部分，於十年一貢之期時，轉貢於薩摩藩。這些規定當然完全違背琉球人意願。可憐弱小的琉球國，從此對日本除了政治的附庸，更加上了經濟的附庸。琉球國王已成為薩摩藩的「債戶」。雖然對於琉球繼續保持與明朝關係，日本並不加以干涉，然而為了自身的利益，日本會從中琉貿易中攫取高額的利潤。琉球原本領土狹小，土地貧瘠，又遭領土搶奪，減少了賦稅收入和人口數量，日子更為艱難。

　　此後，琉球同時臣服於中日兩國，並向兩國遣使朝貢。向日本朝貢時，琉球使用日本年號，向中國朝貢時則使用中國年號，可見其委曲求全。向中國朝貢之時，琉球不必向日本守密；但向日本朝貢之時，卻要對中國守密。日本研究者認為，琉球臣服於中日兩國的性質是不同的：「琉球兩屬於大清與我也，奉書於我，則稱『松平薩摩守內中山王某』，呈之閣老，而後達於殿下——所謂『披露狀』也（某，書用日本俗字）。蓋於大清也，達表皇帝，猶臣也；於日本也，一憑薩守，此陪臣矣。乃國小民弱之故，可憫也！」〔註50〕

　　尚寧之後的 1632 年，琉球在被薩摩所佔島嶼建立館舍，雙方同時派官員管理來往貿易和稅收。明清更迭之後的 1654 年，琉球國王遣使臣到清朝請求冊封，清順治帝封尚質為琉球王。琉球在成為清王朝的藩屬國的同時，還必須向薩摩稱臣，琉球與清朝的朝貢貿易收入還要被薩摩剝削。該藩也是幕府宣布鎖國以後，唯一能以此變相方式獲得國際貿易收入的私藩。薩摩藩漸成強藩，並在 200 年後的幕末能夠有足夠的資本成為倒幕運動主力，有人認為與此不

〔註49〕《中山世譜》尚寧王。
〔註50〕桂山義樹：《琉球事略》《清代琉球紀錄續輯》，第 17 頁。

無關聯。薩摩藩還通過設置「琉球在番奉行」向琉球派遣常駐官員，以控制琉球經濟活動，監視琉球的舉動。

清朝統治時期，經歷了海禁與開海禁，這對琉球和薩摩藩的關係，尤其是貿易關係也有很大影響。1655 年（順治十二年），清朝下令實行海禁。1661 年（順治十八年）秋，清朝厲行遷海政策，為配合消滅海上的抗清勢力，清廷命令濱海居民遷移內地，還派出大量的官員到各地監督遷移，結果從遼東至廣東的萬里海疆，沿海居民被強行內遷 30 里。清朝與琉球間的貿易往來也暫時中斷了，間接使薩摩的「二次收益」減少。

到了 1684 年（康熙二十三年），清朝解除海禁，清琉之間的貿易又逐漸正常起來，薩摩再次嘗到了剝削弱小琉球的甜頭。還有值得一提的是，在 1634 年至 1850 年的二百餘年間，琉球先後以所謂「謝恩使」和「慶賀使」的名義，派遣「上江戶」（即琉球遣使謁見幕府將軍）的使節，前後合計 18 次。由於薩摩島津氏通過琉球對中國的貿易，可以從中獲得豐厚利潤，所以島津氏千方百計地控制琉球對清貿易。如 1683 年（康熙二十二年），琉球購買了中國冊封船所攜帶的貨物，未經薩摩而直接轉銷京都、大阪、長崎之後，薩摩島津氏發出「禁令」，要求琉球只能在鹿兒島出售。至於琉球特產的出口，島津氏也要求限定在薩摩藩交易，迫使琉球從事「傀儡貿易」。儘管琉球受到了薩摩多方的制約和壓榨，但沒有從根本上改變琉球王國的「自為一國」的體制，琉球作為中國屬國的地位依然存在。

慶長之役之後，琉球唯一的活路與中國的貿易也被薩摩藩所壟斷，每年徵收租米 8600 多石；國內唯一的農作物甘蔗也被限制工作面積以防止生產過剩，並被薩摩壟斷了其全部的利益。也就是說在薩摩藩統治琉球之時，大概 330 萬斤的製糖中，976，000 斤作為貢糖，306，000 斤作為替補欠糖，來彌補貢糖的消耗中的不足；剩餘的 200 多萬金，以市價的方式來便宜出售，這樣來壟斷大阪的市場貿易獲得利益。

對從琉球獲取的北方的 5 個島嶼的榨取則是更加的苛刻，血汗製造出來的砂糖，全部被強制以便宜的價錢出賣之後，再以高價秘密賣給其他番，獲得高額利潤。

薩摩藩還以製糖獎勵為名，在藩設置黍橫目、黍見廻人，來監督琉球人民。男子 15 歲以上，女子 13 歲以上，都要作為工作人員在各地進行工作收割。水田和旱田也都被破壞，全部用來進行甘蔗的種植；如果有違背的人，就對其使

用酷刑，甚至戴手銬腳鐐在全村進行巡遊，鞭打。琉球人自己所製造的砂糖，甚至貢獻給祖先陵前都不被允許，全部收納在薩摩藩的倉庫裏面。根據 19 世紀 30 年代寫成的《南島雜化》所記錄島民的生活十分的悲慘。薩摩藩還禁止平民使用漢字，氏族也要變成一字之姓，諸如像升、麗、岡等等這樣的姓。為了讓島民捨棄對自己民族的記憶，家譜、古文收錄等等都全部被燒毀。〔註51〕

小結

　　1609 年以後，琉球的歷史進入了另一階段，即所謂「兩屬」時期。一方面琉球繼續堅持作為封貢體制下中國的一個藩屬國，另一方面也被強行納入近世日本幕藩體制，被稱為薩摩藩的「家臣」。礙於薩摩藩「隱蔽政策」，日本雖無法吞併琉球王國，但通過《掟十五條》等禁令，不但限制了琉球的海外貿易、政治權力、稅制及其社會發展，還讓薩摩藩的勢力得以深入琉球內部，間接控制了琉球王國的內政外交，使當時的中琉宗藩關係蒙上了一層陰影，甚至成為琉球歸屬問題的不利因素，為後來日本明治政府併吞琉球奠定了基礎。

〔註51〕〔日〕饒平名智太郎著：《沖繩》，三一書房，1956 年，第 161～162 頁。

第九章　琉球的開港

　　琉球位於中國臺灣島與日本九州島之間，特殊的地理位置使得琉球王國成為了當時東北亞地區與東南亞地區間貿易的中轉站。1609 年「慶長之役」之後，薩摩島津氏入侵琉球，禁止琉球與南方其他國家的海上貿易，只許可其與中國進行貿易，並由薩摩人進行管理。薩摩島津氏通過「掟十五條」實現了統治琉球的目的，利用琉球的地位而「唐行倍」，從中國與琉球的貿易中獲得十倍的利潤。薩摩還通過這個條約，規定琉球不能拋開薩摩而與明國交流；沒有薩摩下發的許可證的商人不能從商；純粹的琉球人不能入薩摩的戶籍；不能隨意與他國商船進行往來等。通過這些苛刻的條件，薩摩藩島津氏獨佔並管理著琉球的對外貿易，薩摩廳的官員裝扮成琉球人監督著琉球的朝貢船交易；島津氏還以「御系荷」的名義向進貢船委託販賣日本貨物。從中國拿回的貨物，也由島津氏在長崎及京都大阪間進行轉賣以獲取利潤。「在此背景下，努力地謀取讓琉球中國化，極力壓制琉球的日本同化。」[註1] 當時薩摩在琉球那霸西村設立了薩廳的奉行官，俗稱「御仮屋」，在那裏駐在。每當將軍承統之日的慶賀使、琉球藩主嗣位的謝恩使的「上江戶」，薩廳使都要跟隨其左右。但每當中國的冊封使到來之時，首里、那霸在勤的薩摩以奉行官為首的役人們，都秘密地隱退到歸仁的運天港或附近的城市裏，在那霸港停泊的日本船隻也要全部回航到運天港或牧港。與薩摩相關的一切談話、和歌及語言等都被禁止。所以，儘管薩摩對琉球多方制約和壓榨，但沒有從根本上改變琉球國的「自為一國」的體制，琉球作為中國屬國的地位依然存在。1847 年（道光二十七

〔註 1〕〔日〕饒平名智太郎著:《沖繩》，三一書房，1956 年，第 149 頁。

年，日本弘化四年），最後一位琉球國王尚泰繼位。1853 年 5 月，美國海軍的佩里艦隊第一次到達琉球。1854 年 3 月，佩里與日本簽訂《神奈川條約》，佩里誤以為琉球是日本的領地，所以要求日本開放包括琉球那霸在內的五個港口，日本的談判代表向佩里承認琉球是個遙遠的國家，日本天皇和政府無權決定它的港口開放權。1854 年 7 月 11 日，佩里與琉球國政府以中、英兩種文字簽訂了開放那霸港口的條約，琉球開始對西方世界開放，一度擁有與日本大體相當的國際外交地位。

一、美國短暫地佔領琉球

十九世紀四十年代以前，美國擴張的策略主要是從大西洋沿岸向西蠶食北美大陸，也開始將目光投向太平洋。此後，美國將貿易著眼點從歐洲轉向東方，尋求與中國建立商貿關係。早在英國殖民時期，美國就開始與中國開展貿易往來。1784 年 8 月 25 日，由費城富商羅伯特·莫里斯和紐約的丹尼爾·巴駕共同投資的美國商船「中國皇后號」抵達中國廣州，開始了美中第一次真正的貿易。次年 5 月 10 日，「中國皇后號」獲利三萬多美元後返回美國。羅伯特·莫里斯和丹尼爾·巴駕都不是普通的美國人，莫里斯是《獨立宣言》的簽字人，在獨立戰爭期間主管財政，1781 年起任聯邦政府的財政部長。故「中國皇后號」意味著美國開啟了與中國為首的遠東太平洋地區的實際聯繫。

「中國皇后號」成功後，美中貿易持續擴大，僅 1785 年就有 5 艘美國商船開往中國；1790 年則有 28 艘商船來往於美中之間；到 18 世紀末期時，已經有 118 艘美商船同中國進行貿易。對華貿易雖在美國早期的對外貿易中所佔比例不高，但處於逆差的不利地位，每年都必須向中國輸出大量硬通貨，甚至依賴賒購來維持平衡。為了牟取更多的利益，美國商人不斷開闢輸華的新貨源，包括夏威夷的檀香木及西北太平洋沿岸的海獺皮等，故美國開始將目光轉到夏威夷及加里福尼亞。

夏威夷是太平洋貿易的重要中轉站，有「太平洋鎖鑰」之稱。1820 年，門羅總統任命商人約翰·瓊斯為美國駐夏威夷商務代表。瓊斯的任命是一個轉折，表明夏威夷成為美國轉入太平洋的著重點。1826 年，美國艦隊進入夏威夷。此後幾十年裏，美國加強對夏威夷的滲透，到 50 年代時，已經控制了夏威夷的捕鯨業和製糖業，並通過傳教等文化活動，掌控了夏威夷的政治和文化教育。1842 年，美國總統泰勒發表咨文，強調了夏威夷對於美國的重要意義，

表示不能坐視其他國家獨佔該群島，實際上將門羅主義〔註2〕用於太平洋地區。1843年，美國出兵夏威夷，英法提出強烈抗議；英法等國於是邀請美國發表尊重夏威夷獨立的聯合聲明，遭到美國的拒絕。是年，美國派出外交專使進駐夏威夷。這樣美國基本控制了夏威夷的政治與經濟。

涉足加利福尼亞，是美國走向太平洋的開始。1845年時，已經有800多名美國人在那裡居住，1829年，經營毛皮的布賴恩特和斯特吉斯的波士頓貿易公司在聖巴巴臘建立辦事處。他們的理想就是把加利福尼亞併入美國版圖，打開通向太平洋的大門。

1848年美國與墨西哥戰爭，結束了美國侵佔北美洲大陸土地的歷史。此時美國已經開始將目光轉向太平洋地區，並將建立「太平洋帝國」看作為美國的「天定前途」。美國所謂「太平洋帝國論」，本質上就是亞洲殖民帝國論，這一侵略亞洲的政策，是以侵略中國為中心目標的。雖然從十九世紀中期起，美國在各資本主義列強國家侵略中國的過程中，並不明顯地處於首位，但它卻在縱容日本對琉球、臺灣及中國的侵略中扮演了十分重要的幕後策劃和支持者的角色。

美國與亞洲隔著太平洋，如欲控制亞洲，不僅需要建立一支強大的可以在遠洋作戰的海軍，更需要在太平洋上，在亞洲建立一系列的軍事基地。從十九世紀中期開始，到1895年《馬關條約》割讓臺灣，美國或在臺上或是幕後，對日本吞併琉球、出兵臺灣甚至割讓臺灣等，起著巨大的助力作用，而其起點便是「太平洋帝國論」。

「太平洋帝國論」的主要創建人為美國東太平洋艦隊的司令培理（全名為姆·西·培理，M.C.Perry），其理論將英國看作為美國爭霸亞洲的勁敵。他於1852年奉命去「開放日本」，其目的不僅是要與日本「通商」，還有意利用日本作為美國侵略亞洲、特別是侵略中國的艦隊及產船的煤站或供應站，成為美

〔註2〕1823年12月2日美國第5屆總統詹姆斯·門羅在國情咨文中提出的美國對外政策的原則，史稱「門羅主義」，是美國對外擴張政策的重要標誌。拉丁美洲國家正在進行獨立的時候，美國已經把拉丁美洲看作自己的勢力範圍。1822～1823年，當歐洲「神聖同盟」企圖干涉拉丁美洲的獨立運動時，美國積極推行起『美洲事務是美洲人事務』的政策。1823年，美國總統門羅向國會提出咨文，宣稱：「今後歐洲任何列強不得把美洲大陸已經獨立自由的國家當作將來殖民的對象。」他又稱，美國不干涉歐洲列強的內部事務，也不容許歐洲列強干預美洲的事務。這項咨文就是通常所說的「門羅宣言」。參見：http://baike.so.com/doc/5367630.html

國進軍亞洲的軍事基地。他的「太平洋帝國論」的中心點為將臺灣變為美國的殖民地,作為美國侵略亞洲特別是侵略中國大陸的軍事基地。

琉球一直作為中國大陸對外貿易的窗口,與東南亞和西南太平洋很多國家都保持著長期交流和往來。18 世紀末,琉球開始與歐美等西方國家的船舶和商隊往來,並簽訂了類似通商友好的條約,這些條約一律採用的是琉球官方語言漢語,年號和國號一律沿用自中國,其文字記錄了歐美國家與琉球的往來。

最早到達琉球的外國船是英國的測量船「普羅維頓斯」號,它在 1797 年時曾在宮古多良間島海灣擱淺,後開往那霸港停留。此後就不斷有外國船來到琉球。1803 年英國「弗雷德里號」來到那霸;1816 年英國艦艇「拉伊拉號」和「阿爾瑟斯號」在琉球停留一個半月;1827 年「波咯沙姆」號、1832 年「羅德馬斯特」號漂流到那霸,1843 年英國軍艦「沙馬藍」號到宮古、八重山等地進行測量。

最早要求琉球通商的是法國的「阿落克枚爾號」。它於 1844 年訪問那霸,要求友好通商並留下傳教士。兩年後的 1846 年,英國「斯坦林號」號訪問那霸,也留下英國的傳教士波特爾海姆,他在琉球傳教八年之久。而法國軍艦「沙比斯」號來訪那霸,傳教士弗羅卡托的繼任者德由爾特求隨船來琉,而後又有「庫勒奧巴特爾」號和「畢庫特留茨」號相繼來琉,集中在運天港,要求避開中國私下簽訂為期 44 年的友好通商條約,也遭到琉球的拒絕。因薩摩藩避開日本政府私下與法國進行了走私貿易,於是這些法國艦船北上馳往薩摩藩。

1844 年,美國在與清國簽訂《中美望廈條約》後,不斷向西推行領土擴張政策,力圖將領土擴大到太平洋沿岸,在南桑維奇群島(夏威夷群島)與香港、上海之間,如何確保補充食品、水和煤炭的港口至關重要。由於日本長崎只允許荷蘭及中國的船隻進港,如何打破日本這種鎖國政策,確保美國在琉球及太平洋沿岸開埠成為當務之急。

1852 年,肩負這一任務的美國遠東印度・中國・日本海域合眾國海軍司令馬修・佩里,從美國東海岸諾福克軍港乘「密西西比」號出發,途經開普敦、毛里求斯、錫蘭、新加坡、香港,最後於 1853 年 5 月 4 日抵達上海。

佩里在琉球寄港,實際上是以日本開埠為目的的遠征的中途行為。他當時的想法是,如果日本拒絕修好條約,就佔領琉球或小笠原島作為基地。所以他

在訪問日本前就先寄港了小笠原島並購買了土地，並讓另外一艘美國船先得佔領了小笠原島的「南群」，將之命名為「咖啡島」。

　　1853 年 2 月 15 日，佩里第一次到達琉球並寄港。5 月到達上海後，佩里裝載了為在琉球使用的多達 5 噸的中國銅錢〔註3〕，5 月 17 日又起航，5 月 26 日停泊在琉球的沖繩海域。佩里初次率「薩斯凱哈那」號巡洋艦等四隻美國軍艦進入那霸港，於 5 月 28 日會見琉球國總理官摩文仁按司尚大模。6 月 6 日，佩里訪問首里城，並要求會見尚泰王，遭攝政尚惇拒絕，但尚惇仍派總理官在首里城北殿會見了他。6 月 8 日，尚泰王遣使向馬休・佩里贈送禮物。次日，佩里留下「密西西比」號巡洋艦，自己率艦隊前往小笠原群島，6 月 18 日歸港。7 月 2 日，因艦隊供給不足，佩里將「薩斯凱哈那」號巡洋艦留在那霸港，另率四隻軍艦往日本浦賀，持美國總統親筆書信與江戶幕府談判。他們訪問了那霸的首里王宮，調查了琉球本島後，獲得了琉球方面的補給物資，並進行了支付。7 月 25 日，他們回到那霸港，得到琉球國方面的供給。在與琉球方面達成四項協議後，佩里於 8 月 1 日率艦隊離開琉球。此年秋，美國艦隊的一部分再次寄港那霸，「當時島內民心極度不安，物情騷然。」〔註4〕實際上此次佩里已經得到國內的諒解，實際地佔領了琉球。此時美國國內發生了政變，民主黨得到執政權後，對海外的發展持消極態度，命令佩里中止了其佔領琉球的計劃。根據《培理遠征紀》的記載，佩里當時認為如果日本政府拒絕與美國談判，則將其「屬國大琉球島置於美國國旗監視之下，從艦隊之中派遣 2 名準士官、約 15 名水兵，但後來無武力解決的必要便達成了預想的目的」。〔註5〕此後，美國因南北戰爭（1861～1865 年）等國內問題，暫時從亞洲撤出，英國、法國、俄國則表現積極。

二、《神奈川條約》

　　實際上佩里比較瞭解中國與琉球之間存在的「冊封納貢」體制，因為佩里從美國出發之前，閱讀了大量介紹東亞社會的史料文獻，其中包括周煌的《琉球國志略》。根據佩里的「日本遠征記」記載，「琉球當時的人口有十萬至二十萬人左右，不知何故，都集中在那霸及首里二個城市，另外就是平均有六千人左右的二十六個村。琉球有二大不同的種族，即是日本人與本來的琉球

〔註3〕〔日〕《ペリー遠征記》上卷，第 334 頁。
〔註4〕〔日〕饒平名智太郎著：《沖繩》，三一書房，1956 年，第 153 頁。
〔註5〕〔日〕饒平名智太郎著：《沖繩》，三一書房，1956 年，第 107 頁。

人。……琉球的政府實施著絕對的專制主義，實施著與日本相同的行政組織。政府對所有的外國人都沒有瞭解。……這裡與日本一樣有著排外的制度。……當時琉球沒有能力自己處理自己外交事務，一切都要聽從薩摩的。」〔註6〕

1854 年，佩里在得到俄國普佳京艦隊及法國提督的情報後，加強了對日本活動的認知，認為有必要先於他們到達日本，遂於 1 月 4 日再次從香港向琉球出發，於 1 月 20 日到達那霸，2 月 7 日從那霸駛向江戶，2 月 11 日到達江戶外灣。雖然日本將會見場所指定為浦賀，但佩里直接將艦隊推進到江戶灣深處，停泊在神奈川海域，日本方面妥協，雙方在橫濱村舉行會見。

1854 年 3 月 31 日，日美正式簽約《神奈川條約》。筆者查到此份條約的名稱為《日本國米利堅和眾國和親條約》〔註7〕，共 12 條，其中第二條承認伊豆國的下田港與松前領的箱館港可供美國使用，美國艦船可在此接受柴水、食物、煤炭以及其他必要物資的供給，相應物品按照日本方面提示的價格支付金幣或銀幣。

其中，美國方面當初提出的那霸港一事，則被以「遙遠屬地，日本皇帝統治有限，不具有發言權」為由，將其列在條約對象之外。關於通商協議，也僅僅只有開放兩座港口與約定保護美國國民等內容。

佩里誤以為琉球是日本的領土，所以要求日本開放包括琉球那霸在內的五個港口。琉球本就因為兩屬關係，一直以隱蔽政策應對，幕府很難向佩里解釋其緣由。薩摩藩認為應當繼續保持隱蔽之關係，才能維護薩摩藩乃至幕府的利益，即隱瞞薩琉關係，利用琉球傀儡，繼續向中國進貢，謀求隨貢附市之利。

日本的談判代表向佩里表示，琉球是一個遙遠的國家，日本的天皇和政府無權決定其港口的開放權。然而第九條有著重要意義，其規定：「今後，日本政府若將此條約中未賦予美國及其國民的特權及便利，提供給其他一國國民或數國國民，則無須如何協議，應立即承認給予美國及其國民系統特權及便利。」〔註8〕

美國曾將 1844 年與中國簽訂的《中美望廈條約》作為樣本拿給日本，但日本給於的答覆是：「貴國所希望的開啟似貴國與中國般之通商一事，我們現在還無法做到。我國民情風俗與各國明顯不同，即便閣下希望，突然改訂舊法

〔註6〕〔日〕饒平名智太郎著：《沖繩》，三一書房，1956 年，第 152～153 頁。
〔註7〕〔日〕《亞米利加合眾國／分割 1》，JCAHR: B13090769000。
〔註8〕〔日〕《ペリ-遠征記》下卷，第 218 頁。

學習他國的習慣也是非常困難的。」〔註9〕

　　為此，佩里認為，「從整個條約來看，日本人的目的是在實施我國與中國之間同樣廣泛及密切的往來之前，先嘗試與我國進行往來試驗。這便是當時日本人的所有企圖，而他們做出這種讓步，對於我方談判負責人來說則是獲得了巨大成功。」〔註10〕日本承認了美國為最惠國待遇的第九條的存在，這在佩里看來，「獲得了巨大成功」。

　　而日本拒絕與美國締結如中國那樣的條款的理由，是日本一旦被西方國家打開國門，即西方文明國家一旦進入這個國家，歷史的潮流將不會倒退，西方國家經過長達數個世紀的不懈努力才獲得的成功，當然也不會讓其輕易失去。還有一個更大的理由，即《中美望廈條約》是美國將英國戰勝後簽訂的《南京條約》進一步擴充後的不平等條約，日本之所以不接受，是看穿了條約中許多侵犯日本主權的不平等、不公平的內容。

　　在此之後，1854 年 10 月 14 日，英國東印度艦隊總司令史蒂林率軍艦四艘赴長崎，要求參照美國締約簽訂《日英親善條約》。1854 年 11 月，俄國海軍中將普提雅廷再度率艦來日，兩國於翌年 2 月 7 日簽訂《日俄親善條約》。此外，荷蘭也於 1854 年 10 月提出締約要求。幕府開始口頭應允，後來拗不過荷蘭的再三催促，遂與荷蘭在 1856 年 1 月 30 日簽訂《日荷親善條約》。

　　通過這些條約，日本的大門被打開，結束了閉關自守的時代。從此，揭開了西方資本主義國家侵入日本的序幕。由於《日美親善條約》中沒有自由貿易的通商條約，美國對此很不滿意，新上任的公使 T・哈里斯軟硬兼施，甚至武力威脅，經多次談判，於 1857 年 6 月 17 日迫使日本在下田簽訂了《日本美利堅合眾國條約》，美國取得了領事裁判權等其他權利。

　　然而，T・哈里斯仍不滿足，下定決心要締結通商條約，他以艦隊的武力為後盾，一面與幕府爭論，一面進行威嚇，經過 13 次談判，於 1858 年 7 月 29 日在神奈川海面的美國「波瓦坦」號軍艦上簽訂了《日美友好通商條約》。

　　繼之，根據最惠國待遇的規定，荷蘭、俄國、英國、法國等國也迫使日本簽訂了與此類似的條約，因為當時日本的年號是「安政」，因此又稱為「安政五國條約」〔註11〕。從此，日本不僅在政治上，還在經濟上向歐美資本主義國

〔註 9〕〔日〕《ペリ-遠征記》下卷，第 226 頁。
〔註 10〕〔日〕《ペリ-遠征記》下卷，第 235 頁。
〔註 11〕「安政五國條約」是 1858 年（日本安政五年）日本分別與美國、荷蘭、俄國、英國、法國簽訂的不平等條約的總稱，又稱《五國通商條約》。1854 年簽訂《日

家敞開了大門。一系列不平等條約的簽訂，進一步損害了日本的獨立主權，使日本陷入了半殖民地的危機。

1858 年 10 月 29 日，日本與美國簽署了《日美修好通商條約》及《貿易章程》，同年 8 月與荷蘭、俄國、英國，1860 年 8 月與葡萄牙，1861 年 1 月與普魯士（德國）分別簽訂了《修好通商條約》。

三、《琉美修好條約》

美日雙方簽訂了《日美和親條約》後，日本被迫打開大門；隨即佩里訪問琉球，迫使琉球開放已經是理所當然，但日本幕府並未讓佩里瞭解其同琉球關係，薩琉間隱蔽政策得以持續實施。

1854 年 7 月 1 日，佩里與日本江戶幕府簽訂《神奈川條約》後返回琉球。7 月 7 日與琉球交涉，要求簽訂條約。8 日開始談判，美國就 1853 年雙方達成的四項協議加以修正，要求琉球方面最遲於 7 月 10 日作出答覆。

7 月 10 日，美國准將馬休·佩里率艦隊再度到達琉球，「佩里雖說是獨自謁見國王，但為了條約的達成，數百的海軍已經上陸，在首里城周邊加起了大炮，並向首里城進軍。」〔註12〕當時琉球絕大多數官員都主張關閉首里城門，但作為翻譯的牧志親雲上朝忠反對，提出應當接到城裏厚禮相待。小祿親方、源河親方等重臣都不同意。但此時「美軍吹奏樂器，敲起大鼓，隊伍整齊地走來」〔註13〕，重臣們十分吃驚，就放美軍進入了首里城。因當時琉球國主年

美親善條約》後，西方資本主義國家進一步擴大對日本的侵略。1856 年 8 月，美國派遣 T·哈里斯抵日本下田，逼迫江戶幕府同意開設由其擔任總領事的美國駐日總領事館。1857 年 10 月，幕府又被迫同意哈里斯前往江戶晉見將軍。哈里斯用武力恫嚇迫使日本於 1858 年 7 月 29 日簽訂了《日本國美利堅合眾國修好通商條約》和《貿易章程》。同年 8～10 月日本又先後與荷、俄、英、法簽訂了內容類似的條約和章程。此五個條約，均簽訂於安政五年，故又稱《安政條約》。《安政條約》主要內容包括：除已開放的下田、箱館（今函館）兩港外，增開神奈川（今橫濱）、長崎、新潟、兵庫（今神戶）四港及江戶（今東京）、大阪（大大阪）兩市（神奈川開港六個月後，關閉下田港）；相互在首都派駐外交代表，在開放港口派駐領事；外國人可以和日本人在上述地區不受限制地自由貿易；內外貨幣同種等量交換；外國人有在開放港口城市設租界一類居留地的特權；外國人享有領事裁判權；締約的外國享有片面的最惠國待遇；實行議定關稅稅率等。該條約完全剝奪了日本關稅自主權，使日本的民族主權受到嚴重損害，半殖民地化危機加深。

〔註12〕〔日〕饒平名智太郎著：《沖繩》，三一書房，1956 年，第 154 頁。
〔註13〕〔日〕饒平名智太郎著：《沖繩》，三一書房，1956 年，第 154 頁。

幼，由總理事官與美國進行雙方會談，琉方承認美國提出的修正案有效。佩里代表美利堅合眾國政府與琉球王國政府在首里城簽訂了琉球國第一個不平等條約《琉美修好條約》，其正式名稱為《亞米利加合眾國琉球王國政府議定約》。琉球方面簽署代表為尚宏勳、馬良才，美國方面簽署代表為馬休・佩里。條約內容如下：

> 一、此後合眾國人民到琉球，須要以禮厚待，和睦相交。其國人要求買物，雖官雖民，亦能以所有之物而賣之。官員無得設例阻禁百姓。凡一支一收，須要兩邊公平相換。

> 其內容涉及（第一條）自由貿易、（第二條）提供美國船舶薪水、（第三條）對美國船漂流民的救助、（第四條）承認美國領事裁判權、（第五條）設置美國人墓地並提供保護、（第六條）琉球國水域介紹相關規定、（第七條）提供美國船舶薪水相關費用等內容。

之後，佩里艦隊又經過下田和箱館於 7 月 8 日（即日本嘉永六年六月三日）到達琉球的那霸。該日，副官攜帶協議書提交給琉球王國攝政王並進行了交談。在與日本談判時，佩里早先已經得到「琉球乃遙遠屬地，日本皇帝統治有限，不具有發言權」的回答，向琉球方面提出的協議為：其原文承認琉球為獨立國。對此攝政王表示反對，並解釋由於琉球負有服從中國的義務，倘若做出如此不遜之事，難免會與中國之間發生糾紛。但關於條約諸條款則欣然同意，並忠實履行，毫不猶豫地簽署此協議書，卻考慮到應該避免露骨地謀求完全獨立之主張及舉動。〔註14〕

也就是在 1854 年 7 月 11 日，美國與琉球王國簽署了協議，卻不包含與原文相當的內容。但簽署日期仍為「1854 年 7 月 11 日，即清咸豐四年六月十七日（舊曆）」，是依據中國曆法的標記，為冊封體制下琉球的正式文書記載方式。

筆者在日本外交史料館找到了琉球與美國簽訂的條約原件，其內容如下：

> 一、此後合眾國人民到琉球須要以禮厚待和睦相交其國人要買求物雖官雖民亦能以所有之物而賣之官員無得設例阻禁百姓凡一支一收須要兩邊公平相換。

> 二、合眾國船或到琉球各港內須要借給其薪水而亦公道價錢支之至若該船欲買什物則宜於那霸而買。

〔註14〕《ペリ-遠征記》下卷，第 465 頁。

三、合眾國尚或被風颱漂壞船於琉球或琉球之屬洲俱要地方官遣人救命救貨至岸保護相安俟該國船到以人人貨附還之而難人之費用幾何亦能向該國船傳還於琉球。

四、合眾國人民上岸俱要任從其遊行各處毋得遣差費追隨之竊探之但或闖入人家或妨婦女或強買對象又別有不法之事則宜地官拿縛該人不可打之然後往報船主自能執責。

五、於泊村以一地為亞國之墳所尚或埋墳則宜保抑毋毀其墳。

六、要琉球國政常養善知水路者以為引水之用使其探望海外尚有外國船將入那霸港須以好小舟出於沙灘之外迎引其傳入港使知安穩之處而泊船該船主應以洋銀五員而謝引水之人上尚或者出港亦要引出沙灘外亦謝洋銀五員。

七、此後有船到琉球港內需要地方關供給薪水薪每壹千觔價錢參千六百文水每壹千觔工價六百文凡以中大之玼玽桶六個即載水千觔。

合眾國全權欽差大臣大臣兼水師提督被理

琉球國中山府總理大臣尚宏勳布政大夫馬良才

紀年一千八百五十四年七月十一日

咸豐四年六月十七日在那霸公館立〔註15〕

雙方簽署此協議，簽署日期仍舊為「1854 年 7 月 11 日，即清咸豐四年六月十七日」，使用清朝年號進行標記，表明琉球仍是中國宗藩體系下的藩屬國。

這份條約基本按照《神奈川條約》的大部分內容制定，其中規定：琉球提供美國船艦所需要的薪水、物品、避風港並提供救助；美國人可以自由登陸，琉球官員不得尾隨；琉球官員可以逮捕闖入家宅、侮辱婦女或強買物品的美國人，但由美國船長處罰，等於承認了美國領事裁判權等。

根據《培理遠征記》的記載，1854 年 10 月 29 日，日本薩摩藩後命令將其第一條修正如下：

此後合眾國人民到琉球，須要以禮厚待，和睦相交，其國人慾買物，則雖市店之品物達官所買貨者名記於品之若賣貨者以其物送官所以價錢與官吏而後品物交易專可司令官吏預聞雖阻禁私議而已

〔註15〕 《琉球國米國間條約》，JCAHR: B13091080200。

凡一支一收，須要兩公邊公平相換。〔註16〕

1854年（咸豐四年）5月，琉球國世子尚泰對此上奏稱，美國艦隊入琉，掠奪了大量物品，並帶兵入宮，大肆破壞，請求清政府能就此事與美國從中進行交涉，解決琉球國面臨的危機。對此，咸豐帝諭令軍機大臣等，對於琉球國世子所述美國艦隊入琉掠奪物品及英國人長期滯琉並在琉球國鬧事等問題，命兩廣總督臣葉名琛辦理。

這一時期，清政府的外交態度發生較大轉變。起初，清政府為琉球事宜積極同英法進行交涉，從而表現宗主國對藩屬國應盡之責，但佩里艦隊來琉時，清政府並未有具體的作為。清朝外交上的積極努力，開始因為內憂外困而無計可施，從而轉變為消極保守態度。此時期，清政府更多將重心轉為對國內太平天國運動的鎮壓，疲於應對外部帝國主義勢力，琉球事務自然也進入觀望階段。

琉球的大門被美國叩開後，其他殖民者的腳步接踵而至。1855年（清咸豐五年）11月6日，法國尼古拉斯·弗朗西斯·格冉（Nicolas François Guerlain）率三艘法國軍艦至那霸港，要求與琉球國簽訂《琉法修好條約》。翌日雙方達成協議。11月16日，琉方要求修正條約案，被法方拒絕。11月22日，琉球再次要求修正條約案，格冉所率士兵約40人用武力威脅琉方代表尚景保，強迫他同意接受原案。兩天以後，格冉與尚景保正式簽訂條約並互換文件，內容包括琉球王國承認法國擁有自由貿易權、給法國船舶提供薪水、對法國船漂流民提供救助並引渡、承認法國領事裁判權並設置法國人居住地等。

琉球王國在向清朝請援不成的時候，又於清咸豐九年（1859年）不得不再與荷蘭王國簽訂《琉蘭修好條約》。1859年，荷蘭全權公使大臣加白良駕船到琉球做貿易，並簽訂荷蘭與琉球通商友好條約，共計七條。其主要內容涉及自由貿易（琉球國喪失關稅自主權）、荷蘭船隻薪水供給、漂流民救助、承認荷蘭擁有領事裁判權、設置荷蘭人墳地並保護、琉球國水先案內相關規定、對荷蘭人提供薪水的相關費用等。條約本文除了使用英文外，全部使用漢文及大清國年號。

西方殖民者強迫琉球打開國門之時，琉球內部的政府也開始出現分化。當時琉球官員分為兩派。一派以尚惇、毛恒德為代表，希望借助西方國家的力量擺脫薩摩藩統治，被稱為「黑黨」；另一派以馬克承、向永功為代表，支持薩

〔註16〕《ぺリ-遠征記》下卷，第104頁。

摩藩統治，被稱為「白黨」。

　　毛恒德，是琉球第二尚氏王朝時期政治人物，為毛氏座喜味家十四世當主，是三司官毛執功（座喜味親方盛珍）的長子。1831 年，他擔任日帳主取一職，成為表十五人的一員。1836 年毛執功逝世後，繼任家督之位，並任讀谷山間切總地頭職。1839 年，他作為年頭慶賀使出使薩摩藩。次年，又作為慶賀副使，隨尚元魯（浦添王子朝熹）上江戶，慶祝德川家慶成為幕府將軍。因出使的功績，他於 1844 年成為三司官。1847 年，毛恒德當選三司官。當時，西方國家相繼與琉球簽訂通商條約。毛恒德與攝政尚惇（大里王子朝教）都希望借助西方國家驅逐薩摩藩在琉球的勢力。毛恒德、尚惇為代表的黑黨與向永功（牧志親雲上朝忠）、馬克承（小祿親方良忠）等支持薩摩藩的白黨對立。

　　1857 年陰曆十月初十，薩摩藩藩主島津齊彬派市來四郎來到琉球，要求琉球幫助薩摩藩從西方國家購買軍艦。毛恒德竭力反對。兩天後，毛恒德在薩摩藩的壓力下，被迫以心肺疾病為由提出辭職。翌年，毛恒德正式辭去三司官職務。異國通事向永功等人便幫助薩摩藩從法國購買軍艦。向永功在薩摩藩的支持下迅速陞官。毛恒德辭職後，琉球舉行了三司官選舉來填補其職位的空缺。在此期間，島津齊彬逝世，保守派的島津久光掌握薩摩藩政權。毛恒德趁機上奏尚泰王，彈劾向永功為當選三司官而行賄、以及三司官馬克承（小祿親方良忠）暗中操縱三司官選舉，拉開了「牧志恩河事件」的序幕。

　　自 1858 年（清咸豐八年，日本安政五年）2 月起，異國通事向永功（牧志親雲上朝忠）、物奉行向汝霖（恩河親方朝恒）等人，開始秘密與法國傳教士交涉購買軍艦一事。其間，三司官毛恒德（座喜味親方盛普）反對為薩摩藩購買軍艦，遭到彈劾，被解職。7 月，琉法雙方達成協議，法國同意提供軍艦和大炮，薩、琉方面共應支付代金 18.5 萬兩，其中第一年支付 6 萬兩，其餘分六年付完，8 月 2 日正式簽訂契約。

　　同月 24 日，薩摩藩藩主島津齊彬病逝。島津忠義繼任藩主，由忠義之父島津久光（齊彬同父異母弟）執掌政權，齊彬一派在薩摩藩的勢力下降。久光對購買軍艦之事不甚積極。反薩派的毛恒德（座喜味親方盛普）趁機奏聞尚泰王，彈劾馬克承（小祿親方良忠）為當選三司官而行賄。隨後向永功、向汝霖、馬克承三人為薩摩藩購買軍艦一事被揭發，國人呼之為「國賊」。接著又有流言稱，馬克承等人陰謀廢黜尚泰王，欲擁立玉川王子尚慎。尚泰王大驚，以尚

健為糾明總奉行，負責調查此事。黑黨與白黨互相爭權，在尚泰王面前互相彈劾。年幼的尚泰王最初聽從攝政尚惇（大里王子朝教）的意見，支持黑黨，反對薩摩藩的統治。後來王太妃向元貞直訴白黨無罪，轉而支持白黨，但三天之後，尚泰王又改變了意見。最終，於 1859 年（清咸豐九年，日本安政六年）2 月 23 日，白黨的異國通事向永功、物奉行向汝霖被解職。向汝霖於 3 月 28 日被捕人獄，次年在獄中受酷刑而死。三司官馬克承於 5 月 9 日被免職，囚於伊江島的照泰寺。9 月 25 日，向永功被投入監獄，處以十年的流刑。玉川王子尚慎（朝達）以謀廢國王篡位之罪，被免官蟄居家中。擁薩派官員多被免職、下獄或流放。這就是 19 世紀末期琉球國內支持薩摩派和反薩摩派爭權所引發的疑獄事件——「牧志恩河事件」，亦被稱作琉球歷史上的「安正大獄」。

由此可見，中國、日本等東亞各國難以抵擋歐美列強的「門戶開放」要求，在條約締結，即「萬國公法」的原則下，被迫與列強建立起所謂國家之間的關係，弱小的琉球更是沒有能力，只能任人魚肉。

19 世紀 50 年代，美國海軍准將佩里率艦隊「叩門」，日本江戶幕府被迫放棄了鎖國政策，與美、英、法、荷等國簽訂了一系列不平等條約，導致所謂幕藩體制的崩潰。而在中國，清政府仍以冊封朝貢關係為體制維護與周邊諸國的關係，但由於兩次鴉片戰爭，被迫簽訂了一系列不平等條約，這些不平等條約迫使中國喪失了許多主權，走上了一條半殖民地半封建的道路。新的國際秩序使舊有東亞秩序受到了嚴重衝擊，中國的宗藩體制面臨崩潰的境地。

1866 年（清同治五年），清朝派遣正使右春坊右贊善趙新、內閣中書舍人於光甲為正副使至琉球，冊封尚泰為王。這也是清朝政府最後一次冊封琉球王。而此時的日本，在經過德川幕藩體制崩潰，在「大政奉還」「廢藩置縣」和「明治維新」後，開始走向天皇制中央集權國家的道路。雖然其與中國相比仍處於一定的劣勢，但它以「脫亞入歐」為目標，向歐美國家看齊，積極發展近代資本，採用了「富國強兵」「殖產興業」等近代化政策，最終一躍成為爭奪東亞霸權的國家之一。

小結

綜上所述，美國、法國、荷蘭等國通過與琉球簽訂不平等條約，實現了所謂的自由通商貿易。這些國家的公民在琉球也擁有了自由居住生活的權利，此外，漂至琉球的船艦還能獲得琉球的救助。同時，美國、法國、荷蘭在琉球也

第十章　薩摩藩閥與「吞併琉球」計劃的關係

在日本倒幕維新的過程中，長州、薩摩、土佐、肥前西南強藩，發揮著重要的作用，於是在明治政府成立之後，出生於這四個強藩的武士精英，作為倒幕維新的功勳，在新政府中擔任了要職。由於各藩方針政策、力量對比有著巨大的差異，薩摩和長州兩藩逐漸居於優勢，在政府中佔據主導地位。軍方的大權也被薩摩和長州兩藩之藩伐掌握。這裡的薩摩藩閥主要是指出生於九州鹿兒島縣的薩摩武士，因世代從事航海事業，故明治政府成立之後，出現川村純義、樺山資紀、西鄉從道、山本權兵衛、東鄉平八郎等海軍高級將領。他們不僅在近代日本海軍中佔據著重要的職位，還立足實施以英美等國為主要目標的南進戰略，與日後的南進派存在著一定的淵源。1871 年 7 月「廢藩置縣」的實施，使琉球的歸屬成為必須著手解決的大問題。鹿兒島縣便借機向外務省提交了《鹿兒島藩琉球國處理意見書》（1871 年 7 月），並派員到琉球進行藩政改革，在琉球現行行政體系內，納入日本明治新政府的各項行政措施，這是使琉球成為日本領土的第一步。

一、薩摩藩閥與「吞併琉球」計劃的關係

1868 年 8 月 27 日，以薩摩藩與長州藩同盟軍為首的倒幕派，擁立日本天皇還政登位，定都江戶，並改江戶為東京，年號由「慶應」改為「明治」，這標誌著日本新時代的到來。明治登基及新政府成立的消息，是何時、以何種形式傳入到琉球，目前沒有人有過具體的研究。根據何慈毅在《明清時期琉球日

本關係史》中的記載，認為「同年的十一月二十一日，明治天皇的改元詔書連同明治政府太政官令一起，也傳達到了琉球。」〔註1〕這也就是說，在明治登基的三個月後，琉球方面才知道日本改元的消息。

明治天皇改元詔書內容如下：「詔：體太乙登位，膺景命以改元，洵聖代之典型，而萬世之標準也。朕雖否德，幸賴祖宗之靈祗承鴻緒，躬親萬機之政，乃改元，欲與海內億兆更始一新，其改慶應四年為明治元年。自今以後，革易舊制，一世一元，以為永式。主者施行。（明治元年九月八日）」〔註2〕

從此份詔書的內容分析來看，主要是日本天皇對日本全境，通告其親政及年號變遷為「明治」之事宜。

明治新政府的詔書，並不是由政府直接送達琉球，而是由薩摩藩轉交。筆者以為，薩摩藩向琉球王國送達詔書，表面上看來沒有其他的意義，只是通知日本天皇親政及年號更改之事宜；但行文格式發生了重大變化，從國與國之間轉變為上對下的行文方式，這就有了另外的一層涵意，表明薩摩藩已經對琉球有所圖謀，而這並沒有引起琉球方面特別的重視。

在1869年「版籍奉還」後，西鄉隆盛、大久保利通等人，又秘密籌劃明治政府的組織及廢藩事宜，欲將日本推向近代「文明」象徵的「郡縣制」。1871年7月14日，天皇敕示「廢藩置縣」，即廢止原有的261個藩，設置3府302個縣，縣知事由政府任命。〔註3〕「廢藩置縣」又推動了「版籍奉還」，並在制度上消滅了封建的形態，使日本具有了近代文明國家的基本架構。

7月29日，明治政府又進行了中央官制大改革，規定天皇親臨「總裁萬機」，並採取由正院、左院、右院組成的太政官三院制。正院是天皇親裁的最高官廳，由太政大臣、納言（後來改稱左、右大臣）、參議組成，下設行政八省。〔註4〕

薩摩、長州等出身的舊「藩閥」，通過官制改革，將舊公卿、大名從高官中排擠出去，躋身新政府內部的要職。其中西鄉隆盛、大久保利通等握有明治新政府實權的人，都出身於舊薩摩藩，這是「琉球處分」出臺的最重要原因。

〔註1〕何慈毅：《明清時期琉球日本關係史》，第141頁。
〔註2〕〔日〕日本內閣官報局：《法令全書》第一卷，東京：原書房，1974年，第289頁。
〔註3〕安崗昭男著，林和生、李心純譯：《日本近代史》，北京：中國社會科學出版社，1996年，第159頁。
〔註4〕安崗昭男著，林和生、李心純譯：《日本近代史》，第161～162頁。

　　另外，「廢藩置縣」將過去的府、藩、縣三治廢除，開拓使和府縣也被統一起來。舊薩摩藩變為明治新行政體系中的鹿兒島縣。鹿兒島縣必須面對曾經由舊薩摩藩島津家族控制的琉球的歸屬問題。

　　琉球王國對外是一個獨立的國家，與中國保持著藩屬關係，但其北方五島被薩摩藩實際佔領，且薩摩控制著琉球的經濟貿易；特別是被薩摩佔據的五個島嶼的年收入，總計三萬二千八百石以上，占琉球年收入（十二萬七千石左右）的四分之一。由薩摩藩更名而來的鹿兒島縣當然不願意棄之。「廢藩置縣」的實施，意味著原由島津家族控制的琉球，未來將有可能歸屬於鹿兒島縣。

　　明治新政府內部的舊薩摩藩閥，本與琉球有著世代聯繫，現在其勢力可以左右日本的國策，自會借助在新政府內部的地位，以國家的行政力量將琉球納入到其管轄範圍。這是千載難逢的良機。如將琉球納入其治下，既能穩固鹿兒島縣的經濟利益，也能使明治新國家的領土得以擴張。

　　在舊薩摩藩閥的設計下，鹿兒島「藩」於新政府「廢藩置縣」前，向外務省提交《鹿兒島藩琉球國調查處理意見書》（1871 年 7 月 12 日）〔註 5〕，從薩摩藩對琉球實際統治的歷史，來強調琉球自古就是日本之領土，希望明治新政府盡早解決琉球的歸屬問題。

　　此份意見書藏於日本國立公文書館所收的《處藩始末‧辛未壬申》第一冊中，能夠看到的資料為《辛未七月》（1 頁）、《鹿兒島藩琉球國事調查報告》（4 頁）這兩個部分，儘管《鹿兒島藩琉球國事調查報告》標注畫像數為 4 頁，但不知道是由於館內工作人員操作失誤，還是有意將其中部分內容隱匿起來，在「JCAHR」上只能看到第 1 頁內容，其與《辛未七月》的內容完全一致。所幸筆者在下村富士男所編的《明治文化資料從書》第 4 卷中，查到原文。

　　「處理意見書」原文為：「琉球國從上古時代就被稱為沖繩島，屬南海十二島嶼之內，古史就記載屬於日本皇國。文治二年（1186 年），島津家祖豐後守忠久，受封薩摩、大隅、日向之際，補任南海十二島之地頭以來，世襲舊封，置為附庸。但因兵亂，治理難及海外之地。明洪武五年，我應安五年（1372 年），該國服從於彼，接受王號，衣冠等等變為明制，且改國號為琉球，但亦並未與我中斷。應永年間（1394～1428 年）足利將軍時代，有遣送使節、書翰往復等事。嘉吉元年（1441 年），九代陸奧守忠國，領受將軍恩賞，再加封琉球國。其後，該國遣送使節貢船，至永正、天正年間（1504～1521 年、1573～1592

年），無復中斷來聘。但因征伐朝鮮之役，雖就貢納緩急之事，通聘相勸，但該國不從。慶長十四年（1609年），十八代中納言家久，遣兵征討，遂謝罪降服。繼之，國內諸島悉行檢地，計入藩內領有數額，相傳領有。至嘉永年間（1848～1853年），無復中絕。該國對舊幕入貢，雖是成規，但因其為貧弱小國，既使名義不當，若不謂皇國中國為父母之國，成為兩屬，則難以存立。因其不得已之國情，故而依照舊例處置。然而，正保年間（1644～1648年），改朝為清國之際，或將傳令剃髮、更換衣冠，屆時如何處理，是亦難測。明曆元年（1655年），十九代大隅守光久，就此向幕府諮詢，老中傳令曰：若遣送使節，應彼之意，雖非難事，但內國事務，大隅守可據謀處置。慶長降服以來，以至於今，鹿兒島公開派遣士官從事政務，琉球也在鹿兒島建有館舍，派遣官員，交替滯留，且每年送納租稅，對中國則是隔年派出派遣貢船。特此呈報。」〔註6〕

　　從「處理意見書」的內容分析看，鹿兒島「藩」嚮明治新政府闡述了琉球從文治二年歸屬島津家族，到永正、天正年間納貢日本的歷史，以薩摩藩對琉球國的控制管理情況，強調薩摩藩對琉球具有實效統治，希望明治新政府能在一新之時，將琉球正式納入版圖，使其成為即將成立的「鹿兒島縣」的一部分。

　　根據米慶餘教授的研究，此份調查報告似為日本明治新政權後，首次對日琉關係的陳述。但內容存在著諸多疑點。所謂的日本文治二年島津忠久受封薩摩、大隅、日向等，沒有任何歷史根據。《大日本古文書·家別第十六·島津家文書之一》中記載，日本文治二年，豪族源賴朝還尚未建立鎌倉幕府，島津忠久僅被任命為「從行莊務」，即信濃國（今長野縣）鹽田莊的小頭目，並無其他職位。島津家被任命為越前國（今福島縣東部）守護、島津莊內薩摩方地頭守護兼十二島地頭職，乃是日本鎌倉幕府第四代將軍在任期間，時為嘉祿三年（1227年），受命者也不是所謂「島津家祖」忠久，而是第二代島津忠時（忠義）。此外，從任命書的內容上看，內中所謂十二島，並無具體名稱，難以說明琉球也在其中。故而琉球自古便被日本「置為附庸」的結論是無從談起。〔註7〕

　　另外，所謂「嘉吉元年（1441年），九代陸奧守忠國，領受將軍恩賞，再加封琉球國」之事，也沒有查到相關的歷史史料根據，連日本學者大城立裕氏

〔註6〕〔日〕下村富士男編：《明治文化資料叢書》第4卷，東京：風間書房，1962年，第7頁；《鹿兒島藩琉球國事由取調書》，JCAHR: A03030094900。
〔註7〕米慶餘：《琉球歷史研究》，天津：天津人民出版社，1998年，第108頁。

都表示懷疑。而持「不能否定」的小葉田淳氏則認為，這「具體地講，是把（對琉）通交通商壟斷權給予薩摩。」〔註8〕

此份「調查報告」雖然在歷史史實上存在著大量牽強附會之處，但有一點值得我們注意，就是它承認琉球對中國的所屬關係，言「若不謂皇國中國為父母之國，成為兩屬，則難以存立」。這說明薩摩藩承認琉球將中國視為「父母之國」，如果離開「中國」將「難以存立」，但認為這是不得已國情。另以琉球每年給薩摩藩送納租稅，對中國則是隔年派遣貢船之事實，強調薩摩藩對琉球的「實效統治」及重要性，要求新政府考慮解決琉球的歸屬問題。

此份「意見書」究竟怎樣謀劃出來，沒有具體資料可以證明，但提出者是由「薩摩藩」轉變而來的「鹿兒島縣」，故筆者推斷其與新政府內部的薩摩藩閥脫不了干係。

由於琉球受薩摩藩的控制，其自然成為日本的第一個領土目標。日本政府早就不滿琉球的兩屬關係，特別是薩摩藩出身的武士們，不願意失去對琉球既有的特權，於是開始策動結束琉球兩屬關係的所謂「琉球處分」——斷絕琉球與中國的藩屬關係，迫使琉球接受天皇的正朔，使琉球成為日本的一部分。故「意見書」可能是薩摩藩閥指示、由鹿兒島縣自下而上提出，以便於明治新政府順勢出臺琉球政策的藉口。此意見書是日本「吞併琉球」的發端與重要的理論根據。

二、「吞併琉球」出臺前琉球與鹿兒島縣的博弈

1871 年 7 月鹿兒島縣向外務省提出《鹿兒島藩琉球國調查處理意見書》後，日本政府如何告知琉球，目前沒有資料證明。但從《尚泰侯實錄》的記載來看，琉球方面已經開始有所覺悟。琉球駐日本鹿兒島縣琉球館的工作人員對廢藩置縣之改革非常重視，頻繁地向琉球王府輸送有關情報，並告之這次日本變革極有可能波及到琉球國。

1871 年 9 月，王府就日本廢藩置縣可能給琉球帶來的影響進行了評估，並提出了五項具體措施：

第一、如果日本新政府提出要將琉球劃歸其直轄的話，琉球方面要求仍依舊制，為薩摩附庸。

〔註 8〕大城立裕：《沖繩歷史散步》，第 65～66 頁，轉引自米慶餘：《琉球歷史研究》，第 109 頁。

第二、如果以上請求不被允許，仍為新政府直轄的話，退而求次，請求劃入薩摩藩之下，聽從薩摩指揮，而琉球向新政府派遣常駐人員。

第三、按照江戶幕府時期的舊例，每年年初琉球向薩摩派出使者，再與薩摩官吏一同上京，其他吉凶慶殯等事發時，也遵照先例臨時派遣使者。

第四、如新政府問及五島（鬼界島、德島、大島、永良部島、輿論島）和琉球石高事宜，諸事先與薩摩商談後再作決定。因為有可能薩摩沒有向新政府報告有關五島割讓及琉球土地丈量等。

第五、如五島專屬於朝廷，即向其說明實情要求歸還。〔註9〕

從五項措施來看，琉球既不願意接受日本明治新政府的直接管轄，也不願意從薩摩藩中脫離出來，期待著仍按幕府時期的舊制，保持與薩摩藩的附庸關係。

琉球王府之所以產生這樣的想法，一方面可能對明治維新後，日本政府的政治結構變化並不清楚，在封閉的條件下，沒有現代國家觀念，故不能瞭解薩摩藩變成「鹿兒島縣」後，地方與中央行政的從屬關係；另一方面，也許是不願意改變由舊薩摩藩控制後所形成的既有範式，或迫於薩摩藩長期以來的威壓，不願意改變現狀。另外，從琉球天真地認為薩摩藩可能沒有向新政府報告五島的割讓及土地丈量等事宜的情況看，琉球似乎對日本明治維新中薩摩藩所起的作用，及薩摩藩閥在新政府中所據有的地位及影響力，並不十分瞭解。

1871 年 11 月 27 日（明治四年十月十五日），首里王府向鹿兒島在番的琉球官員發出如下內容的「訓令書」：

關於日本的變革，好像將有命令下達讓本地接受朝廷的支配。本地在進入薩摩藩之幕下以來，常常蒙受其藩之恩惠，亦為除此藩外，尚無鄰國之不自由小邦，所以本地之必要費用，都依賴於薩摩藩，而且在海路上與薩摩藩接壤，無論如何，當地不可離開薩摩藩。關於天下一新，因為不好議定，倘若只靠此處得到的消息，則難以明瞭一新之詳細內容，萬一出現意外之事，則不知變化如何，因而要受可靠之處之照顧，與此悄悄配合，但在表面上卻懇求薩摩藩發出指示。雖亦應當如此，但必須全面盡心注意，一定安排周全。即使不由薩摩鎮臺從四位（從幾位凡指地位）與從三位批下指示，而自外縣之人得到通知，如上所述，本地從薩摩藩易於籌辦開支，亦海路最近之處，今後薩琉海路，仍

〔註9〕《尚泰候實錄》，第 175～177 頁。轉引自何慈毅：《明清時期琉球日本關係史》，第 141 頁。

不分路，一律保持，須聽從彼鎮臺指示盡忠朝廷，因此暫時因時制宜，不論出何事，盡力聯絡溝通。〔註10〕

　　從琉球政府的「訓令書」內容分析來看，琉球王府已經意識到日本新政府欲將琉球納入其管轄之內，但其似乎對日本國內的維新變革還不甚瞭解，究竟做出怎樣的回應，還在考慮之中。同時「訓令書」也透露出，琉球認為自己為「不自由之小邦」，似乎對薩摩藩十分依賴，並將之作為唯一的鄰國，不願意脫離藩屬，但意識到遲早將被日本新政府所「議定」，因此表示不論出現任何狀況，盡力與薩摩藩聯絡溝通。

　　琉球對薩摩藩的依賴，是藉口還是反映琉球與薩摩的真實關係，無可考證。但筆者認為，這可能出自於「國家」某些權力被薩摩藩強奪後，所形成的經濟政治模式。也就是說，琉球王國雖對外為一個獨立國家，但其內部行政的一部分，已經被薩摩藩長期把持，並形成習慣及依賴性。正是這個長期形成的依賴慣性模式，使薩摩藩自覺其對琉球國擁有主導權。而這種主導權，在明治新政府構建起西方近代國家體系後，演變成舊薩摩藩閥思想中對琉球擁有主權性的意識。「鹿兒島縣」只是將這種主權性意識提高到國家行政意識層面的具體實施者。

　　要將琉球正式納入日本版圖，必須改造琉球現行行政體系，接納日本明治新政府的各項行政措施，這是使琉球成為日本領土的第一步。

　　1872年初（明治五年正月五日），日本政府派奈良原幸五郎和伊地知貞馨（外務省七等出仕）兩位官員出使琉球，向琉球說明日本的情況。兩人於正月十五日到達琉球那霸。「琉官當時狐疑甚至感到恐怖」〔註11〕。二人召集琉球的攝政三司官，向其遞交了鹿兒島縣參事大山綱良的書信，向其具體說明了明治維新後日本的內政改革：

　　　　時值變革之今日，朝廷對琉球的待遇，不會比以前差，反而會受到更好的撫育。但如缺乏原有實施之關係，難於保證不發生問題。幸而琉球原屬鹿兒島管轄，即使有什麼差錯，也可放心。實際上我們多次收到關於琉球使節的訪問及國政等的調查報告。參事們反覆進行細緻的討論，認為從三位閣下父子，從來都遵奉朝廷宗旨，且

〔註10〕《尚泰候實錄》，第177～178頁。轉引自金城正篤：《琉球處分論》，那霸：沖繩タイムス社，1978年，第240頁。
〔註11〕〔日〕下村富士男編：《明治文化資料叢書》第4卷，第6頁。

琉球從來與薩摩保持著上下級關係。在各國往來日益緊密之今日，
然仍然墨守舊習，如島津家世代（對琉球的）指揮難以再滲透，琉
球發生違背朝廷之意，恐將來會釀成大災。參考到過往（薩摩對琉
球的）照顧，經過反覆熟慮及討論，最終決定將改變舊制之問題委
任給我們。……時勢之變遷，如同人之新陳代謝，人力完全無法控
制，只能隨之。如果沒有提前準備，將發生不可防之大害。中日之
間雖有一段距離，但琉球也可從中借鑒。中國之人所稱皇帝，畢竟
也是滿洲人種，這也是孔孟之道所不能允許之事情。尤其，最近西
方各國紛紛進入其國內，他們與英國等國家也發生了糾紛，以後出
現怎樣之格局，不得而知。現在世界處於變遷之時期，請（琉球）
好好斟酌。以後根據朝廷的指示，無需再派他人，我們共同商議，
形成一定的規則，就不會出現任何麻煩。首先實現我們所奉之命令，
共同商議之事情，再委婉地傳給達中山王，通過大臣仔細討論，最
終結果如何請告之。〔註12〕

此信以世界變化大勢，並以中國朝代變遷、異族登基皇位為例，曉喻琉球
如果歸於新政府，其待遇將比以前更加優越；就琉球與薩摩的舊有關係問題，
則告之島津家勢力已經中落，改變舊制問題已經由鹿兒島縣來承擔，如果琉球
不能認清形勢，將有可能釀成大災。另外還希望與琉球共同商議，形成一定的
規則，避免出現問題。

鹿兒島縣希望與琉球商議的事件為何事？根據資料記載，伊地知貞馨、奈
原幸五郎兩人早就秘密議定，將琉球官制改革為與日本內地同樣的「三部二」。
筆者推斷，二人在與琉球攝政三司官會面時，就正式提出了此議，故資料記載
琉球王尚泰召集各重要官員進行評議，接受了二人提出的改革意見，同時議定
將島津時代的五萬元負債，轉成琉球改革之經費。〔註13〕

這次日本對琉球的改革，歷時三個多月，遇到層層阻力。伊地知貞馨認為
琉球上下「僻陋頑固之風，凝結於人人心肝，一時難以使之釋然」。〔註14〕但
經過這次改革，琉球在行政體系上與日本內地達成一致，為正式併入日本奠定

〔註12〕《尚泰候實錄》，第 185～186 頁。轉引自金城正篤：《琉球處分論》，第 240
頁。
〔註13〕〔日〕《琉球使臣來朝ニ二關スル件》，《日本外交文書》第 5 卷（明治 5 年／
1872 年），東京：日本國際協會，昭和 14 年，第 374 頁。
〔註14〕〔日〕下村富士男編：《明治文化資料叢書》第 4 卷，第 6 頁。

了行政基礎。琉球的官制改革，並不是由明治新政府來主導，而是由鹿兒島縣屬官員主導進行。如要實現領土上的圖謀，還必須由日本政府來具體實施。

小結

綜上所述，由於琉球受到薩摩藩的控制，其自然成為日本的第一個領土目標。薩摩藩閥在明治新政府內佔據著主導的位置，他們不願意失去對琉球既有的特權，開始策動結束琉球兩屬關係的所謂「琉球處分」——斷絕琉球與中國的藩屬關係，迫使琉球接受天皇的正朔，使琉球成為日本的一部分。為此，薩摩藩閥派人對琉球進行改革，為日本吞併琉球做基礎性準備。